RÖMISCHE AMPHITHEATER UND STADIEN

Augusta Hönle · Anton Henze

RÖMISCHE AMPHITHEATER UND STADIEN

Gladiatorenkämpfe und Circusspiele

Atlantis

Dieses Buch erscheint im Rahmen der Zeitschrift *Antike Welt*, herausgegeben vom Raggi-Verlag.

Atlantis Verlag Luzern und Herrsching

Sonderausgabe 1984
ISBN: 3-7611-0627-0

Inhalt

Vorwort

Mit dem vorliegenden Band wird erstmals in dieser Art eine Gesamtschau über die öffentlichen Spiele in Arena und Circus im antiken Rom versucht. Zeitgenössische Kritiker berichten, daß die Anteilnahme des Publikums am Verlauf solcher Spiele an Raserei grenzte. Diese Worte erscheinen uns Menschen des 20. Jahrhunderts aktuell, wenn wir an die gelegentliche Massenhysterie der Zuschauer bei gewissen «Sportveranstaltungen» denken. Der Schwerpunkt liegt in diesem Buch denn auch auf der Darstellung der Gattungen von Spielen und deren Durchführung. Sie nahmen staats- und gesellschaftspolitisch einen hohen Stellenwert ein.

Der zweite Teil des Buches, in dem die zahlreichen Überreste der Kolossalbauten für Schaustellungen, die vom hohen Stand der römischen Ingenieurkunst zeugen, beschrieben werden, kann nur einen relativ kurz gehaltenen Überblick über dieses vielschichtige Thema bieten. Anton Henze mußte sich auf die wichtigsten Bauwerke in ihrem typologischen und entwicklungsgeschichtlichen Rahmen konzentrieren. Aus diesem Grunde wurde durch den Herausgeber als Anhang ein Katalog der wichtigsten Amphitheater und Circusanlagen mit Angabe ihrer Abmessungen und ihrer ungefähren Zeitstellung erstellt. Zur Illustration auch solcher Bauten, die im Textteil nicht ausführlich behandelt werden konnten, sind zusätzliche Bilder eingefügt. Gemeinsam mit den beiden Autoren wurde versucht, den Text mit einer Fülle von Bildmaterial zu versehen, um eine möglichst hohe Anschaulichkeit zu erreichen. Für eine weitere Vertiefung in den Themenkomplex sei der Leser auf die weiterführende wissenschaftliche Literatur verwiesen. Sicherlich wird das Buch über die Fachwelt hinaus einen breiten Leserkreis finden. An dieser Stelle sei den Autoren Augusta Hönle und Anton Henze für ihre Verdienste um das Entstehen dieses Buches sowie Rudolf Fellmann für seine vielen wertvollen Anregungen und Hinweise herzlich gedankt.

Der Herausgeber:
ARTHUR GOLFETTO

Augusta Hönle

AMPHITHEATER UND CIRCUS

Kampf, Blut und Gefahr zu Ehren der Götter, zum Nutzen des Staates

Einleitung

«Ich habe gesehen, wie die Erde mit Rädern, Galgen, Prangern übersät war; ich habe gesehen, wie Skelette auf den Straßen scheußlich verstreut waren». Mit diesen Worten wurde im Jahre 1847 ein Kongreß eingeleitet, der auf internationaler Ebene die Humanisierung des Strafvollzugs herbeiführen sollte[1]. Der Katalog der Todesarten und körperlichen Foltern umfaßt noch Scheiterhaufen, Vierteilung, Halseisen, Peitschen, Brandmarkung. Die Ausführung der Bestrafung ist so exakt festgelegt, daß sie als «Liturgie», «Ritual», «Zeremoniell» oder gar als «theatralische Wiedergabe des Verbrechens» bezeichnet werden kann[2], theatralisch schon deswegen, weil beim Vollzug eines solchen Rituals stets eine Zuschauermenge gegenwärtig war, aufgefordert, «den Ausstellungen auf der Schandbühne... beizuwohnen»[3], aufgefordert von der staatlichen Macht, die für das gesamte Hinrichtungszeremoniell verantwortlich war. Zwang zur Teilnahme wurde nicht ausgeübt, die Zuschauer kamen freiwillig, in Scharen und voller Interesse. In Zeitungsberichten und Tagebüchern wurde der Verlauf der Exekution festgehalten[4]. Wollte man alle Berichte von öffentlichen Hinrichtungen aneinanderreihen, die vom späten Mittelalter bis zu Beginn des 19. Jahrhunderts in Europa stattfanden, man könnte eine stattliche Anzahl von Bänden füllen. Aber wie verzerrt wäre das Bild, wenn man aus solchen Berichten Denkweise und Verhalten der Menschen vom 13. bis zum 19. Jahrhundert rekonstruieren wollte!

Nicht anders ist es zu werten, wenn sich das Urteil über römische Grausamkeit nur auf die blutigen Veranstaltungen in Amphitheatern und Rennbahnen im Circus stützt. Massaker schlimmster Art, an Christen vollzogen, gegenseitiges Morden der Gladiatoren, tausende von Sklaven in Scheingefechten aufeinander gehetzt, das, so scheint es, war der römische Alltag. Die böse Kritik römischer Moralisten an den Sitten ihrer Zeit ist geeignet, dieses Vorurteil zu bestätigen. Sie gipfelt in der bekannten Aussage Juvenals, daß dasselbe Volk, das einst souveräne Macht und höchsten Rang in Krieg und Frieden verliehen hatte, jetzt auf «Brot und Spiele» (Juv. *Sat. 10, 81*) allein seine Wünsche richte. Juvenal wie alle Moralisten sieht Größe nur in der Vergangenheit, in der Gegenwart nur Entartung. Gerade die von ihm gerügte Leidenschaft für Gladiatorenkämpfe und Circusrennen hat aber ihre Wurzel in der großen Zeit der Republik. Die Veranstaltungen wurden im 4. und 3. Jh. v. Chr. in Rom eingeführt; sie gefielen und nahmen an Umfang und Bedeutung zu. Die Gladiatorenkämpfe, nach heutiger Anschauung der Gipfel perverser Unterhaltung, entsprangen nicht dem Wahn eines grausamen Tyrannen, vielmehr waren es nüchterne Politiker, die sie nach Rom brachten. Der Gladiatorenkampf an sich war für die Römer nie anstößig, nur die gesellschaftlich bedingten Entartungen. Die Gladiatorenkämpfe werden in der folgenden Darstellung also an römischen Kriterien gemessen, nicht an solchen des 20. Jahrhunderts. Viel leichter verständlich sind uns auch heutzutage die römischen Wagenrennen, die Hauptattraktion der Circusspiele. Sind wir doch Rennen gewöhnt, deren Beschleunigung die der römischen Quadrigen um ein Vielfaches übertrifft. Dank des Fernsehens hat sich auch die Zuschauermenge vervielfacht. Gierige Lust an Sensation und Gefahr ist demnach nicht typisch römisch, sondern eine zeitlose Eigenheit der menschlichen Natur.

MUNERA

Ursprung der Gladiatorenkämpfe und Übernahme durch die Römer

Die Gladiatorenkämpfe sind keine römische Erfindung; sie entstammen dem etruskischen Totenkult[5]. In Kampanien sahen die Römer zum ersten Mal, daß man zur Versöhnung der Geister Verstorbener Schwerbewaffnete an Grabhügeln gegeneinander kämpfen ließ. Das vergossene Blut sollte ein Mittel der Versöhnung sein. Bis in die Kaiserzeit hinein haftet dieser magische Bezug an den Gladiatorenkämpfen: sie werden vorwiegend zu Ehren von Verstorbenen der römischen Nobilität veranstaltet. Der Erbe ist häufig testamentarisch verpflichtet, ein «*munus gladiatorium*» – so lautet der Fachausdruck – abzuhalten[6]. Die Römer hielten sich selber für die gottesfürchtigsten aller Sterblichen; das bedeutete, daß jede Einrichtung, durch die man glaubte, unheimliche Mächte bannen zu können, von ihnen ängstlich übernommen und gewissenhaft beibehalten wurde. Daher ist es nicht verwunderlich, daß aus dem etruskischen Totenkult ein fester Bestandteil römischen Lebens wurde. Wie sich zeigen wird, verband der nüchterne Sinn der Römer mit dem religiösen Gehalt der Kämpfe sehr bald auch einen praktischen Zweck.

Die Bewohner Kampaniens, eine griechisch-etruskische Mischbevölkerung, ließen aus Haß gegen die benachbarten Samniten die Gladiatoren in der prunkvollen Rüstung der Samniten auftreten (Livius 9, 40). Geblieben davon ist dem «*Samnes*» oder «*Samnis*», einem Gladiatorentypus der republikanischen Epoche, der keilförmige Schild, der Helm mit hohem häufig aus Federn bestehendem Helmschmuck und die Beinschiene am linken Bein. Vermutlich in dieser prächtigen Ausstattung kämpften im Jahre 264 v. Chr. drei Paare von Gladiatoren in Rom gegeneinander. Wir haben über dieses Ereignis nur eine kurze Notiz, doch Zeitpunkt, Ort, Veranstalter und Anlaß sind eindeutig genannt: «Unter dem Konsulat des Appius Claudius und des Quintus Fulvius ließen die Söhne des D. Iunius Pera auf dem Forum Boarium bei der Leichenfeier für ihren Vater drei Paare von Gladiatoren auftreten[7]. Wie oft in den Jahren nach 264 in Rom Gladiatorenkämpfe zu sehen waren, wissen wir nicht. Erst aus der Zeit des 2. Punischen Krieges (219–202 v. Chr.) haben wir dank Livius' Geschichtswerk ausführlichere Nachrichten. Sie lassen erkennen, daß gegen Ende des 3. Jh. v. Chr. die *munera* oder *spectacula gladiatoria* eine den Römern vertraute Einrichtung geworden waren. Im Jahre 215 v. Chr., in höchster Kriegsnot und Angst vor Hannibal, ließen die Söhne des Konsuls M. Aemilius Lepidus bei der Leichenfeier für ihren Vater 22 Gladiatorenpaare auf dem Forum kämpfen (Liv. 23, 30, 15). Im Jahre 206 v. Chr. gab Scipio in Spanien ein *munus* zu Ehren seines verstorbenen Vaters und seines Oheims. Mit dem *munus* verbunden waren, wie üblich bei einer Leichenfeier, sportliche Wettkämpfe, bei denen kein Blut floß. Livius beschreibt die Veranstaltung Scipios sehr ausführlich (28, 21): «Das Schauspiel des Gladiatorenkampfes bestand nicht aus der Sorte von Menschen wie sie ein *lanista* gewöhnlich verschafft, aus solchen, die auf dem Sklavenmarkt ausgesucht wurden und aus Freien, deren Blut käuflich ist. Die ganze Mühe und Gefahr der Kämpfer war freiwillig und kostete nichts.» Wie Livius weiter berichtet, stellten sich römische Soldaten und Angehörige der umwohnenden Stämme freiwillig. Welches waren die Motive dieser Kampfbereitschaft? Sie war ein Beweis der Tapferkeit vor den Augen des Feldherrn, Freude am Messen der Kräfte, Entscheidung von unausgetragenen Streitereien (z. B. zwei Brüder kämpften um die Führung in ihrem Stamm, Mars sollte entscheiden). Eine solche Entscheidung bedeutete Leben oder Tod. Aber dadurch wurde dem Heer ein «hervorragendes Schauspiel geboten» *(a. a. O.)*. Livius' Bericht zeigt, was die Römer an den Gladiatorenkämpfen reizte: bei diesen Kämpfen wurde «*virtus*» vorgeführt. *Virtus* ist römische Wesensart in ihrer höchsten Vollendung, mit einem deutschen Wort nicht wiederzugeben. *Virtus* ist ebenso die Haltung des tapferen Soldaten wie des grossen Staatsmannes, Unerschrockenheit vor Tod und Gefahr, aber stets durch Disziplin gebändigt. Die blutigen Darbietungen der *virtus* in Rom blieben 150 Jahre lang der privaten Großzügigkeit überlassen (264–105 v. Chr.). Das heißt aber nicht, daß sie selten waren. In einem einzigen Jahr konnte man in Rom zahlreiche *munera* sehen (Liv. 41, 28)[8]. Nur von solchen Veranstaltungen, die durch Anzahl der Kämpfer oder durch ihre Dauer besonders eindrucksvoll waren, werden Veranstalter und Anlaß von Livius erwähnt. Sie bekommen dadurch den Rang von geschichtlichen Ereignissen. So kämpften im Jahre 200 v. Chr. fünfundzwanzig Paare auf dem Forum; im Jahre 183 waren es einmal 120 Gladiatoren; 74 Fechter im Jahre 174 (Liv. 31, 50; 39, 46; 41, 28). Anlaß ist stets die Leichenfeier eines Angehörigen der römischen Nobilität; ausgerichtet werden die *munera* von den Söhnen der Verstorbenen. Die nüchtern denkenden Staatsmänner waren beeindruckt von der eisernen Disziplin der Gladiatoren und von ihrer methodischen Ausbildung. Der perfekte Gladiator handhabte seine Waffe spielerisch elegant (Cic. *De orat.* 2, 84) wie es auch bei einem Soldaten wünschenswert war. Voller Achtung spricht daher Cato in seiner Abhandlung über das Militärwesen von einem «*gladiator disciplinosus*»[9].

Die Angst vor Verweichlichung des Heeres und das Bestreben, ihr vorzubeugen, bestimmte Denken und Handeln führender römischer Politiker im 2. Jahrhundert v. Chr. stark und führte zu Maßnahmen, die abschreckend und abhärtend wirken sollten. Dazu gehört, daß L. Aemilius Paulus nach seinem Sieg über Makedonien als erster Überläufer und Fahnenflüchtige zur Abschreckung wilden Tieren vorwerfen ließ. Sein Sohn Scipio setzte diese Praxis nach der Einnahme von Karthago fort. Nach römischer Auffassung statuierte er dadurch ein «höchst nützliches Exempel» (Val. Max. 2, 7). Nach der Zerstörung von Karthago nahm die Angst der Römer vor dem Niedergang ihrer eigenen Macht und vor einem Zerfall der römischen «*virtus*» zu. So paßt es recht gut in die Denkweise der Zeit, daß im Jahre 105 v. Chr. vom höchsten Vertreter des römischen Staates ein Gladiatorenkampf offenbar ohne den Anlaß einer Leichenfeier veranstaltet wurde. P. Rutilius Rufus, Konsul dieses Jahres, ließ besonders geübte Gladiatoren auftreten, um den Soldaten methodisch eingeübten Nahkampf zu zeigen. «So verband er angeborene Tapferkeit mit erlernbarer Technik»[10]. Die Gladiatorenkämpfe waren damit endgültig zu einer Einrichtung des römischen Staates geworden. Wie von Anfang an sollten sie der Hebung der Kampfkraft dienen. Doch die Zuschauer bestanden keineswegs nur aus ehemaligen oder künftigen Soldaten. Die gesamte Bevölkerung interessierte sich für Gladiatoren, die ein Stück Wirklichkeit vorführten, weit mehr als für die vorgetäuschte Wirklichkeit der Bühne. Der Komödiendichter Terenz bekam dies zu spüren. Bei der Leichenfeier für L. Aemilius Paulus (160 v. Chr.) wurde seine «Hercyra» auf der Bühne gegeben. Der feine griechische Humor langweilte die Römer. Sie liefen weg und sahen sich die auf dem Forum kämpfenden Gladiatoren an. Die Komödie konnte nicht zu Ende gespielt werden. Ahnten die Veranstalter der frühen *munera*, höchster römischer Adel, Verkörperung von Würde und Autorität, welche Entwicklung zum Massenvergnügen sie eingeleitet hatten?

Im Hinblick auf das gigantische Gladiatorenwesen späterer Jahrhunderte, vor allem auf die Unsummen, die es verschlang, muß man dem christlichen Redner zustimmen, wenn er bezugnehmend auf die staatliche Übernahme der *munera* im Jahre 105 v. Chr. sagt: «Niemals sind Einrichtungen gut, die ihren Ursprung in der Grausamkeit haben».[11]

Gladiatoren, eine Gefahr für Staat und Gesellschaft? (1. Jahrhundert v. Chr.)

Die bewunderte *virtus* der Gladiatoren lernten die Römer bald genug nicht mehr nur kennen, sondern fürchten. Spartacus ist von allen Gladiatoren der berühmteste[12]. Seine Tat und der ihr folgende Mythos bekamen weltgeschichtlichen Rang. An Spartacus erlebten die Römer überdeutlich ein Beispiel von Tapferkeit und Energie eines Gladiators. Über zwei Jahre lang waren Spartacus' Truppen der Schrecken Italiens; er selbst fiel im Kampf, das Schicksal seiner Anhänger wäre ihm sonst nicht erspart geblieben: sie wurden der Via Appia entlang ans Kreuz geschlagen. So war die Rechtslage. Von der Persönlichkeit des Spartacus sprechen die antiken Quellen mit größter Achtung. Er war Thraker, aus königlichem Geschlecht, nicht nur kräftig gebaut, sondern auch großherzig, intelligent und gütig, so daß er ein besseres Schicksal verdient hätte. Er hatte sich nichts zuschulden kommen lassen, sondern war, zusammen mit Gefährten, zu Unrecht von seinem Herrn, der eine Gladiatorenschule besaß, zum Gladiatorenkampf gezwungen worden (Plutarch, *Crassus* 2 ff.). Die Erbitterung über diesen Zwang wirkte in Spartacus so stark nach, daß er sogar während des Krieges vornehme römische Gefangene ebenfalls zwang, bei einer Leichenfeier als Gladiatoren zu kämpfen und so, wie Plutarch sagt, vom Feldherrn zum *lanista* wurde. Spartacus' Würdigung bei Plutarch gibt uns wichtige Informationen über die Gladiatoren in der unruhigen Zeit der späten Republik: 1. Kriegsgefangene wurden in der Regel nicht gezwungen, Gladiatoren zu werden. Vermutlich genügte im allgemeinen die Anzahl derer, die dazu bereit waren. Für diese Annahme spricht eine weitere, wenngleich sehr viel jüngere Nachricht: In großer Verlegenheit, weil zur Veranstaltung eines *munus* genötigt, wollte der Stadtpräfekt Symmachus (4. Jh. n. Chr.) gefangene Sachsen zum Kampf in der Arena zwingen. Sie töteten sich gegenseitig in der Nacht vor dem geplanten Auftritt. Ärgerlich schreibt Symmachus, diese Truppe sei noch untauglicher gewesen als Spartacus (Symm. *Ep.* 10, 47).

Untauglich als Gladiator war also, wer sich nicht dazu bereit fand, Objekt der Massenbegeisterung zu werden. Als der Gladiator wider Willen schlechthin blieb, wie man sieht, Spartacus über Jahrhunderte im Gedächtnis der Römer. 2. Daß die Gladiatoren durch einen Ausbruch gefährlich werden könnten, befürchtete man in Rom offenbar trotz der noch nicht allzu lange zurückliegenden Sklavenkriege nicht[13]. Nicht nur war die Kaserne in Capua zu wenig bewacht; die Kasernierten konnten untereinander Kontakt aufnehmen. Bei Spartacus lebte eine Frau aus Thrakien, Anhängerin des Dionysoskultes, die mit ihm in die Sklaverei gekommen war und die auch am Ausbruch teilnahm.

Die Kasernierung der Gladiatoren wurde unter dem Eindruck des Spartacusaufstandes nicht verschärft. Caesar ließ junge Gladiatoren in römischen Privat-

häusern unterbringen, aber nicht um sie streng bewachen zu lassen, sondern damit sie für die bevorstehende Leichenfeier seiner Tochter Julia gut ausgebildet würden unter der Aufsicht des Hausherrn (Sueton, *Div. Iul.* 26). Über 1000 schwerbewaffnete Gladiatoren unterhielt Caesar bis ins Jahr 49 in seiner Gladiatorenkaserne in Capua. Erst als Caesar mit seinem Heer schon in Italien stand, löste Pompeius vorsichtshalber diese Truppe auf und verteilte sie auf einzelne Familien (Cicero, *Ad Att.* 7, 15). Capua blieb also auch nach dem Spartacusaufstand Zentrum des Gladiatorenbetriebs. Sehr reiche Leute wie Ciceros Freund Atticus kauften, unterhielten und vermieteten wohl eigene Gladiatorentruppen an verschiedenen Orten (Cicero, *Ad Att.* 4, 5; 4, 9). Im allgemeinen aber besorgte sich ein Angehöriger der römischen Gesellschaft die für ein *munus* benötigten Gladiatoren in Capua, so Sullas gleichnamiger Neffe Sulla im Jahre 63 v. Chr. (Cicero, *Pro Sulla* 53–54), der durch das Testament seines Onkels zu einem *munus* verpflichtet war. Wir hören von seiner Reise nach Capua nur, weil er, als Anhänger Catilinas verdächtigt, sie als Alibi benützte. Ein Gladiatoreneinkauf in Capua war kein ungewöhnlicher Vorgang. Wo nun wurden die Gladiatoren in Rom untergebracht? In Privathäusern? Oder gab es vor dem Bau des *Ludus Magnus*[14] ein improvisiertes Quartier wie Pompeji, wo ein Privathaus
und ein Teil der großen Palästra beim Theater zu Gladiatorenherbergen umge- 1
baut wurden[15]? Die Unterkünfte in Pompeji – sie stammen allerdings erst aus 123
neronischer Zeit – konnten nicht streng bewacht werden. Ein Beweis dafür, daß die Gladiatoren in diesen Quartieren auch nicht unerreichbar waren, ist durch den Leichnam einer eleganten Pompejanerin (ihr reicher Schmuck blieb erhal-

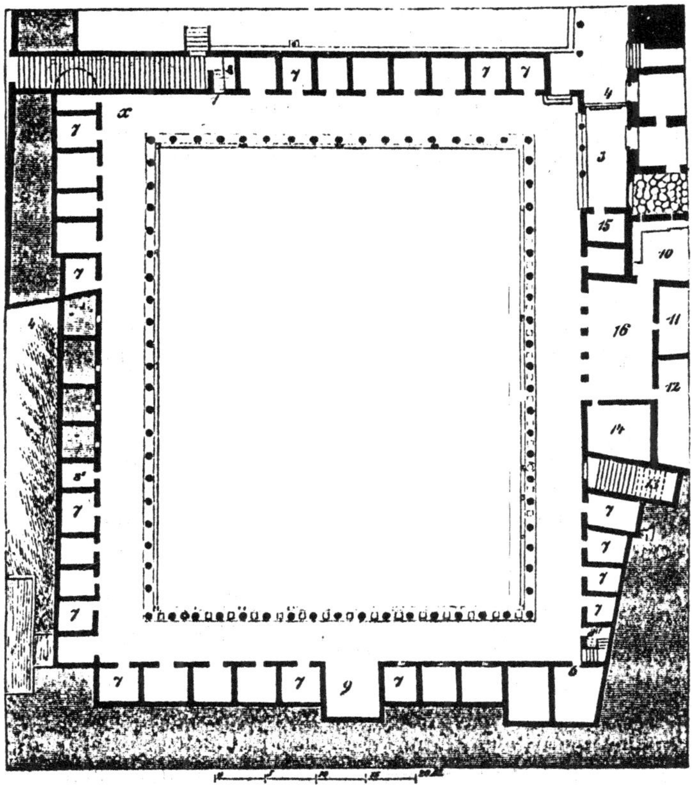

1. Pompeji. Grundriß der Gladiatorenkaserne beim Theater.

ten) gegeben, der innerhalb der Gladiatorenkaserne gefunden wurde. Auf dem Weg zum Rendez-vous wurde sie vom Regen der Lapilli überschüttet[16]. In ähnlicher Weise wurden die Gladiatoren vermutlich in Rom untergebracht, also keineswegs wie Strafgefangene. In diesem Zusammenhang muß auch der Gladiatorentruppe gedacht werden, die 31 v. Chr. bei der Siegesfeier zu Ehren des Antonius in Kyzikos auftreten sollte. Auf die Nachricht vom Ausgang der Schlacht bei Actium schlugen sie sich bis Syrien durch und ließen Antonius die Nachricht zukommen, sie seien bereit für ihn gegen seine Feinde zu kämpfen. Als die einzigen, die Antonius die Treue bewahrten, werden diese Gladiatoren von mehreren Autoren genannt[17]. Den heutigen Leser überrascht zunächst die Freizügigkeit der Gladiatorentruppe. Sie ist sicher nur zum Teil aus der Situation des Krieges zwischen Westen und Osten des Reiches zu erklären, sondern entspringt der politischen und gesellschaftlichen Struktur des Imperium Romanum. Ein entlaufener Gladiator hatte so wenig wie ein entlaufener Sklave die Möglichkeit, seine soziale Lage zu verbessern. Er konnte Räuber werden oder in die Wüste gehen[18]. Die Geschichte von Androklos und dem Löwen macht dies deutlich. Eine ganze Truppe von Gladiatoren konnte versuchen, in die Heimat zu entkommen. Der einzige bekannte Versuch dieser Art ist der Ausbruch des Spartacus[19]. In einer Zeit, da der gesamte Mittelmeerraum unter römischer Herrschaft war, konnte er eigentlich gar nicht mehr gelingen. Man bedenke auch: die Gladiatoren gehörten zwar wie Schauspieler und Sklaven zu einer verachteten Gesellschaftsschicht; doch wurden die Gladiatorenkämpfe von Anfang an, wie wir sahen, mit größtem Interesse besucht. Ein entlaufener Gladiator konnte also niemals mit Hilfe oder Sympatie seiner potentiellen Zuschauer rechnen; vielmehr hatte ein Gladiator die Möglichkeit, sich in seinem Stande zu qualifizieren und dadurch die Gunst des Publikums zu gewinnen. Von wem wohl könnten wir mehr erfahren über Gladiatoren im republikanischen Rom als von Cicero, dessen Reden und Briefe fast 40 Jahre lang das Geschehen in der Hauptstadt widerspiegeln. Cicero kam in sehr jugendlichem Alter nach Rom, noch lange bevor er die *Toga virilis* anlegen durfte, aufgeschlossen für alles was die Großstadt ihm bot[20]. Mit den Gladiatorenkämpfen befaßte sich Cicero ausgiebig, weniger aus Begeisterung für die Sache als weil ein künftiger Redner «gründliche Kenntnisse von möglichst vielen Gegenständen braucht» (Cicero, *De orat.* 1, 5, 17) und genau wissen muß, was seine Zuhörer bewegt. Schon Ciceros erste öffentliche Reden der Jahre 81 und 80 v. Chr. (für Quinctius und für Sextus Roscius aus Ameria) enthalten immer wieder Vergleiche und Metaphern aus dem Ambiente der Gladiatoren. So lernen wir Einschätzung und Werdegang eines Gladiators kennen. Wer zum Gladiator ausgebildet wurde, kam als Rekrut *(tiro)* zum Fechtmeister *(lanista)* und lernte sein «Handwerk» *(ars)*. Zum Kampf wurden gewöhnlich Paare aus derselben Fechtschule zusammengestellt. War ein Gladiator geschickt, konnte er zahlreiche Siegespalmen erringen und ein Liebling des Publikums werden. Ein schon vom Alter angeschlagener *(vetulus)* Gladiator durfte nicht mehr mit der Gunst des Publikums rechnen. Daher zielte er vom Beginn des Kampfes an zur eigenen Rettung auf den Tod seines Gegners. Mancher trat nach vielen Kämpfen nicht mehr auf, sondern bildete nur noch als *lanista* Rekruten aus. Man sieht, Cicero kannte das Gladiatorenwesen. Kein Wunder, Gladiatoren gehörten immer mehr zum römischen Alltag, allerdings nicht nur zur Unterhaltung bei Leichenfeiern. Besonders in den politisch bewegten Jahrzehnten zwischen 63 (Ciceros Konsulatsjahr, Jahr der Catilinarischen Verschwörung) und 44 (Ermordung Caesars) waren Straßenkämpfe politischer Hasardeure fast an der Tagesordnung. Wer irgendwie konnte, schützte sich durch eine private Schlägerbande, die aus Gladiatoren bestand. So auch Ciceros ärgster Feind Clodius und dessen politischer Gegner Milo. Clodius ließ Milo und Sestius, die Volkstribunen des Jahres 57, auf dem Forum überfallen; Sestius blieb schwer verletzt beim Kastortempel liegen. Cicero klagt bewegt *(Pro Sestio* 78) darüber, daß Clodius noch kaum ausgebildete Gladiatoren *(novicios)* mit Meuchelmördern zusammen auf Sestius gehetzt habe anstatt die Gladiatoren, wie er vorgab, als er sie kaufte, während seiner bevorstehenden Amtszeit als Aedil bei einem *munus* auftreten zu lassen. Der Missbrauch der Gladiatoren ging so weit, daß sogar ein Praetor sie widerrechtlich in seinem Gefolge hatte (Cicero, *Pro Sestio*, 85). Sie wurden ergriffen und sagten vor Gericht aus. Was Cicero seinem Gegner Clodius vorwirft, das rühmt er an Milo: der Ordnung im Staate zuliebe habe er aus privaten Mitteln Gladiatoren gekauft (Cicero, *De off.* 2, 58), um Clodius' Umtriebe zu bekämpfen. Hinsichtlich der Gladiatoren zeigt sich deutlich, daß sie ein Potential darstellten, aus dem sich jeder skrupellose Politiker versorgen konnte, falls er die nötigen finanziellen Mittel besaß. Mehr als ein Werkzeug in den Händen ihrer Herrn waren die Gladiatoren nicht. Trotz der Schwäche des Staates versuchte keine Gladiatorentruppe in Rom eigenmächtig eine Aktion durchzusetzen.

«Bei Volksversammlungen, Wahlversammlungen, Spielen und Gladiatorenkämpfen zeigt das römische Volk seine Meinung», sagt Cicero *(Pro Sestio* 106). Es ließ sich bei solchen Veranstaltungen auch politisch beeinflussen und war bereit, dem die Stimme zu geben, der ein prächtiges *munus* ausrichtete. Caesar wußte dies und ließ im Jahre 65 v. Chr. als Aedil 320 Paare von Gladiatoren auftreten. Eine noch größere Zahl war ihm durch Senatsbeschluß untersagt worden[21]. Cicero suchte diesem demagogischen Treiben Einhalt zu gebieten. Er setzte als Konsul ein Gesetz durch *(Lex Tullia de ambitu)*, das einem angehenden Politiker verbot, zwei Jahre vor einer Amtsbewerbung ein *munus* zu veranstalten. Auf den tatsächlichen Verlauf der römischen Geschichte konnte aber dieses Gesetz keinen Einfluß mehr nehmen.

Das Selbstbewußtsein der Gladiatoren nahm wohl zu durch die Tatsache, daß sie in so hohem Maße öffentliches Interesse erregten. Ihre soziale Stellung aber wurde dadurch nicht verbessert. Gladiatoren waren unfrei; als Menschen, die sogar gezwungen werden konnten zu töten oder sich töten zu lassen, standen sie außerhalb der sonst gültigen rechtlichen Normen. Exakt in diesem Sinne verwendet Cicero den Begriff «Gladiator» als böses Schimpfwort gegen Verres, den räuberischen Stadthalter von Sizilien (Cicero, *In Verrem* 2, 62, 146) und gegen Antonius, den er sogar noch einen «Feldherrn von Gladiatoren» (gemeint sind dabei gekaufte Soldaten) nennt (*Phil.* 3, 12). Umsomehr überrascht es, daß Cicero einem hervorragenden Gladiator das Prädikat «*nobilis*» verleiht[22]. Auch sah er als erster in der Haltung der Gladiatoren dem Tod gegenüber nicht nur ein Vorbild für die Soldaten, sondern für jeden Menschen: «Die Gladiatoren, Auswurf der Gesellschaft oder Barbaren, welche Schläge halten sie aus! Wie wollen sie doch, wenn sie gut ausgebildet sind, lieber einen Schlag empfangen als ihm gegen die Regel entgehen! Wie oft zeigt es sich, daß sie vor allem ihren Herrn zufrieden stellen wollen. Selbst schwerverwundet noch lassen sie ihre Herrn nach ihren Wünschen fragen: wenn sie zufrieden seien, möchten sie sich geschlagen geben. Welcher auch nur mittelmäßige Gladiator hat je gestöhnt? Welcher hat je eine Miene verzogen? Welcher zeigte sich feige im Kampf oder gar, wenn er sich geschlagen gab? Welcher, zu Boden gefallen und zum Tode bestimmt, suchte seinen Hals zu schützen. Soviel erreicht Übung, Selbstbeherrschung, Gewöhnung» (Cicero, *Tusc.* 2, 41). Die Überwindung der Furcht vor dem Tod ist eines der wichtigsten Themen der antiken Philosophie jeder Richtung. Daß die Gladiatoren gerade hierin als Vorbild dargestellt werden, ist die höchste Würdigung, die ihnen zuteil werden konnte. Cicero blieb nicht der einzige, der ihre Todesverachtung bewunderte. Der vor dem Tod unerschrockene Gladiator wurde zu einem Topos der römischen Literatur[23].

Gladiatorentypen und ihre Darstellung in der späten Republik und in der frühen Kaiserzeit

Als «*editor muneris*» (= Veranstalter eines Gladiatorenkampfes) aufzutreten, wurde in der römischen Gesellschaft ein Statussymbol[24]. Wer es sich leisten konnte, veranstaltete ein *munus* zu Ehren eines verstorbenen Angehörigen. Die Kaiser machten dem ein Ende. Wie in allen Bereichen, so setzte sich auch auf dem Gebiet der Volksunterhaltung der Staat durch. Wer ein *munus* gespendet hatte, wollte sich dafür auch den verdienten Nachruhm sichern. Die Veranstaltung mußte verewigt werden. Als erster ließ schon im 2. Jahrhundert v. Chr. C. Terentius Lucanus ein riesiges Tafelgemälde des von ihm gebotenen *munus* anfertigen (Plinius *N. H.* 35, 52). Er stellte es im Hain der Diana bei Nemi auf. Spätere ließen ihre Grabbauten mit der Darstellung von *munera* schmücken. Die

2. Gladiatorenrelief, Rom, Museo di Roma.

Abbildungen 2–7 zeigen Fragmente solcher Grabreliefs. Sie stammen aus dem 1. Jh. v. Chr., bilden somit die ältesten erhaltenen Gladiatorendarstellungen überhaupt. Die Auffassung der Künstler, insbesonders auf den Abbildungen 2–4, läßt Ciceros «ernsthafte Sachlichkeit»[25] erkennen. Was für Gladiatorentypen sehen wir? Welche Phase des Zweikampfes ist jeweils festgehalten?

Als Gladiatorentypen werden in republikanischer Zeit bei verschiedenen Autoren der *Thraex* (oder *Thrax*), *Myrmillo* und *Samnis* genannt. Kein Autor allerdings hat eine exakte Beschreibung der einzelnen Typen gegeben. Auf Grund späterer Darstellungen und Nachrichten ist der Forschung eine Typenbeschreibung wenigstens teilweise gelungen. Legt man die gesicherten Kategorien zugrunde, so kommt man eindeutig zu dem Ergebnis, daß keine Typenbeschreibung genau zu den auf den Abb. 2–7 abgebildeten Gladiatoren paßt. Das kommt vermutlich daher, daß erst in der Kaiserzeit die Ausstattung der Gladiatoren vereinheitlicht wurde, eine Tendenz, die sich auch in zahlreichen andern Einrichtungen des täglichen Lebens äußert. Hingewiesen sei hier nur an den Ther-
2 menbau der Kaiserzeit. Die Gladiatoren auf Abbildung 2 sind am ehesten dem Typus des Thrakers gleichzusetzen[26]. Der *Thraex* schützt sich mit einem kleinen runden oder rechteckigen Schild, trägt daher an beiden Beinen Beinschienen aus Metall bis zum Knie[27]. Wie alle Gladiatoren trägt er den von einem Gürtel

3. Gladiatorenrelief, Rom, Museo Nazionale Romano.

gehaltenen Lendenschurz. Die rechte Hand steckt in einem Fechthandschuh; die Angriffswaffe ist ein kurzer gekrümmter Dolch. Der Oberkörper ist unbedeckt. Der Helm ist geschmückt und erhöht durch einen Helmkamm, in dem Federn stecken; oder der Helmkamm endet in einer hochaufragenden Protome, meist der eines Greifen. Der Gesichtsschutz verändert sich im Lauf der Jahrhunderte; aus den Wangenklappen wird ein geschlossenes Visier mit Augenlöchern, daraus schließlich ein Gitter[28]. Man sieht, die Gladiatoren auf Abb. 2 tragen nur eine Beinschiene am linken Bein und, soweit erkennbar, ist ihre Waffe ein gerades Schwert. An der Schulter des linken Gladiators sind die Falten einer Tunika erkennbar. Trotz dieser Abweichungen sah das Publikum in den beiden wohl Thraker. Die Römer hatten Thraker vor allem während der Kriege gegen Mithridates kennen gelernt. Thraker waren in römische Gefangenschaft geraten, so z. B. Spartacus. Die Römer ahmten kampanisches Vorbild nach (s. oben S. 13); sie ließen die Gladiatoren in der fremdartigen Ausrüstung auftreten.

4. Gladiatorenrelief, München, Glyptothek.

Offensichtlich fiel den Römern besonders die Beweglichkeit der Thraker, bedingt durch den kleinen Schild und das kurze Schwert, auf. Die Voraussetzung dieser Beweglichkeit war extreme körperliche Gewandtheit. Die Ausbildung in thrakischer Kampfweise war daher für die vormilitärische Ausbildung vornehmer Römer geeignet. Sie wurde innerhalb der städtischen «*Collegia iuvenum*» (= Jugendclubs) durchgeführt. Unterricht erteilte ein ehemaliger Gladiator. Von Kaiser Titus z. B. weiß man, daß er die Ausbildung nach thrakischer Art in seiner Heimatstadt Reate genoß[29]. Die Zuschauer, besonders die weiblichen, sahen die Thraker gern. Der Gladiator Celadus, der sich an den Säulen und Wänden der sogen. Gladiatorenkaserne in Pompeji immer wieder verewigte mit dem Zusatz zu seinem Namen «Zierde der Mädchen», «Sehnsucht der Mädchen»[30], war ein *Thraex*. Seinen Beruf kürzt er stets falsch, nämlich TR, ab. Aber Bildung war schließlich nicht das, womit er die Damen Pompejis faszinierte. Auch in der von Petronius im «Satyrikon» geschilderten Tischunterhaltung wird immer wieder mit Wohlgefallen von den Thrakern gesprochen, so läßt sich z. B. ein junger hübscher Sklave von seinem Taschengeld das Kostüm eines Thrakers anfertigen (*Sat.* 75; vgl. ebd. 45). Kein Wunder: die Beinschienen, der kleine Schild, der Helm, der Gürtel waren von höchster Eleganz, wie die Zeichnungen vom Grab des Scaurus beweisen. Der größere Teil eines gutgewachsenen, durchtrainierten Körpers blieb unbedeckt. Die Burschen wirkten und wußten dies, wie die Prahlerei des Celadus zeigt. In Kampanien ließ man die Gladiatoren in der Rüstung der Samniten kämpfen. Bestandteile dieser
3 Rüstung sehen wir an den Gladiatoren auf Abbildung 3: der Schild des linken Gladiators ist konisch, auf die Helme von allen drei Gladiatoren sind Federn aufgesteckt, der Helm des rechts stehenden ist dazu noch durch einen Helmkamm erhöht (die Helme auf Abb. 2 haben nur Helmkämme, die Helmkalot-
4 ten auf Abb. 4 sind glatt). Da der *Samnis* in der Kaiserzeit nicht mehr erwähnt und auch nicht mehr dargestellt wird, können wir nur vermuten, daß auf Abb. 3 zwei gegeneinander kämpfende Samniten dargestellt sind, zumal ihre Rüstung zu keinem anderen Typus paßt und so auch nie wieder auftaucht. Auffallend an den Samniten war der Prunk ihrer Ausstattung (Livius 9, 40). Prunktvoll an der Kleidung unseres Gladiatorenpaares sind die aus Metall getriebenen Brustpanzer und die Gürtel, sorgfältig gearbeitet sind auch die Teile aus weichem Material: Lendenschurz, Schnürung der Beinschiene, Bedeckung der Füße sowie der über Hand und Unterarm gelegte Handschuh. Der zur anschließenden Gruppe gehörende Gladiator ist am Langschild als Schwerbewaffneter zu erkennen[31]. Sein Gegner war ein Thraker mit kleinem Schild. Name und Herkunft der Gladiatoren waren auf dem Rahmen des Reliefs vermerkt. Erhalten ist nur ein Teil der Inschrift; der Name des linken Gladiators ist zerstört. Der erhaltene Teil der Inschrift IVL VƆV sagt aus, daß die Gruppe aus dem *Ludus Iuli(anus)*, der von Caesar begründeten Gladiatorenkaserne in Capua kam; der

linke Gladiator hatte fünfmal gekämpft (V) und ebenso oft gesiegt, d. h. er hatte fünf Siegeskränze errungen (Ɔ = Abkürzung für *corona* = Kranz); auch im dargestellten Kampf blieb er Sieger, denn sein Gegner CLEME(NS) wurde getötet, wie das M(ORTVVS) zwischen Kopf und ausgestrecktem Arm kundtut. Auch der zuschauende Gladiator überlebte den Kampf nicht, wie das M neben seinem Kopf erkennen läßt. Außer durch das M ist der Tod noch durch einen griechischen Buchstaben vermerkt. Es ist das sogen. *Theta nigrum,* eine Abkürzung für das griechische Wort θανών (= gefallen). Dieses Zeichen findet sich regelmäßig auf Gladiatorendarstellungen und dokumentiert so das Ergebnis des Kampfes für den späteren Betrachter. Das *Theta nigrum* entstammt der militärischen Praxis. Es wurde in den Aushebungslisten nachträglich dem Namen der gefallenen Soldaten beigeschrieben[32]. An dieser unbedeutenden Kleinigkeit zeigt sich so einmal mehr die Verflechtung von Gladiatorenbetrieb und Militär.

Das Relief von Abb. 4 ist besonders sorgfältig gearbeitet[33]. Die Musikinstrumente sind ungewöhnlich, ungewöhnlich ist auch die Ausrüstung der beiden Kämpfer. Sie lassen sich keinem bekannten Gladiatorentypus zuordnen. Der Schuppenpanzer ist nach dem bisher bekannten Material einmalig für Gladiatoren. Die Römer lernten den Schuppenpanzer im Osten kennen. Römische Feldherrn trugen ihn gelegentlich, z. B. Lucullus in der Schlacht von Tigranokerta im Jahre 69 v. Chr. gegen den armenischen König Tigranes (Plutarch, *Luc.* 28). Vielleicht hat der *editor muneris,* dessen Grabbau die Reliefplatte schmückte, selber im Osten gekämpft und die Gladiatoren für sein *munus* nach eigenen

5. Gladiatorenrelief, Kunsthandel.

Anweisungen ausstatten lassen. Daß der Veranstalter auch die Ausrüstung der Kämpfer besorgte, mindestens in der Zeit, aus der dieses Relief stammt, wird auch sonst berichtet[34]. Der kleine Rundschild, der Helm mit Wangenklappen, der Fechthandschuh am rechten Arm gehören zur Standardausrüstung von Gladiatoren. Dargestellt ist, wie häufig[35], der spannendste Augenblick des Kampfes. Der Besiegte ging zu Boden *(«decubuit»)*. Der Sieger hat die Entscheidung des Editors abzuwarten. Darf er oder muß er den Gegner töten? Die Entscheidung ist gefallen: die linke Hand des ersten Bläsers wiederholt für den am Boden Kauernden die erlösende Geste des Spielgebers. Es ist nicht wie gewöhnlich der nach oben gerichtete Daumen, sondern eine alte Segensgeste, gut bekannt aus dem christlichen Ritus (vgl. Weickert S. 13). Dem Besiegten wurde das Leben geschenkt.

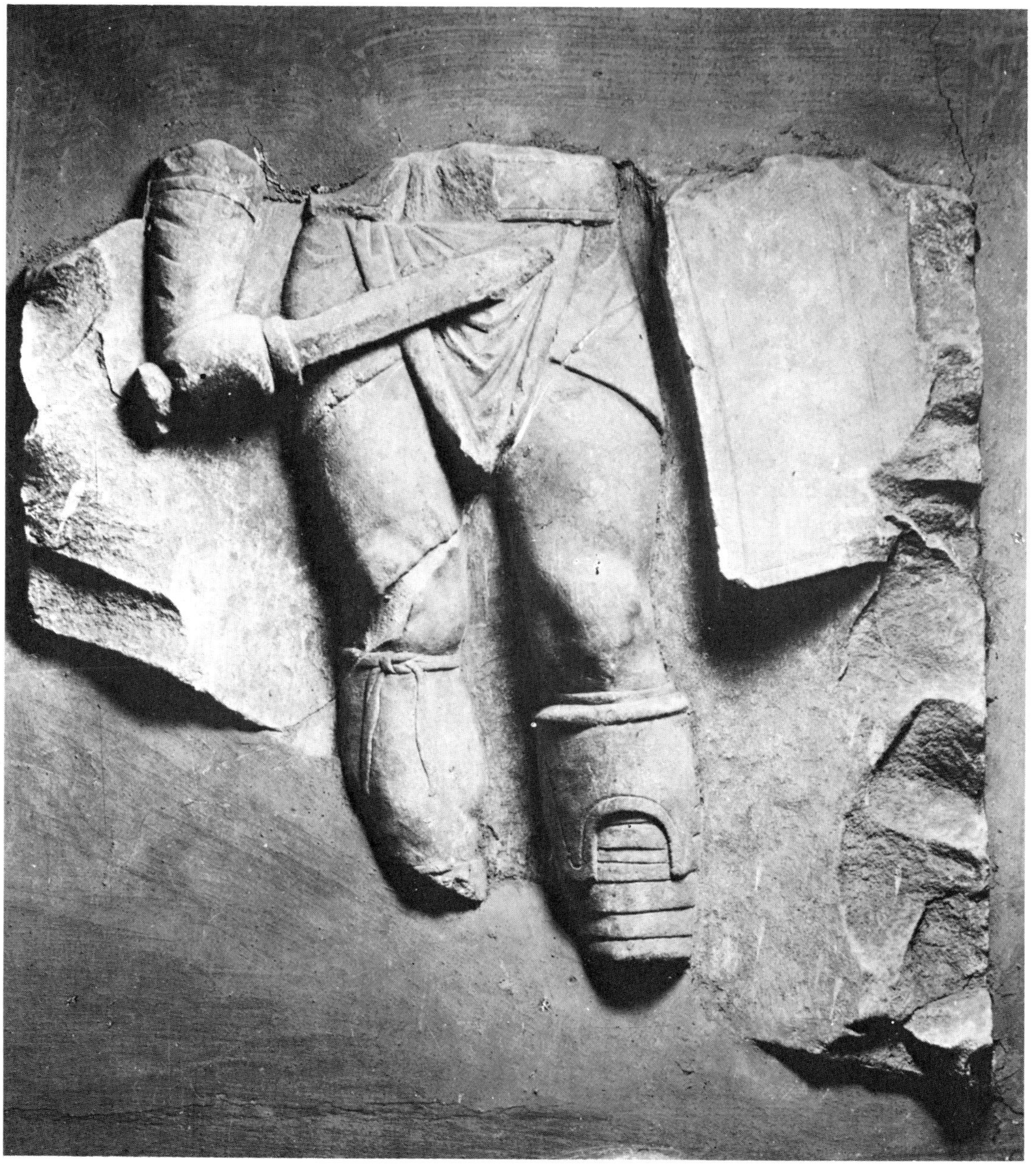

6. Fragment eines Gladiatorenreliefs, Rom, Vatikanische Museen.

Dem Typus des Thrakers ähnlich sind wegen des kleinen Schildes, der hohen Beinschiene am linken Bein und wegen des hohen Federschmucks auf den Helmen die beiden Gladiatoren auf Abb. 5. Aufgrund des Gesichtsschutzes gehören 5
sie ebenfalls noch in die Zeit der späten Republik.

Der Gladiator auf Abb. 6 dagegen ist schwer bewaffnet. Er schützt sich mit 6
einem langen Schild, deswegen ist das linke Bein nur durch eine Art von Gamasche bedeckt, die unterm Knie endet. Bemerkenswert ist der sorgfältig gefaltete Lendenschurz.

Drollig und wegen ihrer Körperproportionen fast kindlich wirken auf den ersten Blick die Gladiatoren auf Abb. 7. Auch sie entziehen sich einer Typisie- 7
rung. Der lange Schild, die Beinschiene links, der Fechthandschuh sind bekannte Attribute. Ungewöhnlich ist der Kopfschmuck: ein Band, in dem eine Feder steckt, außergewöhnlich ist der Panzer, unter dem eine Tunika getragen wird. Lanzen als Gladiatorenwaffen werden in der Literatur erwähnt (Martial 5, 24). Höchst auffällig aber ist, daß hier bei jedem Gladiator noch ein Lanzenträger mit Ersatzwaffen steht. Das Relief ist Teil eines Grabdenkmals aus Amiternum und gehört mit Sicherheit noch ins 1. Jahrhundert v. Chr.[36].

7. Gladiatorenrelief aus Amiternum, sogen. «Bustuarii».

Munera im kaiserlichen Rom bis zum Bau des Kolosseums

«Dreimal habe ich in eigenem Namen einen Gladiatorenkampf veranstaltet und fünfmal im Namen meiner Söhne oder Enkel. Bei diesen *munera* kämpften etwa 10 000 Menschen» (*Mon. Anc.*, 22). Diese Leistungen fürs römische Volk läßt Augustus in seinem Tatenbericht am Ende seines Lebens sachlich aller Welt verkünden. Ferner, sagt derselbe Text anschließend, habe er 26 Jagden auf wilde Tiere fürs Volk veranstaltet, in seinem eigenen Namen oder in dem seiner Söhne und Enkel. Ungefähr 3500 Tiere seien dabei erlegt worden. Als Höhepunkt der von ihm gebotenen Volksbelustigungen nennt Augustus eine Seeschlacht (*navale proelium* oder griechisch: *naumachia*) auf einem eigens dafür ausgehobenen Teich jenseits (also rechts) des Tibers. Vorgeführt wurde, wie wir aus andern Quellen wissen, die Schlacht von Salamis[37]. Natürlich siegten auch hier die Griechen. Die Schlacht fand im Jahre 2 v. Chr. statt. Anlaß war die Einweihungsfeier des Tempels für Mars Ultor auf dem Augustusforum. Von dem ausgehobenen Teich konnte man noch nach Jahrhunderten die als Park angelegten Überreste sehen[38].

Augustus setzt mit seinen glanzvollen Veranstaltungen eine alte Tradition fort, wie wir gesehen haben. Allerdings übertraf das Ausmaß des Gebotenen alles, was bisher dagewesen war. Indes, wie er selber sagt, überragte Augustus auch alle Bürger an Ansehen (*Mon. Anc.* 34). Mit Ansehen allein konnten die *munera* und alle sonstigen Feste freilich nicht bestritten werden. Augustus überragte die Römer auch durch das gewaltige Vermögen, das er von Caesar ererbt und durch seine Politik enorm vergrößert hatte. Wie die Seeschlacht mit der Einweihung eines Tempels so waren ohne Zweifel auch Jagden und *munera* mit einem religiösen Ereignis des Festkalenders verbunden. Wir erfahren darüber allerdings nichts. Jährlich *munera* zu Ehren Caesars waren vom Senat angeordnet worden, hingen also nicht von Augustus' Freigebigkeit ab[39].

Warum ließ Augustus die Jagden und Gladiatorenkämpfe auch im Namen seiner Söhne und Enkel abhalten? Sicherlich doch, um die noch sehr jungen Prinzen, später seinen Nachfolger Tiberius, dem Volk bekannt zu machen[40]. Augustus nützte so den demagogischen Effekt der Volksbelustigung aus für seine dynastische Familienpolitik.

Tiberius gab auf eigene Kosten nie ein *munus*. Das mag aus seiner extremen Sparsamkeit zu erklären sein[41]. Denn als ehemaliger Soldat war er keineswegs ein Verachter der Gladiatoren. Kurz vor seinem Tod sah er sich sogar einen Kampf an (Sueton, *Tib.* 72). Auch den Aufwand für die von andern veranstalteten Gladiatorenkämpfe schränkte Tiberius ein (Sueton, *Tib.* 34). Darin folgte er allerdings Augustus' Vorbild. Die kaiserliche Abneigung gegen Volksbelustigung führte schließlich soweit, daß man in Rom kein *munus* von Bedeutung mehr zu sehen bekam. So kam es im Jahre 27 n. Chr. zu der Katastrophe

von Fidenae. Dort veranstaltete ein Freigelassener namens Atilius «nicht aus Großzügigkeit und nicht aus kommunalpolitischem Ehrgeiz, sondern für schmutzigen Gewinn» (Tacitus, *Ann.* 4, 62) ein Gladiatorenschauspiel. Das rasch aus Holz errichtete Amphitheater war ein Provisorium. Die Römer «unter Kaiser Tiberius von Vergnügen ferngehalten» (Tacitus, *Ann.*), strömten in Scharen, Männer und Frauen, nach Fidenae, das von Rom aus ca. 3 km tiberaufwärts lag. Das nur unter Profitstreben errichtete Amphitheater war den Zuschauermassen nicht gewachsen. Es brach zusammen; dabei kamen 50000 Menschen ums Leben oder wurden schwer verletzt. Das Unglück kam einer Niederlage im Krieg gleich (Tacitus, *a. a. O.*). Wie der Vorfall zeigt, waren die *munera* unter Tiberius nicht verboten. Aber die Angehörigen der römischen Nobilität fürchteten offensichtlich, durch einen aufwendigen Gladiatorenkampf das Mißtrauen des Kaisers zu erregen.
Während Caligulas knapp vierjähriger Herrschaft wurde die Vergnügungssucht der Römer reichlich befriedigt. Caligula war im Militärlager aufgewachsen; von Gladiatoren war er in der Fechtweise der Thraker ausgebildet worden (Sueton, *Cal.* 54, 32). Die von ihm veranstalteten *munera* waren daher zahlreich. Gladiatoren wurden in Rom teuer. Caligula aber war infolge seiner unglaublichen Verschwendungssucht ständig in Geldnot (Sueton, *Cal.* 37). «Er verkaufte daher die ein *munus* überlebenden Gladiatoren an Konsuln und Prätoren, auch gegen deren Willen, insbesondere an die beiden Prätoren, die seit dem Jahr 39 wieder eigens dafür ausgelost wurden; er selber war beim Verkauf dabei und trieb die Preise in die Höhe. Dabei kamen auch Auswärtige, weil sie plötzlich jetzt wieder mehr Gladiatoren halten konnten als das Gesetz vorschrieb. Oft trat er selber an sie heran; so daß die einen, weil sie die Gladiatoren wollten, die andern, um ihm eine Freude zu machen, sie kauften. Besonders wer als reich galt, wollte lieber einen Teil seines Besitzes verlieren, dafür aber das Leben retten» (Cassius Dio, 59, 14 f.). Allerdings war es nicht mehr Disziplin und Virtus, die Caligulas Leidenschaft für den Gladiatorenkampf hervorrief. Zum ersten Mal, soweit wir sehen, tobte sich der Sadismus eines perversen Psychopathen gerade im Gladiatorenbetrieb aus. Einen Gladiator, der mit ihm geübt hatte, tötete Caligula und ließ sich dafür eine Siegespalme geben (Sueton, *Cal.* 32). Männer vornehmer Herkunft zwang er ganz willkürlich als Gladiatoren aufzutreten (*a.a.O.* 27). Den Zuschauer eines *munus*, dessen Schönheit seinen Neid erregte, ließ er in die Arena schleppen. Wegen der Gunst des Publikums hatten erfolgreiche Gladiatoren erst recht seine Rache zu fürchten (*a. a. O.* 34 f.). Kaiser Claudius schätzte kein Vergnügen mehr als Gladiatorenkämpfe (Sueton, *Claudius* 21). Daher erwies er sich als Veranstalter sehr großzügig. Auf dem Fuciner-See ließ er sogar, ähnlich wie einst Augustus in Rom, eine Naumachia abhalten: sizilische Schiffe hatten gegen rhodische zu kämpfen. Ein silberner Triton, den man aus dem See auftauchen ließ, bließ das Zeichen zum Angriff.

Ein besonders aufwendiges *munus*, die Plünderung und Belagerung einer Stadt, bot Claudius den Römern auf dem Marsfeld (Sueton *a. a. O.*). Für die Prätorianer veranstaltete er alljährlich ein eigenes *munus* in ihrem Lager «ohne Aufwand und ohne Tierhetze» (Sueton, *Claudius* 21), der militärische Charakter der Kämpfe blieb so gewahrt.

Wichtiger auf lange Sicht hin war, daß Claudius eine gewisse Systematisierung des beliebtesten Volksvergnügens vornahm. Die Konsuln des Jahres 105 v. Chr. hatten in ihrer Eigenschaft als höchste Beamte des Staates einen Gladiatorenkampf veranstaltet. Mehr als ein halbes Jahrhundert lang beschränkten sich nach ihnen die staatlichen Organe auf restriktive Maßnahmen: die Anzahl der kämpfenden Paare wurde eingeschränkt, die *Lex Tullia* sollte die demagogische Wirkung der *munera* bändigen. Erst in der Verwirrung nach Caesars Ermordung beschloß der Senat ein jährliches *munus* zum Gedenken an Caesar (Cassius Dio 44, 1, 2). Diese Regelung genügte auf die Dauer nicht. Es mußte genauer festgelegt werden, wer für ein staatliches *munus* verantwortlich war und wer es bezahlte[42]. Unter Augustus wurde, mit Billigung des Senats, diese Aufgabe den Prätoren übertragen (Cassius Dio, 54, 2, 4). Höchstens zweimal im Jahr sollte ein staatliches *munus* von ihnen veranstaltet werden; nicht mehr als 60 Paare von Gladiatoren sollten dabei auftreten. Für die Ausrichtung des *munus* wurde ein Betrag aus der Staatskasse bewilligt. Unter Augustus gab es keine Schwierigkeiten. Er versorgte das römische Volk zusätzlich mit den begehrten Veranstaltungen. Doch wurden unter Tiberius' sparsamer Herrschaft die staatlichen *munera* überhaupt durchgeführt? Der Vorfall in Fidenae läßt eher das Gegenteil vermuten. Auch Caligula ließ wieder zwei Prätoren für die Durchführung von *munera* auslosen (siehe oben). Claudius ließ diese Aufgabe im Jahre 47 n. Chr. den Quästoren übertragen[43]. Nach einer Unterbrechung von Nero bis Titus setzte sich diese Regelung ab 81 n. Chr. endgültig durch. Auch der Zeitpunkt der Veranstaltungen wurde festgelegt und änderte sich nicht mehr: die staatlichen *munera* wurden im Dezember abgehalten, zuerst 3 Tage lang, später dehnten sie sich auf 10 Tage aus[44]. Nur einmal im Jahr also wurden auf Staatskosten Gladiatorenkämpfe veranstaltet, allerdings regelmäßig[45]. Was darüber hinaus geboten wurde, die gigantischen Feste unter Domitian und Trajan, von denen noch die Rede sein wird, entsprang kaiserlicher Freigebigkeit.

Staatliche Feste in Rom haben stets eine Beziehung zu Religion und Kult. So wurden auch die staatlichen *munera* nicht zufällig auf den Dezember verlegt und auch nicht zufällig den Quästoren übertragen. «Die Gladiatoren kämpften zuerst, wie man weiß, bei Leichenfeiern auf dem Forum. Jetzt beansprucht die Arena sie als ihr Eigentum, welche Ende Dezember den Sicheltragenden (gemeint ist Saturn) durch ihr Blut versöhnen», so schreibt der gelehrte Dichter Ausonius (4. Jh. n. Chr.) in einem kleinen Werk über die römischen Feste (Ausonius, *De Feriis Romanis,* 33 ff.). Den Zusammenhang zwischen der Feier der Saturnalien und den Gladiatorenkämpfen stellte doch wohl schon Claudius her, der dank langjährigen Studien über die römische Frühgeschichte, damit auch über den ursprünglichen Sinn der Gladiatorenkämpfe, gut Bescheid wußte. Warum nun wurden die Quästoren mit den *munera* beauftragt? Sie waren als Verwalter des Staatsschatzes *(aerarium)*, der im Saturntempel aufbewahrt wurde, aufs engste mit dem Saturnkult verbunden. Auch diese Aufgabe der Quästoren hatte Claudius wieder hergestellt (Sueton, *Claudius* 24)[47]. Auf die vielfältigen Wandlungen des römischen Saturn kann hier nicht eingegangen werden. Dem chthonischen Charakter seines Kultes entspricht es ohne Zweifel, wenn an seinem Fest von Staats wegen die Götter der Unterwelt durch das von den Gladiatoren vergossene Blut gnädig gestimmt wurden.

Nero enthob unmittelbar nach Beginn seiner Herrschaft die Quästoren der Pflicht, *munera* auszurichten. Der Senat hatte ihn zu dieser Maßnahme bewogen (Tacitus, *Ann.* 13, 5), vermutlich, um den Beginn der Ämterlaufbahn nicht durch eine finanzielle Belastung zu erschweren. Nero zeigt sich in seinen ersten Jahren als Kaiser durchaus bestrebt, die republikanischen Organe achtungsvoll zu behandeln; auch lag ihm persönlich gar nichts an Gladiatorenkämpfen. Seine Neigung, durch seine Erziehung gefördert, gehörte viel mehr einem griechischen Bildungsideal: «er malte, betätigte sich als Bildhauer, übte sich in Gesang und Rosselenken; und Gedichte, die er ab und zu verfaßte, zeugten von seiner guten Schulbildung (Tacitus, *Ann.* 13, 3)». Trotzdem gab es in Rom unter Nero selbstverständlich regelmäßig Gladiatorenkämpfe (Tacitus, *a. a. O.* 15, 32). Wer sie jeweils veranstaltete, wissen wir nicht genau, Nero selbst wohl auch gelegentlich, jedenfalls ließ er mit Sicherheit auf dem Marsfeld ein prächtiges Amphitheater errichten[48]. In seiner engeren Umgebung befanden sich ständig Gladiatoren. Sie schützten ihn bei seinen nächtlichen Streifzügen durch die Spelunken der Stadt (Tacitus, *a. a. O.* 13, 25); von einem vertrauten Gladiator wollte er sich auch den Todesstoß geben lassen; indes war keiner zu dieser Tat bereit (Sueton, *Nero* 47). Dies alles fügt sich in das bisher gewonnene Bild über die Rolle der Gladiatoren in der römischen Gesellschaft ein. Darüber hinaus scheint Neros sonst mit Exzessen angefülltes Prinzipat für die Geschichte des Gladiatorenbetriebs nichts herzugeben. Läßt sich überhaupt in den 14 Jahre andauernden Greueln des Herrschers eine Linie finden oder bestimmten nur die täglich wechselnden Herrscherlaunen die Vergnügungen von Volk und Kaiser? Eine konsequent beibehaltene Neigung liegt anscheinend in Neros Philhellenentum. «Neros Ziel war die Übertragung der Sportverhältnisse des klassischen Griechenland auf Rom»[49]. Auch früher schon gab es in Rom derartige Bemühungen: Caesar ließ drei Tage lang Athleten auftreten (Sueton, *Iul.* 39); Augustus hatte zur Erinnerung an den Sieg von Actium Spiele begründet, die wie die panhellenischen alle 4 Jahre gefeiert wurden und mit einem ebensolchen Programm von gymnasischen und musischen Agonen. Allerdings wurden diese

Spiele nicht in Rom veranstaltet, sondern in der bei Actium gegründeten Stadt Nikopolis (Sueton 18). Die Römer hatten für den zweckfrei betriebenen Sport der Griechen nicht viel übrig. Die Wettkämpfe bildeten keine Vorübung für den Krieg; die Nacktheit der Athleten beleidigte römisches Schamgefühl. Überdies schienen die Palästren Brutstätten der in römischer Sicht verwerflichen Knabenliebe zu sein[50]. Von der Hand zu weisen sind diese Argumente nicht. Die Griechen, mit Ausnahme der Spartaner, empfanden die sportlichen Agone als eine Lebensäußerung, die ihren Sinn in sich selber trug[51]. Gerade das entsprach der nüchternen Denkweise der Römer nicht. «Sportstätten» und «Zeitvergeudung» sind für Tacitus gleichbedeutende Begriffe (*Ann.* 14, 20)[52]. Nero aber besuchte mit Leidenschaft die Gymnasien und sah den Athleten zu, wo immer sich die Gelegenheit bot: im griechischen Neapel und vor allem während der Reise durch Griechenland. Das hätte man vielleicht noch hingenommen. Aber im Jahre 60 «wurden in Rom fünfjährige Spiele nach griechischer Art eingerichtet» (Tacitus, *Ann.* 14, 20). Sie wurden natürlich *Neronia* genannt. Man befürchtete, der Kaiser werde nun auch als Athlet auftreten, wie er das schon als Schauspieler im Theater und als Wagenlenker im Circus getan hatte. Nero beteiligte sich nur an den musischen Agonen und wurde Sieger, wie sich versteht. Aber nicht einmal Nero zuliebe wollte sich die große Masse der Zuschauer für Wettkämpfe nach griechischer Art begeistern. In der Verachtung, mindestens in der Ablehnung der Athletik, waren sich die Römer aller Stände einig. Neros Entartung soll gewiß nicht beschönigt werden, aber die moralische Entrüstung der römischen Nobilität über seine harmlosen philhellenischen Neigungen, die ihn zu öffentlichem Auftreten veranlaßten, scheint uns übertrieben; doch sie entspricht römischem Wert- und Standesbewußtsein, ebenso wie die Achtung vor Disziplin und Tapferkeit berufsmäßiger Gladiatoren.

Wie wir sahen, dienten ja die Gladiatorenkämpfe theoretisch nur als Mittel zum Zweck, zur Steigerung römischer *virtus*. Die Gladiatoren waren Objekte, in der bestehenden Gesellschaftsordnung stets verfügbar. Nie hätte nach deren Normen ein Angehöriger der römischen Oberschicht selber zum Objekt werden dürfen. Daß es trotzdem geschah, galt als schlimmste Entartung. Diese Entartung wird bekämpft, gesetzlich durch die Kaiser, literarisch durch die Schriftsteller. Tacitus' bekannter Satz: «Aber in Rom stürzten sich Konsuln, Senatoren, Ritter in die Knechtschaft» (*Ann.* 1, 7) gilt nicht erst für den Regierungsantritt von Tiberius. Willfährigkeit gegenüber dem mächtigsten Mann im Staat war schon zur Zeit Caesars das Hauptmotiv, das junge Leute aus Senatoren- und Ritterstand dazu bewog, als Gladiator, als Wagenlenker oder als Schauspieler aufzutreten (Sueton, *Iul.* 39). Caesars Achtung vor der Würde der römischen Stände war so gering, daß er diesem Treiben keinen Einhalt gebot. Anders Augustus: in seiner klugen Rücksicht auf republikanische Tradition ließ er durch Senatsbeschluß Rittern und Senatoren verbieten, in der Arena zu kämp-

8. Mosaik aus einer römischen Villa in Zliten (Tripolitanien) mit Darstellungen aus dem Amphitheater, Tripolis, Archäologisches Museum.

a

b

c

d

a

b

c

d

9. Ein Segment des Gladiatorenmosaiks in der Galleria Borghese, Rom.

10 a–d. Mosaikfelder mit Gladiatorendarstellungen aus Augst (Colonia Augusta Raurica).

11. Gesamtansicht des Mosaiks aus der römischen Villa von Nennig (Deutschland).

DIESER
ROEMISCHE
MOSAIKFVSSBODEN
WVRDE 1852 AVF:
GEFVNDEN · 1874 ·
WIEDERHERGESTELLT
VND 1960
RESTAVRIERT

12. Tonlampe mit der Darstellung eines Gladiatorenkampfes. 1. Jh. n. Chr. London, British Museum.

13. Tonmedaillon mit der Darstellung eines Gladiatorenkampfes, Nîmes, Musée Archéologique.

14. Tonstatuette eines Gladiators, Nîmes, Musée Archéologique.

15. Medaillon mit Gladiatorenkampf aus dem Mosaik in der Villa von Nennig.

fen (Sueton, *Aug.* 43 ff.), mit geringem Erfolg. Tiberius, ohnehin kein Freund der längst zur Volksbelustigung gewordenen *munera,* erneuerte das Verbot. Was geschah? «Sittlich verkommene junge Leute aus Senatoren- und Ritterstand nahmen freiwillig die Verurteilung durch ein Ehrengericht auf sich, um ungeachtet der bestehenden Senatsbeschlüsse auf der Bühne oder in der Arena auftreten zu können»[53]. Wen wundert es, daß Caligula, bar aller Bindung an Anstand und Herkommen, in die Arena und in den Circus trieb, wer ihm durch körperliche Eigenheiten, besonders durch Mängel, auffiel (Sueton, *Cal.* 26)? Das entsprach seiner sadistischen Veranlagung, denn an freiwilligen Gladiatoren aus der römischen Gesellschaft war nach wie vor kein Mangel. Wir erfahren von Sueton, daß einige Männer während einer Erkrankung des Kaisers das Gelübde ablegten, für seine Genesung als Gladiator zu kämpfen. Der Glaube an den ursprünglichen Sinn der Kämpfe, an die Kraft des vergossenen Blutes, war offenbar noch nicht ganz in Vergessenheit geraten.

Auch unter Claudius und Nero kämpften Ritter und Senatoren, ja sogar Damen aus diesen Kreisen, in der Arena, teils freiwillig, teils von Nero dazu animiert (Tacitus, *Ann.* 15, 32). Bei all diesen Anläßen klagen die Historiker über die Preisgabe römischer Würde, nie dagegen über die Gefahren dieser Schaukämpfe. Damit beweisen gerade diese Stellen eindeutig, daß Gladiatorenkämpfe im allgemeinen nicht tödlich endeten.

In der römischen Oberschicht war es üblich geworden, daß die jungen Leute in der Fechtkunst der Gladiatoren ausgebildet wurden, von einem ehemaligen Gladiator. Warum sollte man die erworbenen Fertigkeiten nicht einem kundigen Publikum vorführen? Nicht jeder junge Römer teilte schließlich die Wertbegriffe von Cato oder Tacitus, um nur einige der typischen «alten Römer» zu nennen. Allerdings kämpften junge Römer aus bekannten Familien sicher nicht gegen Gladiatoren aus den Kasernen. Das hätte selbst ihr degeneriertes Ehrgefühl nicht zugelassen. Ganz ungefährlich können die Zweikämpfe trotzdem nicht gewesen sein. Denn es ist unvorstellbar, daß ein verwöhntes Publikum nur spielerisches Auftreten gerade bekannter Leute toleriert hätte.

Absolut grausam und für einen Teil tödlich waren also nur die Kämpfe der berufsmäßigen Gladiatoren? Wohl aber auch nicht in dem Maß wie der bekannte Gruß «*Morituri te salutant*» zunächst vermuten läßt. Dieser Gruß an den Kaiser beim Beginn eines *munus* ist nur einmal überliefert. Claudius wurde mit diesen Worten vor der Seeschlacht auf dem Fuciner-See begrüßt (Sueton, *Claud.* 21). Er beantwortete den Gruß mit den Worten «*Aut non*» *(morituri)* (oder auch die Nicht-Todgeweihten). Diese Antwort verstanden die Gladiatoren als Entlassung, und Claudius hatte angeblich große Mühe, den Beginn der Schlacht zu erzwingen. Also waren die Gladiatoren doch todgeweiht? Der Gladiator war unfrei; ob er, unterlegen, sterben mußte oder nicht, hing von seinem Herrn ab, dem *editor muneris,* der sich im allgemeinen nach der Stimmung der

Zuschauer richtete. Gerade das Bezwingen der Todesfurcht wurde von den anspruchsvollen Zuschauern geschätzt und bewundert. Trotzdem scheint es, daß der Tod in der Arena, von der Hand des Siegers auf Wunsch der Zuschauer, nicht das gewöhnliche Ende eines Zweikampfes bildete. Es gab nämlich *munera*, die Gnade für den Unterlegenen von vornherein ausschlossen. Diese «*munera sine missione*» (Kämpfe ohne Entlassung) wurden von Augustus und – man wundert sich fast – von Nero verboten (Sueton, *Aug.* 45; *Nero* 12). Die gewaltigen *munera*, die Augustus gab, sahen also gewiß Begnadigung vor. Auch zahlreiche andere Quellen zwingen zu dem Schluß – wie wir noch sehen werden –, daß ein gut ausgebildeter Gladiator kein Todeskandidat war[54]. Blut floß ohnehin reichlich an den Stätten der *munera*. Denn gerade dort wurden mit großem Aufwand auch Schauhinrichtungen veranstaltet.

Gladiatorenkämpfe fanden ursprünglich auf dem Forum statt mit improvisierten Sitzplätzen für die Zuschauer. Später wurden auf dem Forum Tribünen errichtet[55], ehe schließlich in verschiedenen Regionen in Rom Amphitheater aus Holz gebaut wurden. Daher waren für ein *munus* lange Zeit aufwendige technische Vorbereitungen nötig, damit möglichst viele Zuschauer gesicherte Plätze bekamen. An diese Stätten verlegte man auch Hinrichtungen, gelegentlich auf denselben Tag wie ein *munus*[56]. Daß Hinrichtungen öffentlich stattfanden und daß sie eine große Zuschauermenge anlockten, ist eine Tatsache, die sich aus der Geschichte wohl aller Kulturkreise belegen läßt. Was grausamer ist, der Tod auf dem Scheiterhaufen und die Vierteilung des europäischen Mittelalters oder von wilden Tieren zerrissen zu werden, wie es das römische Recht vorsah, das wird wohl niemand entscheiden wollen. Die Verurteilung «*ad bestias*» («den wilden Tieren vorzuwerfen») war auch in römischer Sicht die grausamste Todesart, und so wird genau begründet, wann und warum sie in Rom eingeführt wurde; durch L. Aemilius Paulus und den jüngeren Scipio gegen Überläufer (siehe oben S. 15), unter Kriegsrecht also. Daher gehörte diese Todesstrafe stets nicht zu den «regelmäßigen Exekutionsformen», sondern war nur für Staatsfeinde vorgesehen; über einen weiten Personenkreis – Soldaten, Veteranen, Angehörige der städtischen Selbstverwaltung, Kinder, Senatoren und Ritter – durfte sie nicht verhängt werden. Solche «Volksfesthinrichtungen» (Mommsen *a. a. O.*) waren folglich weder häufig noch regelmäßig. Sie werden deswegen von den Historikern mit besonderem Interesse beschrieben, ohne erkennbares Mitgefühl. Betrachten wir zwei Fälle: am Ende des 2. Sklavenkrieges auf Sizilien (100 v. Chr.) ergab sich ein Teil der Rebellen nach erbitterten Kämpfen. Der römische Konsul Aquillius ließ sie «für Tierkämpfe» nach Rom bringen (Diodoros, 36, 10)[57]. Auch nach dem 2. Sklavenkrieg gab es in den Latifundien Siziliens immer wieder Räuberbanden. Unter Augustus wurde ein Räuberhauptmann namens Seluros, der sich selber «Sohn des Aetna» nannte, gefangen und nach Rom gebracht. Der Geograph Strabon berichtet, er habe zugesehen, wie Seluros im Verlauf eines Gladiatorenkampfes (vermutlich also am selben Tag) von Tieren zerrissen worden sei. Seluros sei auf ein Gerüst gestellt worden, «auf den Aetna gewissermaßen»; beim – natürlich vorgesehenen – plötzlichen Einsturz des Gerüsts sei er dann in die darunter stehenden Käfige gefallen (Strabon, 6, 2, 6). Strabons gelassene Schilderung und die nüchterne Sprache juristischer Kommentare, in denen Vergehen und Strafmaß erörtert werden (bei Mommsen *a. a. O.*), lassen keinen Zweifel darüber aufkommen, daß die Verurteilung «*ad bestias*» als gerechtfertigt angesehen wurde. Legitim war auch, daß ein Privatmann, dessen Sklave ein Verbrechen begangen hatte, diesen Sklaven den Behörden «*ad bestias*» auslieferte. Wegen eines einzigen Delinquenten wurde natürlich keine Hinrichtungsschau inszeniert. Es war gesetzlich festgelegt, daß die Hinrichtung beim nächsten anstehenden *munus* vollzogen werden sollte[58]. Auf diese Weise wurden Hinrichtungen Programmpunkt der für *munera* bestimmten Tage, obwohl die Vorgänge eigentlich gar nichts miteinander zu tun hatten. Natürlich boten sich diese Gelegenheiten für willkürliche Übergriffe geradezu an. Caligula ließ, ohne jede Rechtsgrundlage, aber im sadistischen Genuß schrankenloser Macht, zahlreiche Senatoren den Tieren vorwerfen (Sueton, *Cal.* 27). Neros Vorgehen gegen die Christen ist bekannt. Er erhöhte den schaurigen Reiz der öffentlichen Hinrichtungen dadurch, daß er sie in seine privaten Gärten verlegte, die Christen teils in Tierfelle einnähen, teils sie als lebende Fackeln aufstellen ließ. Dabei hatte diese Grausamkeit sogar noch Rechtscharakter: die Christen galten jahrhundertelang als Staatsfeinde, und da ihnen unter Nero der Brand Roms zur Last gelegt wurde, hatten sie es auch verdient – so schien es –, bei lebendigem Leib verbrannt zu werden nach dem uralten Rechtsgrundsatz: wie das Vergehen, so die Strafe[59].

Pompeji

Die römische Geschichtsschreibung ist auf Rom und auf das Kaiserhaus ausgerichtet. Die Ereignisse in den Landstädten Italiens werden nur gelegentlich erwähnt, wenn sie Beziehung zur Hauptstadt haben (z. B. der Streit vor dem Amphitheater von Pompeji). Aus Inschriften und archäologischen Funden erfahren wir weit mehr über das Leben und Treiben der außerrömischen Bevölkerung als aus literarischen Quellen. Wie für den Alltag in römischer Zeit insgesamt so ist natürlich auch für alle die Gladiatoren betreffenden Fragen Pompeji der ergiebigste Ort. Vieles, was wir sonst nur vermuten könnten, lehrt in Pompeji der Augenschein[60]. Nur in Pompeji erhielten sich unter der Vesuvasche die Anzeigen von *munera*. In großen roten Lettern[61], von eigens dazu ausgebildeten Schreibern auf die Fassaden von Häusern, öffentlichen Gebäuden und Grabdenkmälern aufgemalt, wurde der Bevölkerung von Pompeji das nächste *munus* angekündigt. Man erfuhr aus der Voranzeige meist auch, aus welchem Anlass und in welcher Anzahl Gladiatoren auftraten und welche Darbietungen ausserdem auf dem Programm standen, etwa eine *venatio* (= Jagd, besser «Tierhetze»), ein festlicher Umzug *(pompa)*, Athletenwettkämpfe; ferner, über wieviele Tage sich die gesamten Veranstaltungen ausdehnten und welcher Komfort den Zuschauern geboten wurde: ob Sonnensegel *(vela)* ausgespannt wurden und ob – zur Erfrischung und zur Säuberung der Arena Wasser ausgesprengt wurde (= ob es eine «*sparsio*» gab). Das wichtigste für den, der das *munus* veranstaltete – d.h. bezahlte – war, daß sein Name genannt war, meist schon an erster Stelle. Als Beispiel sei eine solche Anzeige hier wiedergegeben:

Des Aedilen Aulus Suettius Certus Gladiatorentruppe (Familia) wird in Pompeji kämpfen am 31. Mai: Es wird Sonnensegel und eine Tierhetze geben. Glück für alle Kämpfer aus der neronianischen Kaserne!

Geschrieben hat Secundus, die Mauer geweißt Victor, assistiert hat Vesbinus, Firma ... (Name ging verloren)[62].

Die Inschrift gehört ungefähr in das Jahrzehnt vor dem Untergang von Pompeji, denn in diese Zeit fällt die öffentliche Tätigkeit von Aulus Suettius Certus[63]. Wie hier ist häufig der Name des Schreibers angegeben und der von einem oder zwei Assistenten. Auf unserer Inschrift war ursprünglich sogar noch die Werbefirma vermerkt, die für die Bekanntmachung sorgte. Man sieht aus diesem Aufwand, daß schon die Ankündigung eines *munus* ein wichtiger Akt im kleinstädtischen Alltag war. Das detaillierte Programm eines *munus* ist uns ebenfalls durch eine Maueraufschrift aus Pompeji erhalten[64]. Offenbar hat ein begeisterter Zuschauer, sagen wir ruhig ein «Fan», unmittelbar nach dem Ende der Kämpfe den Verlauf genau rekapituliert: Die Namen der Kämpfer waren festgehalten, ihre Herkunft aus den Gladiatorenkasernen von Capua, dem *Ludus Iulianus* und dem *ludus neronianus*, die Zahl der absolvierten Kämpfe, die Anzahl der Siege und natürlich, wie der Kampf in Pompeji endete: wer siegte, wer begnadigt wurde, wer starb. Daß der Besiegte getötet wurde, war die Ausnahme. Wir können aus dieser Inschrift ablesen, welche Gladiatorengattungen gegeneinander angetreten waren, bei diesem *munus* und ähnlich auch bei andern. Es kämpften Thraker gegen Murmillonen und Oplomachi, Leichtbewaffnete also gegen Schwerbewaffnete; ferner Murmillonen gegen Oplomachi, also zwei verschiedene Gattungen von Schwerbewaffneten gegeneinander; zweierlei Gattungen von Schwerbewaffneten sind auch die gegeneinander antretenden *dimachaeri* und *oplomachoi*; Gegner aus der eigenen Gattung haben, wie stets, die zu Wagen kämpfenden *essedarii*. Es gab also bei diesem *munus*, das sich immerhin über 4 Tage hinzog nur fünf Varianten von kämpfenden Paaren. Auffällig ist besonders, daß die aus vielen Abbildungen bekannten Retiarier fehlen.

Endlich haben wir aus Pompeji Teile der Gladiatorenausrüstung: prächtige Helme, wie wir sie auf den Reliefs sehen, sind vollständig erhalten[65]. Die Helme stammen, wie aus ihrer Form ersichtlich ist, aus der 1. Hälfte des 1. Jahrhunderts

16 a–b. Gladiatorenhelme, Rom, Museo Nazionale Romano.

17. Gladiatorenhelm, Berlin, Pergamonmuseum.

18 a–b. Gladiatorenhelme aus Pompeji, Neapel, Museo Nazionale.

n. Chr. Aus den Wangenklappen (vgl. Abb. 2f.) wurde später ein geschlossenes
Visier mit Gitter für die Augen oder die obere Gesichtshälfte (Abb. 16-18); in 16
der Weiterentwicklung der Helme wurde das ganze Visier gitterartig ausge- 17
staltet[66]. Wie der Vergleich mit den Reliefs zeigt (Abb. 21), gehörten die Helme 18
zur Ausrüstung eines schwerbewaffneten Gladiators; die Helme mit Helmkamm trug ein Murmillo oder Oplomachus, eventuell auch ein Thraker; auf dem Helmkamm war natürlich noch ein wehender Helmbusch befestigt. Den Helm mit der glatten Kalotte hingegen trug sicher ein Schwerbewaffneter, der gegen einen Retiarier kämpfte (vgl. Abb. 21). Die Helme der «Antiretiarier» – der Ausdruck ist mehrfach belegt – sind ohne Aufsatz: dem Netz soll ja nicht noch ein zusätzlicher Aufhänger geboten werden.

Das leidenschaftliche Interesse der Pompejaner an den *munera* zeigen auch die zahlreichen Kritzeleien an den Wänden von Privathäusern. Ein Beispiel bietet
Abb. 19. Wieder hat ein «Fan» einen ganz bestimmten Kampf festgehalten. Ein 19
Schwerbewaffneter siegte bei seinem ersten Auftritt – er ist als *TIRO* (Rekrut)

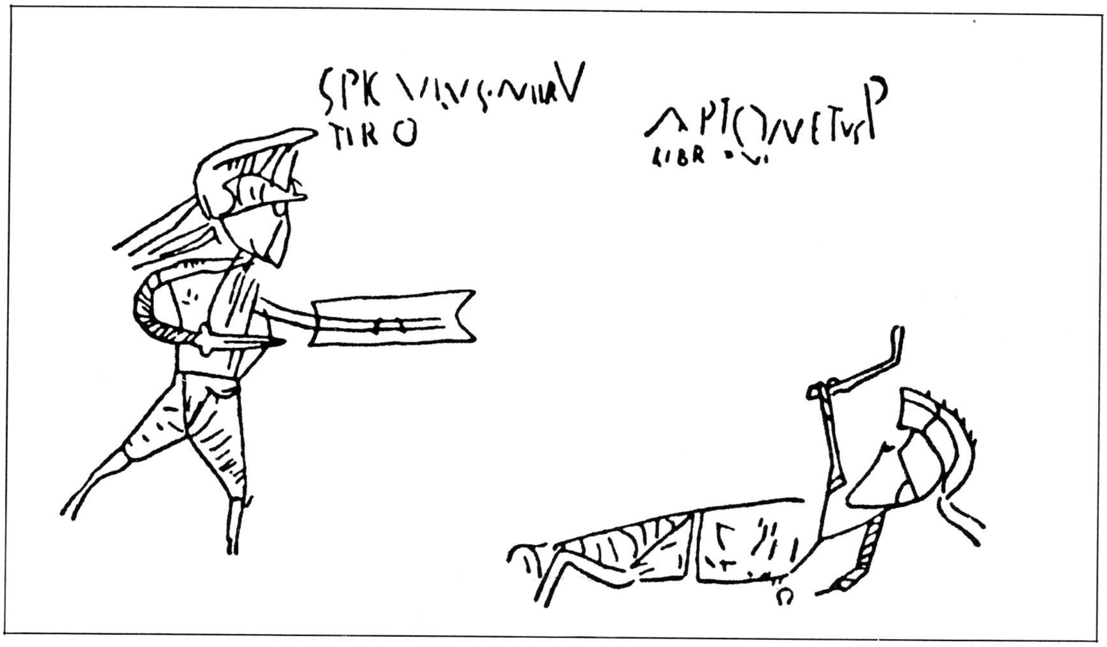

19. Mauerkritzelei in Pompeji.

bezeichnet – über einen bekannten Thraker, einen Freien oder Freigelassenen *(LIBR)*, der schon in sechs Kämpfen (P VI) aufgetreten war. Er ist auf der Zeichnung nur an seinem gekrümmten Dolch als Thraker erkennbar.

Inschriften und Funde aus Pompeji, soweit sie die Gladiatoren betreffen, entstanden in den Jahrzehnten zwischen der Zeitenwende und dem Untergang der Stadt. Mit dem Bau des Amphitheaters allerdings begann man in Pompeji schon um 70 v. Chr. Es ist das älteste aller erhaltenen Amphitheater. Die Tradition der *munera* reicht hier in Kampanien sicher noch in weit frühere Zeiten zurück.

In den gut dokumentierten Jahrzehnten der frühen Kaiserzeit haben die *munera* in Pompeji die Beziehung zum Totenkult äußerlich völlig verloren. Die *munera* werden von den jährlich gewählten Gemeindebeamten veranstaltet, von den Aedilen oder den an höchster Stelle stehenden *Duoviri*. Die Repräsentanten der Stadt sind sogar gesetzlich verpflichtet, eine bestimmte Summe für die Unterhaltung der Pompejaner durch *munera* auszugeben[67]. Die ursprüngliche Bedeutung des Wortes *munus* = Geschenk, Amt, Pflicht ist im Zusammenhang mit dieser obligatorischen Veranstaltung von Gladiatorenkämpfen noch recht gut spürbar. Natürlich konnte das «Schauspiel» *(spectaculum)* eines *munus* durch sonstige Veranstaltungen im Amphitheater, durch Besprengung *(sparsio)* und Bewirtung erweitert werden. Der privaten Großzügigkeit sind keine Grenzen gesetzt[68]. Die pompejanischen *Duoviri* gingen, soweit wir sehen, auch mehrfach über die einfache Verpflichtung hinaus. Sie konnten es sich leisten: in Pompeji ebenso wie in Rom waren Gemeindeämter unbezahlte Ehrensache; wer sich um ein Amt bewarb, mußte vermögend sein. Dafür wurden seine Verdienste um die Allgemeinheit auf Grabinschriften festgehalten und so der Nachwelt überliefert. Die ausführlichste Inschrift dieser Art ist die des *Duovir* Aulus Clodius Flaccus[69]. Er war dreimal *Duovir*. Während jeder Amtszeit bot er seinen Mitbürgern aufwendige Schaustellungen: einen Festzug auf dem Forum, Tierhetzen, Theaterstücke mit dem Starschauspieler Pylades; Athleten traten auf, und natürlich gab es Gladiatorenkämpfe. Weitere Tätigkeiten des *Duovir* erwähnt die (vollständig erhaltene) Inschrift nicht. Man sieht daraus, welch hohen Stellenwert die *munera* und die mit ihnen verbundenen Schaustellungen im ruhigen Leben der Kleinstadt Pompeji hatten. Wir werden sehen, daß dies in andern Landstädten nicht anders war.

Nicht nur durch Inschriften, sondern auch durch bildliche Darstellungen wird 20
die Erinnerung an ein gebotenes *munus* auf Grabbauten wachgehalten. Den 21
schönsten Bildbericht dieser Art haben wir wiederum aus Pompeji (Abb. 20,

20. «Grab des Umbricius Scaurus» in Pompeji. Zeichnung von F. Mazois.

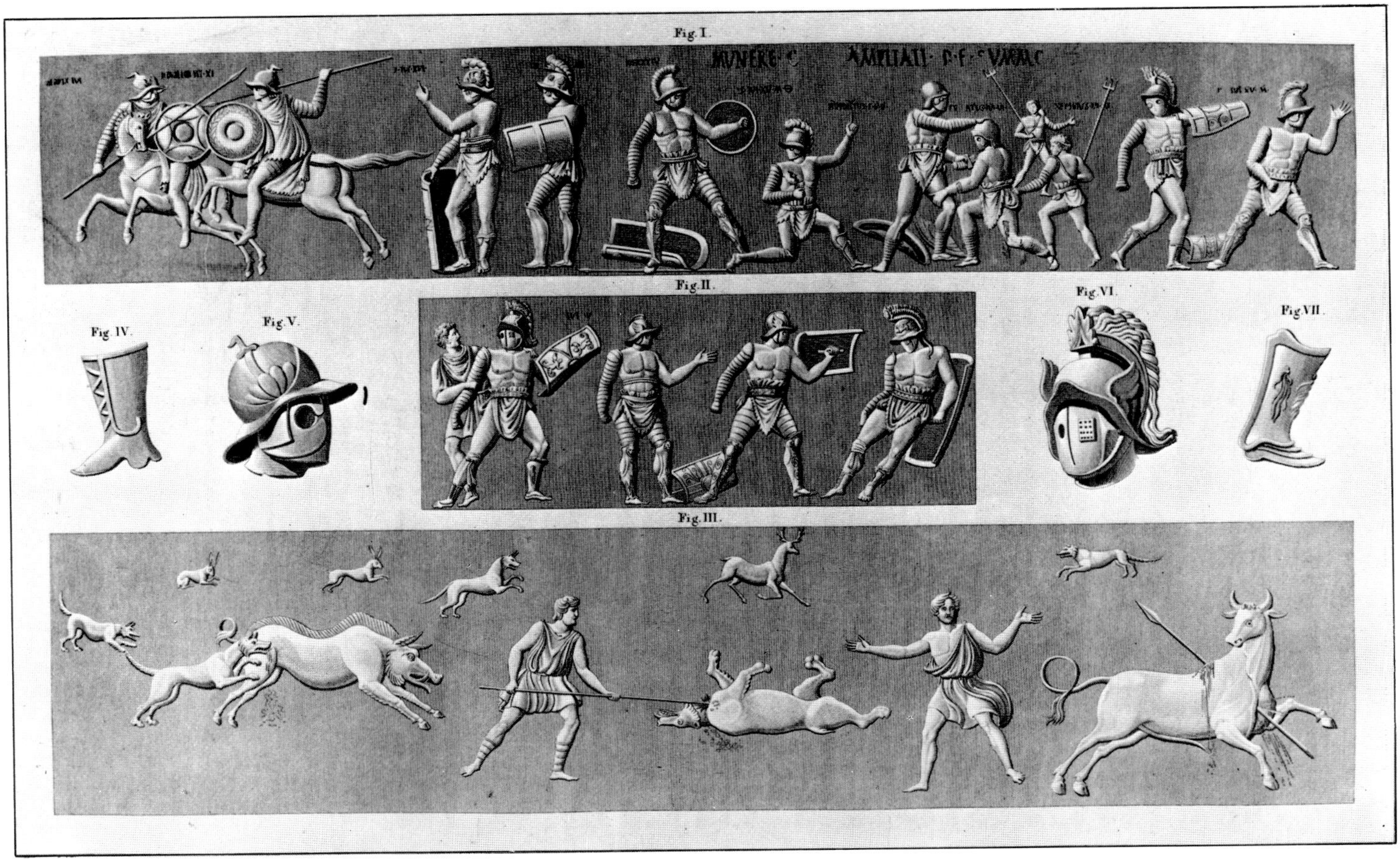

21. Grabrelief vom «Grab des Umbricius Scaurus» in Pompeji. Zeichnung von F. Mazois.

21). Die Reliefs schmückten die Schauseite eines monumentalen Grabbaus an der Straße nach Herculaneum[70]. Von der Inschrift, die auf dem altarähnlichen Aufbau angebracht ist, wird das Grab dem Aulus Umbricius Scaurus zugeschrieben. Indes wurde die Inschrift von den Ausgräbern des 19. Jahrhunderts wohl falsch zugeordnet[71]. Der Grabbau war mit größter Wahrscheinlichkeit für den auf dem Relief als *editor muneris* erwähnten Numerius Festius Ampliatus bestimmt[72]. Daß ein *editor* ein von ihm veranstaltetes *munus* auf seinem Grab darstellen läßt, ist ein verbreiteter Brauch. Das feine Gipsrelief verfiel zwar rasch, nachdem es aufgedeckt worden war (im frühen 19. Jahrhundert). Aber die von F. Mazois angefertigten Zeichnungen sind ein hochwertiger Ersatz für das verlorene Original. Die Kämpfe wurden eröffnet durch berittene Gladiatoren *(equites)*. Noch ist nicht entschieden, wer siegen wird. Das nächste Paar besteht aus einem schwerbewaffneten Gladiator und einem Thraker (mit kleinem rechteckigem Schild). Der Schwerbewaffnete ist besiegt und bittet stehend mit erhobener linker Hand um Gnade. Auch das dritte Paar besteht aus einem Thraker (mit kleinem Rundschild) und einem Schwerbewaffneten. Sieger ist wieder der Thraker, der Besiegte bittet kniend um Gnade. Die nächste Gruppe wird von vier Personen gebildet, von zwei Schwerbewaffneten mit glattem Helm, den typischen Gegnern der Retiarier, und von zwei Retiariern. Der eine Schwerbewaffnete ist im Begriff, den andern zu töten; vollzieht er diesen Akt für den als Sieger hinter dem Opfer stehenden Retiarier? Muß er anschließend erst mit dem Retiarier im Hintergrund kämpfen? Die Fragen sind nicht eindeutig zu entscheiden. Wir wissen aus der Literatur, daß Gladiatoren gelegentlich gruppenweise, *gregatim* (Sueton, *Cal.* 30, 3; Cassius Dio 59, 10, 1) kämpften, aber nach welchen Regeln verfahren wurde, wissen wir nicht. Offenbar aber handelt es sich hier um einen solchen gruppenweise durchgeführten Kampf. Die drei nächsten Paare bestehen wieder aus Thrakern (je mit rechteckigem Schild) und Schwerbewaffneten; die Thraker sind zweimal die Unterlegenen und bitten um Gnade. Wie auch auf andern Darstellungen (Mosaik von Zliten vgl. Abb. 8) hält ein Kampfrichter einmal den Arm des Siegers fest, bis das Publikum entschieden hat, ob der Gegner leben oder sterben soll. Ist der letzte Gladiator unseres Reliefs, ein Schwerbewaffneter, der besiegt auf seinem langen Schild lehnt, zu schwach, um den Arm zu heben und Gnade zu erbitten? Sein Gegner geht auf ihn zu mit gezückter Waffe (sie war aus Metall, blieb deswegen nicht erhalten), wohl, um ihm den Gnadenstoß zu geben. Nehmen wir an, die Zeichnung entspreche der Feinheit des Stuckreliefs, so gibt dieses Relief wie kaum ein anderes einen Begriff von der körperlichen Schönheit und der eleganten Ausstattung der kämpfenden Gladiatoren. Auffällig sind besonders die langen Beine und die muskulösen Oberkörper. Daß das Relief den Prunk der Ausstattung nicht übertreibt, beweisen die in Pompeji gefundenen Helme. Es sind wirkliche Schmuckstücke, dazu geeignet, ihre Träger in Szene zu setzen. Auch das durch Disziplin geübte Sterben und Töten gewinnt in dieser Ausstattung tragische Größe.

Wie man an den Beischriften sieht stammten die Kämpfer alle aus dem *Ludus Iulianus* in Capua (IUL). Gut lesbar sind sonst nur die Namen der Reiter Bebryx und Nobilior.

Auch dieses *munus* war, wie häufig, mit einer Tierhetze verbunden: auf den Stufen des Grabaltars und auf dem Fries unterhalb der Gladiatoren sind Jagdszenen dargestellt. Die Tiere – Eber, Bär, Stier, Hasen und Damwild – werden von Hunden gehetzt und mit einem langen Jagdspieß von den Tierkämpfern *(bestiarii)* erlegt. Die Bestiarier sind durch ihre Kleidung, eine kurze Tunika, so gut wie gar nicht geschützt. Dabei war ihre Tätigkeit nicht ungefährlich wie auf zahlreichen Darstellungen deutlich hervorgehoben wird[73]. Besonders dankenswert für den heutigen Betrachter ist, dass F. Mazois Helme und Beinkleidung der Gladiatoren auf seiner Zeichnung gesondert festgehalten hat. Der halbhohe, gamaschenartige Beinschutz wird von den Schwerbewaffneten getragen. Er ist rechts geschnürt, also aus Leder, während links eine Beinschiene, mit getriebenen Ornamenten verziert, getragen wird. Der unterschiedliche Schutz der Beine hängt ohne Zweifel mit den genau festgelegten Ausgangsstellungen während der Phasen des Zweikampfes zusammen.

Da die Gladiatorenkämpfe trotz ihres chthonischen Gehalts von Anfang an als Schau aufgezogen wurden, war die Ausrüstung der kämpfenden Paare stets von grosser Wichtigkeit. Die Reliefs und noch mehr die in Pompeji gefundenen Helme zeigen das zur Genüge. Die Helme aus Pompeji wurden in der *Quadriporticus* hinter dem großen Theater gefunden, die nach dem Erdbeben von 62 n. Chr. vorübergehend oder dauernd von einer Gladiatorentruppe bewohnt war[74]. Wem gehörten sie? Dem *lanista*? Oder waren sie Eigentum der Stadt, von einem Editor gestiftet und dann der Aufsicht städtischer Beamter, etwa der Aedilen, anvertraut? Entsprechend den Einrichtungen in Rom wäre das denkbar. Sicher ist, daß sich der *editor* auch um die Ausstattung der Gladiatoren kümmerte und sie bezahlte[75]. Natürlich mußte ein besonderer Aufwand dieser Art auch gebührend gewürdigt werden. Wir erfahren mehrfach aus den Inschriften von Pompeji, daß die «*spectacula*» durch einen Festzug *(pompa)* eröffnet wurden. Unverzichtbarer Bestand der *spectacula* aber war die *pompa* offenbar nicht. Einen solchen Festzug als Auftakt zu einem *munus* mit anschließender *venatio* sehen wir auf dem Relief von Abb. 22, das einen pompejanischen 22
Grabbau schmückte[76]. Zwei Liktoren mit Rutenbündeln eröffnen die *pompa*. Sie weisen den Grabinhaber und Editor des dargestellten *munus* eindeutig als *Duovir* aus. Drei Tubabläser folgen den Liktoren. Ihr Signal eröffnete das auf die *pompa* folgende *munus*. Eine Gruppe, die ein Traggestell mit kleinen Figuren trägt, schließt sich an. Wen stellen die Figürchen dar? Waffenschmiede?[77]. Da Vergleichsmaterial fehlt, ist eine sichere Aussage nicht möglich. Die beiden

22. Grabrelief mit der Darstellung einer *pompa circensis* aus Pompeji, Neapel, Museo Nazionale.

anschließenden Gestalten gehören, wie ihre Kleidung, eine kurze Tunika, erkennen läßt, zum Personal des *munus*. Es können Kampfrichter oder Tierkämpfer sein. Die Gestalt hinter ihnen trägt das Staatsgewand, die sorgfältig drapierte Toga: kein Zweifel, so schreitet der *editor muneris* einher. Die Personen hinter ihm zeigen den Zuschauern die fürs *munus* bestimmten Helme und Schilde. Vielleicht sind es die Gladiatoren selber, die sich vor Kampfbeginn ohne Verhüllung durch die Waffen ihren Anhängern vorstellen[78]. Zwei Hornbläser folgen. Abschließend werden zwei Pferde vorgeführt, wohl von den beiden Gladiatoren, die danach als *equites* (= Gladiatoren zu Pferd) das *munus* eröffneten[79]. Die Pferde erscheinen auf dem nächsten Reliefstreifen, der Szenen aus dem *munus* zeigt, nicht noch einmal. Aber die *equites* bilden hier das erste Paar. Die Entscheidung ist schon gefallen: der Besiegte liegt auf dem Boden. Auch der Kampf des mittleren Paares ist beendet. Ähnlich wie in Abb. 21 (3. Paar) warten Sieger und Besiegter auf die Reaktion des Publikums. Der Kampf des Paares am rechten Rand dagegen ist noch unentschieden. Der Thraker hat zwar seinen kleinen (rechteckigen) Schild schon weggeworfen, doch setzt er seinem Gegner heftig zu. Erstaunlich ist, daß auf diesem Teil des Reliefs die nicht unmittelbar am Kampf beteiligten Personen, in drei Gruppen aufgeteilt, so zahlreich sind. Vereinzelt begegnen sie auf allen vollständig erhaltenen Darstellungen von
23 *munera* (vgl. Abb. 23–25, 28). Auf dem unteren Reliefstreifen ist die Tierhetze
24 dargestellt. Wir sehen die gleichen Tiere wie auf Abb. 21: Stier, Bär, Eber,
25 Hirsch, nur die Hasen fehlen. Ein Bestiarier ist gestürzt, und es sieht aus, als ob er den Angriff des gereizten, eben aus dem Käfig getriebenen Bären nicht heil überstehen würde.

Die von den *Duoviri* veranstalteten *spectacula* waren den Pompejanern jedes Jahr sicher. Aber bei ihrer Leidenschaft für *munera* hätten sie sich mit einer einzigen Veranstaltung im Jahr wohl nicht zufrieden gegeben. Zum Glück fanden sich genügend wohlhabende Leute, die sich als *editores* gerne ins Licht der Öffentlich-

23–25. Reliefs vom Grab des Lucius Storax, Chieti, Museum.

keit rückten, vielleicht gerade, wenn ihnen der Aufstieg in die Ämter der Stadt nicht oder noch nicht gelungen war. Anlässe fanden sich leicht; in der Kaiserzeit stets möglich war ein *munus* für das Heil des Kaisers oder der kaiserlichen Familie, natürlich nicht nur in Pompeji, sondern im gesamten Imperium. Tatsächlich sind von den aus Pompeji bezeugten *munera* die für das Heil des Kaisers veranstalteten weitaus die häufigsten[80]. Die Reihe beginnt mit einem *munus* «*Pro salute Caesarum et Liviae Augustae*» und endet mit *munera* für das Heil Vespasians. Veranstalter sind die mit dem Kaiserkult betrauten *Flamines* und *Augustales*, in Pompeji durchweg Angehörige der städtischen Oberschicht (in anderen Städten dagegen sind die *Augustales* Freigelassene oder Söhne von Freigelassenen)[81]. Blutige Kämpfe zu Ehren der Herrscher, die sich auf Münzen, Inschriften und in Festreden ausnahmslos als Friedensfürsten, Glück der Zeiten, Wonne des Menschengeschlechtes feiern ließen? Der Glaube an die magische Kraft des vergossenen Blutes war ganz offensichtlich nicht verloren gegangen. Der religiöse Ursprung bestimmte die *munera* dazu, ein wesentlicher Bestandteil des Kaiserkultes zu werden[82]. Auf dem Land und in den Provinzen setzte die Vergöttlichung der Kaiser weit früher ein als in der immer noch durch republikanische Tradition geprägten Hauptstadt.
Auch die Einweihung eines Altares oder die Eröffnung eines städtischen Neubaus waren Anlass zur Veranstaltung eines *munus*, daher gab es keine festen Termine für *munera*. Nach Aussage der erhaltenen Inschriften fanden die *munera* in Pompeji in allen Jahreszeiten statt, in den Wintermonaten allerdings, sicher witterungsbedingt, seltener. Die Dauer einer Veranstaltung betrug meist drei oder vier Tage[83].

Nachrichten aus verschiedenen Kleinstädten

In Pompeji lesen wir mehrfach Ankündigungen von *munera* der Nachbarstädte. Umgekehrt kamen die Bewohner der ganzen Umgebung zu den *munera* nach Pompeji. Schließlich saß man hier in einem prächtigen Amphitheater, hatte häufig den Komfort eines Sonnenschutzes und Kühlung durch Besprengung der Arena[84]. Oft vielleicht kam es zum Streit zwischen Einheimischen und den Besuchern von auswärts; von einem solchen Vorfall haben wir genauere Kenntnis. Im Jahre 59 n. Chr. entstand zwischen den Gästen aus Nuceria und Pompejanern eine gewaltige Schlägerei mit Verwundeten und Toten (Tacitus, *Ann.* 14, 17). Der Pompejaner blieben Sieger, wurden aber auch für ihre «kleinstädtische Ausgelassenheit» bestraft. Die Händel waren in Rom bekannt geworden, und der Senat verhängte über Pompeji ein Verbot der *munera* für die nächsten zehn Jahre, eine harte Strafe für die nach Gladiatoren süchtige Stadt! Nach Aussage der Inschriften wurde die Zeitspanne verkürzt, wohl infolge der guten Beziehungen der städtischen Oberschicht zum Kaiserhaus. Als Dank war vermutlich wieder ein *munus* für das Heil des Kaisers fällig[85].

Tacitus sagt es deutlich, und die Funde bestätigen es: nicht die hohe Politik, sondern die Kämpfe in der Arena beschäftigten die Leute auf dem Land und in den kleinen Städten. Grabreliefs und Inschriften aus verschiedenen Gegenden Italiens ergeben überall dasselbe Bild: Angehörige der Oberschicht stiften ein *munus*, bekommen dafür von den dankbaren Mitbürgern eine Ehreninschrift und lassen zur ewigen Erinnerung Szenen aus ihrem *munus* auf dem Grabdenkmal anbringen. Auch Freigelassene waren oft gerne bereit, Gladiatorenkämpfe zu veranstalten, meist in der Eigenschaft als *Flamines Caesaris* oder *Augustales;* dieser Titel bedeutet, daß sie in ihrer Heimatstadt für den Kaiserkult zuständig waren. In dieser Eigenschaft brauchte man vor allem genügend Geld für Opfer und Volksbelustigungen in Form von *munera,* Tierhetzen, Theateraufführungen. Freigelassene konnten enorm reich werden: Trimalchio, von Petronius geschildert, ist dafür das bekannteste Beispiel. Intensiv beschäftigt sich Trimalchio mit seinem Grabdenkmal. Es soll möglichst aufwendig und prächtig werden. Deshalb gibt er seinem Bildhauer den Auftrag, sämtliche Kämpfe des Stargladiators Petraites auf dem Monument anzubringen (Petronius, *Sat.* 71, 3). An Illustrationen zu Petronius' literarischer Darstellung ist kein Mangel. Besonders gut erhalten sind die Reliefs vom Grabbau des Lusius Storax aus Amiternum, heute im Museum von Chieti[86]. Der Name Lusius Storax, inschriftlich belegt, läßt vermuten, daß der Grabbesitzer ein Freigelassener oder der Nachkomme eines Freigelassenen war. Das Relief ist in drei zusammengehörigen
Stücken erhalten (Abb. 23–25), die zusammengesetzt und ergänzt eine 23
ursprüngliche Länge von 5,20 m ergeben[87]. Dargestellt waren zehn Paare von 24
Gladiatoren, am rechten Ende der 2. Platte ist ein Gladiator zu ergänzen. Die 25
Gladiatoren gehören drei verschiedenen Gattungen an. Die Deutung des ersten Paares bietet manche Schwierigkeiten. Die Kleidung – an Waffen sind nur die kleinen Rundschilde erkennbar – gleicht der des ersten Paares auf dem Relief aus Pompeji (Abb. 22). Literarisch ist eindeutig belegt, daß berittene Gladiatoren das *munus* eröffneten[88]; so sind auch diese beiden Gladiatoren als Reiter anzusehen, obwohl die Pferde nicht abgebildet sind[89]. Bei den übrigen Paaren erkennt man ohne Mühe den Thraker mit hohen Schienen an beiden Beinen und einem kleinen Schild, halbzylindrisch oder rechteckig; der Helm der Thraker ist durch eine Greifenprotome erhöht und zusätzlich durch eine (oder zwei?) Federn geschmückt. Die Gegner der Thraker sind Schwerbewaffnete (*Myrmillones* oder *Oplomachi?*) mit langem Schild und kurzem Beinschutz; in den Helmaufsatz sind Federn gesteckt, weitere Federn sind an beiden Seiten des Helmes angebracht. Festgehalten sind die aufregendsten Szenen des *munus:* ein besiegter Thraker will weglaufen und wird vom Kampfrichter festgehalten (Abb. 23). Daß ein Besiegter einen Fluchtversuch machte, war ungewöhnlich und paßt nicht in das sonstige Bild. Dieses abstoßende Ereignis wird daher einmal literarisch, einmal inschriftlich und hier im Bild festgehalten[90]. Die auf-

fallendste Erscheinung auf diesem Relief ist der junge Mann mit den wallenden Locken auf der mittleren Platte (Abb. 24), vielleicht ein besonderer Liebling des Publikums. Er hält den kleinen Schild noch in der rechten Hand, hat aber den Helm abgelegt; er bittet um Gnade, in einer recht ungewöhnlichen Pose. Der schwerbewaffnete Gegner blickt zögernd nach rechts. Das Publikum wünschte sicher nicht, daß er dem schönen jungen Thraker den Todesstoß gab. Das Relief entstand in der frühen Kaiserzeit; aufgrund der Helme mit geschlossenem Visier ist es einigermaßen sicher datierbar. Bemerkenswert, daß der Helmaufsatz der Thraker durchweg (soweit erkennbar) als Greifenprotome gestaltet ist, kaum zufällig, denn der Greif ist häufig der Begleiter der Nemesis (= Rachegöttin, oder Schicksalsgöttin), die in der Kaiserzeit immer mehr zur Schutzgöttin der Gladiatoren wird[91].

Ein weiteres Relief aus Venafrum soll betrachtet werden; es stammt ohne
27 Zweifel ebenfalls von einem Grabbau[92] (Abb. 27). Viermal ist das Ende eines

26. Gladiatorenrelief «Due Madonne», Bologna, Museo Archeologico.

27. Gladiatorenrelief aus Venafrum (Venafro).

28. Gladiatorenrelief mit Paegniariern aus Amiternum, Chieti, Museum.

Kampfes abgebildet. Die Szenen sind dramatisch und enden tödlich, das läßt der schlechte Erhaltungszustand noch deutlich erkennen. Wir sehen Kämpfe zwischen Thrakern und Schwerbewaffneten. Der Steinmetz, mit dem Schema eines Gladiatorenreliefs wohl dank zahlreicher Aufträge gut vertraut, verstand es, das Thema zu variieren. Der Sieger Serenus (der Name ist schwer lesbar) setzt seinen Fuß auf den Nacken des toten Gegners Incitatus. Der Sieger des zweiten Paares, an den hohen Beinschienen und am Helmaufsatz leicht als Thraker zu identifizieren, wartet die Entscheidung des Publikums ab; der Kampfrichter, in kurzer Tunika, hält ihn zurück, ähnlich wie auf dem Relief aus Pompeji (Abb. 21, vgl. auch das Mosaik von Zliten, Abb. 8). Die Tötung selber wurde wohl überhaupt nicht gerne ins Bild gebracht, wenigstens ist sie selten erhalten. Daß sie hier erfolgte, beweist das *M(ortuus)* neben dem Namen des Knieenden (auf unserer Abbildung kaum erkennbar). Auf dem unteren Streifen sehen wir bildlich festgehalten, was an den Gladiatoren so sehr gerühmt und bewundert wurde: die Überwindung der Todesfurcht. Der Sieger Euthycus setzt mit erhobenem Arm zum Todesstoß an; Niger, der Besiegte, wartet ihn ab in ruhiger Haltung, die Hände auf dem Rücken verschränkt (vgl. die ähnliche Haltung des besiegten Thrakers auf Abb. 23). Der Unterlegene des anschließenden Paares, Chrestus, liegt schon auf dem Sand. Bassus, der Sieger, wird ihm im nächsten Augenblick den Gnadenstoß geben. Bei den Kämpfen auf diesem Relief gab es also in keinem Fall eine *missio*. Wie aus den Beischriften neben den Namen ersichtlich ist, stammten die Gladiatoren aus verschiedenen *ludi* (Abkürzungen CAS und IVL), aus dem Cassianischen und aus dem Iulianischen. Verschärfte diese Tatsache vielleicht den Kampf? Im allgemeinen war es üblich, daß Gladiatoren aus derselben Kaserne gegeneinander antraten.

Wie vielfältig die Gladiatorentypen in der frühen Kaiserzeit waren und wie rasch sich eine Modernisierung in der Arena auf dem Lande verbreitete, sieht
28 man an einem Grabrelief aus Amiternum (Abb. 28), heute im Museum von Chieti. Es entstand etwa in der Zeit von Claudius' Regierungszeit und war, wie aus der Krümmung ersichtlich ist, an einem der nicht seltenen runden Grabbauten angebracht[93]. Zunächst zeigt schon der am linken Bildrand erhaltene Rahmen, daß wir den Beginn des *munus* vor uns haben: Zwei Kämpfer, mit einem stark gekrümmten Haken in der rechten Hand und einem bis zur Schulter reichenden «*galerus*» (= Armschutz) am linken Arm, sind dabei, aufeinander loszugehen; zwei Kampfrichter, wie üblich in Tunika und ohne Kopfbedeckung, treten zwischen die beiden. Wir begegnen dem Gladiatorentypus dieses Reliefs kaum auf späteren Darstellungen. Es sind «*paegniarii*», d. h. «Kämpfer mit Spielzeug»[94]; zu dieser Bezeichnung paßt auch ihre unmilitärische Aufmachung: sie haben weder Helm noch Schild; um den Kopf ist ein Band geschlungen, der Oberkörper ist nackt; das *subligaculum* ist zu einem Röckchen verlängert. Die *paegniarii* eröffnen das *munus*. War der Kampf wirklich nur ein Geplänkel? Der

eiserne Haken kann schwer verwunden; nicht zufällig greifen die Kampfrichter ein. Auch der Armschutz am linken Arm läßt nicht auf bloßes Spiel schließen. Das nächste Paar besteht aus einem Schwerbewaffneten mit langem Schild und Schwert (n. b.: der Arm mit dem Haken gehört zu dem von hinten dargestellten 2. Paegnarier; der rechte Arm des Schwerbewaffneten ist zerstört), *subligaculum* und kurzen Gamaschen an beiden Beinen; den schweren Helm trägt er noch nicht; er wartet noch auf seinen Auftritt. Sein Gegner ist ein Retiarier, ein «Netzkämpfer». Man kann ihn zwar nicht sehen, aber seine Waffen kennzeichnen ihn eindeutig: es ist das wulstförmig zusammengerollte Netz und der Dreizack. Wir haben hier die erste bildliche Darstellung dieses Gladiatorentypus vor uns, der bei fast jedem *munus* der späteren Kaiserzeit zu sehen war. Die Retiarier sind nur links durch einen die Schulter oft weit überragenden *galerus* geschützt (vgl. Abb. 33). Ihre Waffen, Netz, Dreizack und ein kurzer Dolch, erinnern weit eher an Artisten als an Krieger. Nach welchem Vorbild diese eigenartige Aufmachung geschaffen wurde, ist ganz unbekannt[95]. Dem militärischen Bereich entstammt sie sicher nicht.

Vergnügen, aber mit System: Paegniarier und Retiarier als Bestandteil einer Reform?

Was für alle Bereiche römischer Zivilisation gilt, trifft auch für Gladiatoren und Arena zu: Rom assimilierte, Rom faszinierte, Rom reglementierte. Die Römer hatten die Gladiatorenkämpfe in Kampanien kennengelernt. Der römische Staat unterlegte den Kämpfen einen ethischen Gehalt, mit Erfolg, aber nur scheinbar. In Wahrheit suchte die Mehrzahl der Zuschauer prickelnde Spannung, nicht moralische Erhebung. Schon im 1. Jahrhundert v. Chr. sah man die großartigsten *munera* in Rom. Welcher Editor in Kleinstädten konnte wie Caesar, noch als Aedil, 320 Paare auftreten lassen[96]! Alle bisherigen *munera* aber wurden von Augustus' Liberalität übertroffen (siehe oben S. 28 f.). Auch im Bereich der Schaukämpfe aber blieb Augustus Friedensfürst. Blutvergießen sollte eingeschränkt werden. Gladiatorenkämpfe «ohne Begnadigung» (Sueton, *Aug.* 45) waren nicht mehr gestattet. War mit diesem Verbot vielleicht auch eine Reform der *munera* verbunden? Paegniarier und Retiarier sind in der Literatur erst aus nachaugusteischer Zeit bekannt: Caligula schickte gelegentlich gebrechliche Greise als Paegniarier in die Arena (Sueton, *Cal.* 26), um die Zuschauer zu ärgern. Die Bezeichnung «*paegniarii*», die leichte Ausrüstung, das Eingreifen von zwei Kampfrichtern gleichzeitig – auf Abb. 28 – legt die Vermutung nahe, daß die Fechtweise der Paegniarier nicht zu einem harten Kampf werden sollte. Besonders beliebt waren sie beim Publikum offenbar nicht, denn auf dem reichhaltigen Bildmaterial über Gladiatoren sind sie nicht ein einziges Mal mit Sicherheit zu identifizieren[97]. Ganz anders die Retiarier! Auf zahlreichen Darstellungen der Kaiserzeit sieht man sie, an ihren auffallenden Ausrü-

stungen stets leicht erkennbar. Wie kam diese Mischung aus Mythos (Dreizack), Handwerk (Netz) und Krieg (Dolch und Armschutz) in die Arena? Kaum anders als durch eine genau geplante Veränderung bisheriger Kampfarten; nur Augustus ist eine solche Reform zuzutrauen, da er sich sehr intensiv mit den verschiedenen Schaustellungen befaßte (Sueton, *Aug.* 45). Vielleicht sollten nach seiner Intention auch die Retiarier kämpfen ohne zu töten[98]? Harmlose Gegner waren die Netzkämpfer allerdings nicht. Unbehindert durch schwere Waffen setzten sie dem Gegner durch ihre Beweglichkeit zu. Die Phasen des Kampfes zwischen dem Retiarier und seinem schwerbewaffneten Gegner lassen sich leicht rekonstruieren: Ein gewisser Abstand zwischen beiden war notwendigerweise festgesetzt; in dieser Ausgangsposition hält der Retiarier das Netz in der rechten Hand, in der linken Dolch und Dreizack, diesen noch nicht als Waffe, sondern mit den Zinken nach unten[99]. Seine erste Angriffswaffe ist
29 das Netz; es wird aus der rechten Hand geschleudert (Abb. 29); der rechte Fuß ist beim Wurf zur Balance zurückgesetzt. Mißlingt der Wurf, wird der Dreizack mit der rechten Hand gefaßt und gegen die Gesichtslöcher im Visier des Gegners gerichtet[100]. Den Dreizack wegzuschlagen, war leicht; er liegt oft weit entfernt von den Kämpfenden am Boden[101]. Als letzte Angriffswaffe kam der Dolch in die rechte Hand; Schutz bot nur der die linke Schulter überragende
30 *galerus* (Abb. 30 a-b). Dank perfekter Körperbeherrschung und von Kleidung nicht behindert war der Retiarier für den schwerbewaffneten und schwerfälligen Gegner immer noch gefährlich; man konnte ihn, wie das Sprichwort sagte, nicht «mit einer Rute abwehren»[102]. Die aggressive Beweglichkeit und der dürftige Schutz prägten den Retiarier sogar als Archtypus der Traumdeutung.

29. Terra-Sigillata-Flasche aus Rheinzabern, Speyer, Historisches Museum.

30 a–b. Terra-Sigillata-Becher aus Colchester.

So schreibt Artemidor von Daldis in seinem Traumbuch über «Gladiatorenträume»: «Ich habe häufig die Erfahrung gemacht, daß dieses Traumgesicht die Ehe mit einer Frau voraussagt, die so geartet ist, wie die Waffen, die man führt, oder wie der Gegner, mit dem man zu kämpfen glaubt... Sieht man sich einem Retiarier gegenüber, wird man eine bettelarme, liebestolle Gassendirne ehelichen, die sich jedem Liebhaber an den Hals wirft»[103]. Artemidors Deutung der übrigen Gladiatorentypen ist weit vordergründiger. Die munteren Gestalten mit Netz und Dreizack waren wohl rasch nach ihrer Einführung zu einem «Renner» der Arena geworden.
Was in Rom Furore machte, wurde auf dem Land nachgeahmt, sollte auch Nachahmung finden. Wie stark der Zwang von oben war, entzieht sich unserer Kenntnis. Sicher ist, daß die *munera* im ganzen Imperium Romanum zusehends einheitlich ausgestaltet wurden. Sicher ist ebenfalls, daß nichts, was sich in den Arenen der Kleinstädte abspielte, der kaiserlichen Aufmerksamkeit entging, die Händel in Pompeji sowenig wie die Durchführung von Reformen; dessen konnte ein *editor muneris* gewiß sein. Diese Aufmerksamkeit der Herrscher war ihm natürlich willkommen. Denn was nützt ein *munus* für das Heil des Kaiserhauses, wenn der Kaiser nichts erfährt? Allein der Glaube an die Kraft des vergossenen Blutes brachte keine konkreten Vorteile ein.

Die Einweihung des Amphitheatrum Flavium

1. Politisches Programm des Volksvergnügens

«Ein spezifisches Produkt Roms, eine Mißgeburt aus Großstadt und Kaserne, ist das Amphitheater»[104]. «Mißgeburt» ist in dieser prägnanten Definition natürlich eine moralische Wertung, denn die technische Perfektion des größten aller Amphitheater, des Kolosseums in Rom, erregte zu allen Zeiten Bewunderung. Über die moralische Fragwürdigkeit des Betriebs im Amphitheater mag jeder Leser selbst urteilen; er sollte dabei aber nicht außer acht lassen, daß andere Kulturkreise andere moralische Mißgeburten hervorgebracht haben. Die *munera* in der Hauptstadt hatten ein ungeheures Ausmaß angenommen; längst erforderten sie einen architektonischen Rahmen von entsprechender Dimension. Schon Augustus hatte sich mit dem Plan zu einem solchen Bau beschäftigt (Cassius Dio 66, 25), konsequent auf Ordnung der nun einmal politisch notwendigen Volksbelustigungen bedacht. Augustus' Vorbild bestimmte Vespasian (Sueton, *Vesp.* 9), für *munera*, *venationes* und Schauhinrichtungen eine einheitliche Anlage zu schaffen, die ihresgleichen in der Welt nicht hatte. Der sparsamste Kaiser ausgerechnet begann mit dem aufwendigsten Bau des römischen Weltreiches, anders gesagt: der nüchterne Rechner Vespasian erkannte genau, daß dieser Bau für das Bestehen des Reiches unerläßlich war, nicht als Symbol[105], sondern als Schaltstelle der Macht, geeignet, die schwer zu beherrschenden Emotionen der Volksmassen zu beobachten und zu steuern[106]. Nicht nur die amorphe Masse der besitzlosen *plebs urbana* war im Amphitheater präsent und allen Einflüssen zugänglich; auch hier am Ort des Vergnügens, herrschte Hierarchie: die für Ehrungen stets empfänglichen Stützen der Monarchie, der Stand der Senatoren und Ritter, bekamen für alle Zeiten bevorzugte Plätze; sie wurden dadurch herausgehoben aus der Menge, wurden wohlwollend gestimmt und waren leicht als Gruppe zu beobachten[107]. Zweifellos hatte Augustus alle diese Möglichkeiten schon erkannt. Vespasian hatte das Glück, daß er durch die Errichtung des Kolosseums der römischen Bevölkerung zurückgeben konnte, was Nero sich als Privatbesitz angeeignet hatte, das Gelände zwischen Caelius, Palatin und Esquilin. Nero hatte sich hier bereits einen See anlegen lassen als Mittelpunkt seines eher einem Stadtteil als einem Palast gleichenden «Goldenen Hauses». Vespasian konnte mit dem Bau nur beginnen, Titus und Domitian blieb es vorbehalten, ihn zu vollenden, vor allem, ihn der Öffentlichkeit zu übergeben. Schon unter Titus, im Jahr 80 n. Chr. wurde das Kolosseum eingeweiht[108]. Der Außenbau stand und die Ränge für die Zuschauer waren fertiggestellt, Grund genug, eine Einweihungsfeier von angeblich 100 Tagen abzuhalten, die wegen ihrer Großartigkeit als epochales Ereignis in den offiziellen Annalen überliefert wurde[109]. Welchen Eindruck diese «spectacula» auf die Zeitgenossen machten und welcher Art sie waren, hat der flavische Hofdichter Martial in seinem «Liber Spectaculorum» (= Buch der Spiele) festgehalten[110]. Mochte er auch selber fasziniert sein von der Pracht, der Größe und dem Raffinement der hunderttägigen Show, er blieb doch als kühler Beobachter in der Lage, der Massenveranstaltung durch seine Epigramme literarische Form zu geben. Natürlich war auch der tatsächliche Verlauf der Veranstaltung planvoll aufgebaut und kaum vom Zufälligen abhängig. Nur die wenigsten Zuschauer dürften so klar erfaßt haben wie der intellektuelle Martial: das ganze Programm, in sämtlichen Details, diente einem obersten Ziel, der Verherrlichung des kaiserlichen Hauses, der *gens Flavia*; es bildete sich ein «*heiliges munus*», ein *munus* also im Dienst des Kaiserkultes[111]. Martial greift in seiner Dichtung nur die Höhepunkte heraus; waren sie doch besonders geeignet, die kaiserlichen Editoren in gebührendem Glanz erstrahlen zu lassen[112]. Der griechische Mythos wurde in lebenden Bildern dargestellt: Pasiphaes widernatürliche Verbindung mit dem Diktäischen Stier; Prometheus an die Felsen Skythiens geschmiedet, «nur daß er seine Eingeweide statt einem Adler einem Bären darbot» (Martial, *a.a.O.* 7, 3, 4); Orpheus wurde gezeigt, von wilden und zahmen Tieren umgeben, bis ihn ein grausamer Bär zerriß. «Dies geschah wirklich so, das Frühere wurde erdichtet», lautet Martials Kommentar (*a.a.O.* 21, 8). Immer wieder betont Martial: was man einst von den Göttern des griechischen Mythos nur erzählte, wurde vor dem Kaiser in der Arena zum lebendigen Ereignis. Es brauchte nicht ausgesprochen zu werden, denn jeder konnte es

sehen: Wie das flavische Amphitheater alle bisherigen Bauten (Martial, *a. a. O.* 1), so übertraf die kaiserliche Macht alle bisher verehrten Götter.
Auch für die Gestaltung der Jagden ließen sich die zuständigen Organisatoren vom griechischen Mythos anregen. Der berühmte Tierkämpfer Carpophorus erlegte als Meleager den Eber der kalydonischen Jagd und als Herakles den Löwen von Nemea[113]. Er hätte, sagt Martial, alle Ungeheuer der griechischen Sage beseitigen können; er hätte Andromeda befreit und ohne Medeas Hilfe die feuerspeienden Stiere bezwungen (*a. a. O.* 27): der Bestiarier Carpophorus steigerte sich in der Arena des Kolosseums unter den Augen des Kaisers selber zum mythischen Helden.
Mit den Unterbauten der Arena, die uns heute als Labyrinth so eindrucksvoll entgegenstarren, begann man erst nach der Errichtung der Außenmauern und des Zuschauerraumes[114]. So war es möglich, bei der Einweihung des Jahres 80 die ganze Fläche der Arena unter Wasser zu setzen und in kurzer Zeit das Wasser wieder abzuleiten, so daß der Zuschauer erstaunt feststellte «grad eben war hier doch ein Meer» (Martial, *a. a. O. 24, 6);* und Leander, der zu Hero schwamm, mußte befürchten, die Wogen könnten vor seiner Rückkehr verschwinden (Martial, *a. a. O.* 25). Sehr hoch stand das Wasser wohl nicht; für die Aufführung eines Wasserballetts indes genügte die Höhe: junge Mädchen als Nereiden belebten das Wasser, um einen Dreizack in der Mitte bildeten sich die Figuren des Balletts; durch künstliche Beleuchtung – die Aufführung fand wohl am Abend statt – wurde der pikante Reiz der Szene noch gesteigert. «Thetis selber hat ihnen diese Reigen beigebracht oder sie konnte hier Neues lernen» (Martial, 26, 8). Seeschlachten konnten auf dem künstlichen See von geringer Tiefe nicht stattfinden. Dafür wurden wilde Tiere ins Wasser getrieben und im Wasser gejagt; sogar Pferdegespanne liefen um die Wette. Zusammenfassend stellt Martial fest: «Was man sonst im Circus und in der Arena sieht, das, göttlicher Caesar, wird dir zu Wasser geboten» (*a. a. O. 28, 9, 10).*
Die 100 Tage waren sicher häufig durch Gladiatorenkämpfe ausgefüllt. Ihretwegen vor allem war ja das Kolosseum erbaut worden. Martial hebt nur einen Zweikampf hervor, um, auch hierin ganz und gar kluger Hofpoet, die Milde des Herrschers zu rühmen[115]. Die Gladiatoren Priscus und Verus bekamen nach langem Kampf beide die Siegespalme, beide die Freiheit. «Das gab es noch nie, außer unter Dir, Caesar, daß zwei kämpften und beide Sieger wurden» (*a. a. O.* 29, 11, 12).
Die Szenen aus dem griechischen Mythos kamen beim Publikum offenbar gut an. Sie wurden Bestandteil eines *munus* in allen großen Städten des römischen Reiches. Apuleius' Roman «Der goldene Esel» ist dafür eine einschlägige Quelle. Im Amphitheater von Korinth sah Apuleius als Auftakt eines *munus* das Urteil des Paris. «Ein höchst reizvoller Anblick war es. Man sah das Idagebirge, den schönen Hirten Paris in phrygischem Kostüm, einen kleinen Amor, Juno,

Minerva und vor allem eine jugendliche Venus, nahezu unverhüllt...» (*a.a. O.* 10, 30 ff.); nicht unbedingt grausam, aber doch erotisch pikant mußten die ausgewählten Szenen sein. Auch derartigen Stoff bietet der griechische Mythos zur Genüge. Dem in einen Esel verwandelten Helden des Apuleius-Romanes allerdings stand Widerwärtiges bevor. Mit ihm sollte eine wegen mehrfachen Mordes zum Tode Verurteilte auf der Bühne gepaart werden. Dem menschlich denkenden Esel war diese Verbindung gräßlich, nicht wegen ihrer Obszönität, sondern weil ihm zugemutet wurde, eine Verbrecherin zu umarmen (*a.a. O.* 10, 28 f.). Apuleius' Esel blieb das Schicksal erspart. Offenbar gab aber der Roman den Anstoß, daß man in Abänderung des Mythos den Stier der Pasiphaë durch einen Esel ersetzte. Eine derartig widernatürliche Paarung
31 blieb jedenfalls, wie die in Athen gefundenen Lampen beweisen (Abb. 31), eine beliebte Programmnummer der Arena.

31. Tonlampen mit Szenen aus der Arena, Athen, Archäologisches Museum.

2. Die mythologischen Hinrichtungen im Festprogramm

Die Epigramme Martials vermitteln eine hinlängliche Vorstellung von der Einweihung des Kolosseums. Bildlich sind die Festivitäten nicht dokumentiert. Spätere Funde aus dem gesamten Imperium Romanum bestätigen Martial; die Arena des Kolosseums blieb Vorbild und wurde, wenn auch in reduziertem Maßstab, überall nachgeahmt, gerade auch der Programmpunkt, den wir als besonders abstoßend empfinden, die mythologisch inszenierten Hinrichtungen. Martial brachte es über sich, diese schaurigen Vorgänge in elegante Verse zu gießen. Darin ist er in der europäischen Literatur wohl einmalig. «Als eine Art KZ-Lyrik» wurden seine Gedichte deswegen jüngst bezeichnet[116]. Der Gegenstand von Martials Dichtung, der bis in alle Einzelheiten festgelegte Vollzug einer Hinrichtung, auf ein sensationslüsternes Publikum abgestimmt, ist keineswegs nur typisch römisch. Man vergleiche das Zeremoniell der Vierteilung eines Vatermörders aus dem Jahre 1757[117]. Es steht an grausigen Einzelheiten den mythologischen Szenen in der Arena nicht nach. Der Berichterstatter schließt mit den Worten: «Alle Zuschauer waren erbaut von der Fürsorge des Pfarrers von Saint-Paul, der trotz seines hohen Alters keinen Augenblick versäumte, um den armen Sünder zu trösten» (*a.a.O.* S.9). Vatermörder, Tempelräuber, Hochverräter waren auch die in Martials Gedichten beschriebenen, mythologisch ausstaffierten Delinquenten. Nach der Rechtsauffassung der Zeit hatten sie ihre Strafe verdient. Der griechische Mythos strotzt von Perversitäten und Grausamkeiten. Trotzdem war er stets der Gegenstand der Gestaltung in allen Gattungen griechischer Kunst, in sublimierter Form allerdings. Während zum Beispiel die Griechen nicht einmal einen Theatermord auf offener Bühne ertrugen, blieb es dem römischen Pragmatismus vorbehalten, Monstrositäten wie die Sodomie des Pasiphaë-Minos-Mythos als lebendes Bild in der Arena zu zeigen. Nicht ungewöhnliche Grausamkeit also, sondern Mangel an ästhetischem Empfinden zeichnet die Schaustellungen im römischen Amphitheater aus.

Bildberichte über große munera der Kaiserzeit

Ein Ereignis wie die Einweihung des Kolosseums ließe sich das Fernsehen heutzutage nicht entgehen. Die Bildreportagen der Antike haben den Vorzug, daß sie auf dauerhaftem Material festgehalten sind. So blieb wenigstens ein Teil davon erhalten.

Verstreut über alle Provinzen des Reiches, unterschiedlich in Qualität, Größe und Erhaltungszustand sind die Mosaikfußböden römischer Villen Ausdruck der einheitlichen Zivilisation der Kaiserzeit, die sich durch zwei Jahrhunderte nicht wesentlich änderte. «Das ganze Menschengeschlecht lebt in einer einzigen Stadt», sagt der Literat Aelius Aristides in einer Preisrede auf Rom[118]. Die dominierenden Bauten der Großstädte zeigen, daß überall dasselbe Interesse bestand. Es sind Thermen, Theater, Amphitheater, oder wie in Kleinasien, anstelle der Amphitheater riesige Stadien mit Schutzvorrichtungen für die Zuschauer der gefährlichen Tierkämpfe (so in Perge, Aphrodisias und Ephesos). In Rom war die Veranstaltung der *munera* ganz Sache des Kaisers geworden[119], in den Provinzen nur teilweise[120]. Auf jeden Fall war kaiserliche Genehmigung erforderlich, wenn bei einem *munus* ein Akt staatlicher Hoheit, nämlich eine Hinrichtung, vollzogen wurde. Mit einem solchen *munus* haben wir es im Folgenden zu tun.

1. Das Mosaik von Zliten

Von allen erhaltenen Mosaiken mit Szenen aus der Arena ist das aus Zliten, heute im Archäologischen Museum von Tripolis (Libyen), wegen seiner vielfältigen Details wohl das interessanteste. Der Besitzer der Villa, in deren ausgedehnten Räumen es gefunden wurde, gehörte der wohlhabenden Oberschicht an, die im ganzen römischen Reich die Stützen der römischen Herrschaft bildeten. Das Mosaik entstand am Ende des 1. Jahrhunderts n. Chr.[121], in einer Zeit also, da Nordafrika durch Größe und Pracht der Städte, durch Reichtum und Bevölkerungsdichte Italien fast übertraf, durch seinen Beitrag zum geistigen Leben – man denke an Apuleius – unter den Provinzen den ersten Rang einzunehmen begann[122]. Auch wer, wie unser Villenbesitzer, seinem Stand und Vermögen nach zur gehobenen Schicht der Bevölkerung gehörte, fand wie das einfache Volk Gefallen am Amphitheater und wollte die aufregenden Szenen
8 der Arena in seinem Wohnbereich vor Augen haben (Abb. 8).

Das «Gladiatorenmosaik» rahmt einen annähernd quadratischen Marmorfußboden ein. Es hat eine seitliche Länge von je ca. 3,50 m bei einer Breite von nur 35 cm. Das im Bild festgehaltene *munus* besteht aus Gladiatorenkämpfen, Hinrichtungen und Tierhetzen. Betrachten wir zuerst die Gladiatoren der (nach der ursprünglichen Lage) nördlichen Seite. Dargestellt sind 5 Paare, deren Kampf teils schon entschieden, teils noch in vollem Gange ist. Der Retiarier des zweiten Paares hat Netz und Dreizack abgeworfen, wehrt sich aber mit dem Dolch; der erhobene rechte Arm ist keine Bittgeste. Wie üblich greifen die Kampfrichter dort ein, wo die Entscheidung der Zuschauer abgewartet wird, hier beim 2. und 4. Paar. Die Gladiatorentypen sind die bekannten: das 1. Paar, am besten nach der Kleidung als «*tunicati*» zu benennen[123], gleicht dem 1. Paar des Lucius-Storax-Grabes (Abb. 23–25); es folgen Retiarier mit schwerbewaffnetem Gegner, zwei Schwerbewaffnete in gleicher Rüstung, ein Thraker mit kleinem Rundschild, der eben seinen Gegner besiegt hat, zwei in gleicher Weise Schwerbewaffnete. Von den Gladiatoren des südlichen Streifens sind drei Paare, alle noch in vollem Kampf, gut zu erkennen: Retiarier und Schwerbewaffneter, Thraker (hohe Beinschienen) mit länglichem Schild im Nahkampf mit seinem Gegner. Das mittlere Paar, gleichartig ausgerüstet durch halbhohe Gamaschen, langem Schild, glattem Helm mit nach rückwärts gebogenen Federn, der ihrem Kopf ein «kaninchenartiges»[124] Aussehen gibt, weicht von allen bisher bekannten Typen schwerbewaffneter Gladiatoren ab. Eine exakte Bezeichnung dieser Kämpfer ist vorerst nicht möglich.

Um eine lokale Besonderheit Nordafrikas handelt es sich bei diesen beiden Gladiatoren nicht. Ein vermutlich wenig jüngeres Relief aus der Provinz *Germania*
32 *Inferior*, heute im Museum von Maastricht, zeigt ein Gladiatorenpaar genau desselben Typs. Die entscheidenden Merkmale sind deutlich zu erkennen. Der

besiegte Gladiator hat sein Schwert verloren und hebt im üblichen Bittgestus den linken Arm. Das Relief stammt wohl von einem Denkmal, das sich der Sieger setzen ließ. Der Name ging auf den zerstörten Rahmenleisten verloren (Abb. 32).

32. Gladiatorenrelief in Maastricht.

Die zu einem *munus* gehörenden Requisiten waren in allen vier Ecken der Mosaikstreifen von Zliten angebracht (an der Südwestecke jetzt zerstört); sie sind in dieser Weise sonst nirgends zu sehen. Hörner- und Tubabläser gehörten schon wegen des militärischen Charakters von Anfang an zum Gladiatorenkampf[125]. Die Wasserorgel, eine hellenistische Erfindung, war noch unter Augustus ein selten benütztes Instrument[126]. Gewiß erst durch den Aufwand kaiserlicher *munera* fand sie zur Vervollständigung des Orchesters ihren Platz in der Arena großer Städte[127]. Die auf dem Mosaik von Zliten jeweils hinter der Orgel aufgestellte divanartige Liege ist aus der literarischen Überlieferung wohlbekannt. Es ist die Bahre zum Hinausschaffen der Toten und Verwundeten, euphemistisch «*Torus Libitinae*» (= Lager der Todesgöttin) genannt. In der Herme hinter dem Tubabläser wurde eine Heraklesdarstellung vermutet[128]. Doch sind weder Keule noch Löwenfell, die typischen Attribute von Herakles, angedeutet. Am Rande der Arena stand viel eher die Herme eines reichen Bürgers, der den Bau oder die Erneuerung eines Teiles des Amphitheaters finanziert hatte[129]. Der angelehnte Schild kann eine spätere Votivgabe für diesen Wohltä-

ter sein. Hinrichtung und Tierhetze spielten sich beim *munus* des Zlitener Mosaiks gleichzeitig ab. Die Todeskandidaten sind von den Jägern der Arena, den Bestiariern deutlich zu unterscheiden. Die Verurteilten werden, auf niederen Wagen festgebunden (nordwestliche Ecke), oder auch ohne Wagen (südwestliche Ecke) völlig ungeschützt von den Bestiariern den anspringenden Tieren entgegengestoßen. Ein Panther hängt bereits an seiner Beute, ein anderer schlägt gerade zu, der Löwe ist noch im Anlaufen. Die Tätigkeit der Bestiarier in der Rolle von Henkersknechten war nicht ungefährlich, ebensowenig ihre eigentliche Aufgabe, das Erlegen der Tiere. Sie sind nur leicht bekleidet, ihre Waffen sind Speere oder Peitschen. Doch sie genossen den Vorteil einer langen Ausbildung, waren daher nach unseren Zeugnissen – es sei an Martials Carpophorus erinnert – den Tieren zumeist überlegen. Ist nun die völlig nackte Gestalt, die mit einem Haken die Kette zwischen Stier und Bär zu straffen sucht, auch ein Bestiarier? Eher doch ein Verurteilter, der noch eine kleine Überlebenschance bekam[130], zumal er in seiner Physiognomie den andern Verurteilten gleicht. Die westliche Seite des Mosaiks ist stark zerstört, läßt aber doch zwei Strauße noch gut erkennen; sie bildeten gewiß eine besondere Attraktion dieser *venatio*[131]. Die Strauße, die Hinrichtungen, die Ausstattung des Orchesters mit einer Wasserorgel verweisen auf ein bestimmtes, nicht beliebig von den Handwerkern, die das Mosaik legten, konzipiertes *munus*. Wo hatte es stattgefunden?
151 Es gab Amphitheater in Leptis Magna, in Sabratha und in Oea (dem heutigen Tripolis). Jede dieser Städte konnte der Hausherr der Zlitener Villa in einer Tagreise erreichen.

33 a–c. Drei Segmente des Gladiatorenmosaiks in der Galleria Borghese in Rom.

2. Das Borghese-Mosaik

Die *munera* wurden in der mittleren (etwa nachflavischen) und späteren Kaiserzeit nicht mehr weiterentwickelt oder wesentlich umgestaltet. Die technischen Möglichkeiten hatten beim Bau und bei der Einweihung des Kolosseums ihre Grenzen erreicht. Kleinigkeiten wie Ornamente der Kleidung, Form der Waffen, das Einsetzen exotischer Tiere (Krokodile im 4. Jahrhundert) konnten variieren; die Elemente der *munera*, Gladiatorenkampf, Hinrichtung, Tierhetze, Wasserspiele konnten im Ausmaß differieren; auch waren nicht alle vier Elemente für jedes *munus* erforderlich. Die Struktur der Veranstaltungen änderte sich nicht mehr, so wenig wie die Orte, an denen sie stattfanden. Es sei deswegen gestattet, die bisher gewahrte chronologische Darstellung aufzugeben und als weitere «Bildreportage» das erst gegen 300 n. Chr.[132] entstandene Mosaik der Villa Borghese vorzustellen. Von allen Gladiatorenmosaiken ist es nicht nur das größte, sondern auch das bekannteste. Schon im frühen 19. Jahrhundert wurde es entdeckt, von seinem ursprünglichen Platz, der Säulenhalle einer römischen Villa bei Tusculum, entfernt und in die Eingangshalle der Villa Borghese verlegt. Bei dieser Verlegung unterliefen einige Fehler, die bis auf den heutigen Tag

BELLIREFONS
PI
CVPIDO
IAIA MON IVS
AVRIVS
PAM
PINE VS
IACER
a

MELIIIO
b

LICENTIOSVS
ASTACIVS
ASTACIVS
IACVLATOR
PVRPVREVS ENTINVS BACCIBVS
RODAN
ASTIVVS
c

nicht behoben wurden. Die Gladiatorenkämpfe und die Szenen der *venatio* gerieten durcheinander, einigen Kämpfern fehlt der Gegner, Arme und Beine sind mehrfach, wie auf schlechten Photos, einfach abgeschnitten. Befassen wir
9 uns zunächst mit den Gladiatoren. Die Beschreibung folgt der Reihenfolge, in
33 der die vier Platten verlegt sind, von links nach rechts, hier Abb. 9 und 33a-c.
Die Namen der Kämpfer und das Ergebnis des Kampfes sind jeweils festgehalten: dargestellt ist folglich ein ganz bestimmtes *munus*, bei dem man vorwiegend Kämpfe von Retiariern gegen Schwerbewaffnete sah. Die Gegner der Retiarier tragen durchweg einen Helm mit glatter Kalotte. Der erste Schwerbewaffnete im Bild siegte [VIC(IT) = er siegte], sein Gegner ging auf der Darstellung verloren. Das zweite Paar ist vollständig erhalten: MAZICINVS liegt besiegt auf der Erde, von seinem Schild und darüber hinaus vom Netz – es ist als solches deutlich gekennzeichnet – des Retiariers ALVMNVS bedeckt. Dieser Alumnus verdient einen Blick: sein hoch aufragender *galerus* bedeckt fast die Hälfte des Brustkorbes, außerdem die linke Schulter und den Nacken. Sein Dolch ist noch naß vom Blut. *Balteus* und Lendenschurz sind höchst elegant, ebenso die Frisur. Er posiert wie für ein Pressebild und genießt den Jubel der Zuschauer. Auch der Schwerbewaffnete neben Alumnus ist Sieger (VIC). Aber sein Gegner war wohl nicht der tödlich verwundete Retiarier CALLIMORFUS, denn keiner der «Gegenretiarier» dieses *munus* trägt einen Helm mit Helmkamm. Die Zusammenstellung entstammt so, wie wir sie jetzt sehen, dem 19. Jahrhundert. Auf der zweiten Platte (Abb. 33a) sehen wir drei Paare und den Schwerbewaffneten PAMPINEVS, dessen Gegner fehlt. TALAMONIVS siegte über den Retiarier AURIVS. Dieser ist tot, das *Theta nigrum* (Θ) ist eindeutig. Talamonius ist ohne Helm. Hat er ihn vielleicht abgenommen, um sich den Zuschauern zu zeigen und einzuprägen? Auch der Retiarier CUPIDO, am *galerus* der linken Schulter zu erkennen, überlebte seine Niederlage nicht. BELLEREFONS setzt zum Todesstoß an, das *Theta nigrum* nimmt das Ende vorweg. Die auffallendste Figur der Gruppe ist der siegreiche Retiarier MELEA, dessen ganzer Name wohl MELEAGER war. Denn die Gladiatoren legten sich gerne klingende mythische Namen zu[133], ein stattlicher Kerl ist er, sich seiner Wirkung wohl bewußt. Man denkt an das «*suspirium*» der jungen Damen von Pompeji. Zu welchem Gladiatorentypus gehörte der Gegner von Pampineus? Es war wohl ein Schwerbewaffneter oder ein Thraker, denn Pampineus' Helm wird deutlich sichtbar von einem Helmkamm mit Protome überragt. Die 4. Platte (Abb. 33c) setzt die Gladiatorenkämpfe fort. Drei Paare sind erhalten, vom vierten Paar nur der besiegte, tödlich getroffene Retiarier RODAN (der Name ist wohl verstümmelt). Sehen wir sie der Reihe nach an: der Retiarier LICENTIOSVS ist Sieger. Hieß sein Gegner PVRPVREVS oder gehörte dieser Name zu einem anderen Kämpfer? Auch die nächsten Namen ENINVS und BACCIBVS wirken wie zufällig eingefügt. Die Szene dagegen ist eindeutig: der unförmige Retiarier ist

dabei, seinem Gegner den Dolch in den Rücken zu stoßen. Fettwanst, der er ist, macht er der Ernährung der Gladiatoren alle Ehre. Auch die Position des dritten Paares ist völlig klar. Der Retiarier ASTACIVS ist im Begriff zuzustoßen. ASTIVUS überlebte nicht, das *Theta nigrum* bestätigt es.
Unklar ist die Funktion der fähnchenschwingenden Gestalten; es sind ingesamt fünf, ihre unterschiedliche Größe ist wohl aus der unterschiedlichen Entfernung zum Geschehen im Vordergrund zu erklären (in der ursprünglichen Anordnung). Ihre Bekleidung besteht aus einer Art Badehose; das schwere Tuch über der linken Schulter ist sorgfältig drapiert und mit Fransen geschmückt. Als weiteren Schmuck tragen sie einen Armreif am rechten Handgelenk. Drückt der Name IACVULATOR (Abb. 33c) als Berufsbezeichnung ihre Tätigkeit aus (*iasculator* = Schleuderer)? Sie wirken in ihrer vollkommen gleichen Haltung eher wie dekorative Statisten, andererseits sind ihre Namen angegeben, was doch auf eine gewisse Bedeutung schließen läßt (daß ein Retiarier denselben Namen Astacius trägt, ist wohl zufällig). Jedenfalls unterscheiden sich diese dekorativ aufgestellten Burschen ganz und gar von den in eine kurze Tunika gekleideten Kampfrichtern, die regelmäßig in einer entscheidenden Phase des Kampfes eingreifen, häufig den Arm des Siegers halten, solange das Votum der Zuschauer abgewartet wird (vgl. Abb. 3, 4, 23). Wir haben demnach hier doch ein kleines Novum im Arrangement des *munus* vor uns.

34. Wandmalerei aus den sog. «Hunting Baths» in Leptis Magna (Tripolitanien).

Die Darstellung der *venatio* hat bei der Neuverlegung des Mosaiks besonders gelitten (Abb. 33b). Die wesentlichen Vorgänge sind aber deutlich genug. Die Waffe der Bestiarier auch im Kampf mit Raubtieren ist die lange Lanze. Die Arme sind gegen die Pranken durch die Ärmel des Gewands (wohl noch unterlegt) und durch zusätzlich über die Schultern gehängte Metallplatten geschützt. Die Tuniken sind durch mehrfache, gestickte Säume und durch kreisförmige Applikationen – man nennt sie «*orbiculi*» – kostbar geworden im Vergleich zu den Tuniken der Bestiarier älterer Darstellungen. Die Schutzwirkung wird

durch die Ornamente nicht erhöht. Körperliche Gewandtheit und die durch das weite Gewand nicht eingeschränkte Beweglichkeit mußten den Bestiarier schützen. Die klassische Methode, wie ein Tier kunstvoll erlegt wurde, war offenbar festgelegt und eingeübt. Die drei in ganzer Figur erhaltenen Bestiarier – durch Kleidung, Gesichtsschnitt, Frisur als drei verschiedenen Individuen markiert – beherrschten diesen Kanon: Auf das linke Bein gestützt, stoßen sie dem anspringenden Panther die Lanze durch Brust und Rücken. Auch die schon getöteten Tiere sind so erlegt worden. Daß in dieser Szene auf dem Mosaik nicht realistische Wiedergabe, sondern effektvolle Wirkung angestrebt wurde, ist deutlich. Die Tierkörper sind nicht eben geglückt, der Löwe (?) am Rande des Szene gleicht eher einem harmlosen Plüschtier. Das künstlerische Unvermögen wird so recht deutlich, wenn man die Mosaik-Darstellung der Villa Bor-
34 ghese mit dem großartigen Wandgemälde aus Leptis Magna (Abb. 34) vergleicht (es ist allerdings fast 100 Jahre früher entstanden). Dasselbe Thema: Bestiarier erlegen Panther. Die kittelartigen Tuniken der Bestiarier sind noch etwas einfacher, ihre Beine sind ganz ungeschützt. Die langen Jagdspieße mit der Eisenspitze sind gleich; der Stoß wird auf dieselbe Art geführt. Versehentlich wurde der rechte Panther in den Kopf getroffen. Bevor sich das verletzte Tier wehren kann, kommt ein zweiter Bestiarier zu Hilfe. Aber wie lebendig ist der Schmerz und die ohnmächtige Wut des herrlichen Tieres getroffen!

3. Tierhetzen im Amphitheater

Romantische Naturschwärmerei lag den Römern fern. Sie zogen geheizte Thermen dem Bad im Fluß vor, dem Park nach «englischer» Art, die in Stein gefaßten Gärten – hierin waren die Römer große Vorbilder der französischen Gartenarchitektur des 17. und 18. Jahrhunderts – und auch das Wandeln unter einer schattigen Säulenhalle einer Wanderung in Feld und Flur. Menschliche Kunstfertigkeit galt mehr als die unberührte Natur und Landschaft. Aus dieser Grundhaltung heraus ist das über Jahrhunderte gleichbleibende Interesse am Kampf des körperlich schwächeren Bestiariers mit gefährlichen Raubtieren verständlich. Den Bildern zufolge siegte fast immer die erworbene Geschicklichkeit (*disciplina* und *ars*) des Menschen. Mehr als im Erlegen eines Tieres zeigt die Überlegenheit des menschlichen Geistes allerdings in der Zähmung eines Raubtieres. An solchen rührenden Bildern hatte auch das römische Publikum gele-
36 gentlich seine Freude (Abb. 36, 40 f.). Das Glück des goldenen Zeitalters schien sich darin anzukündigen, in dem «die zahmen Herden die Löwen nicht mehr fürchten» (Vergil, 4. Ekloge, 22). Bis in die christliche Symbolik wirkte diese von der Dichtung geprägte, von der Arena lebendig gehaltene Vorstellung nach. Auf einem frühchristlichen Sarkophag bändigt, ähnlich wie auf dem Mosaik von Nennig, ein schwacher Greis einen mächtigen Löwen, zwischen dessen
35 Pranken friedlich eine Antilope ruht (Abb. 35). Eine friedliche Szene, verein-

35. Sarkophagrelief mit Löwen und altem Mann, Rom, Museo Torlonia.

36. Mosaik aus Rom mit Arena-Szenen, Rom, Vatikanische Museen.

37. Mosaik aus Rom: Bär, der einen Stier anfällt, Rom, Vatikanische Museen.

zelt, fand Anklang beim Publikum wohl nicht zuletzt als sentimentales Gegenstück zu dem, was die Arena sonst bot, nämlich Kampf in der verschiedensten Ausprägung: Gladiatoren gegeneinander, Bestiarier gegen wilde Tiere; endlich wurden auch Tiere paarweise gegeneinander gehetzt. Man sollte meinen, daß bei derartigen künstlich gestellten Naturstücken die auf einen Kampf nach Regeln eingestellte Erwartung geradezu beleidigt und nur die niedrigsten Instinkte befriedigt wurden. Bei der Zusammenstellung der Tiere zeigt sich jedoch ein gewisses System. Nicht beliebige Tiere werden aufeinander angesetzt, sondern solche, von denen man wußte oder zu wissen glaubte, daß sie von Natur
36 aus Gegner waren. Ein Elefant ist dabei, ein Nashorn zu werfen (Abb. 36). Fast wie einen Kommentar zu diesem Mosaik lesen wir, was ein Schriftsteller des 1. Jahrhunderts v. Chr. über das Nashorn schreibt: «Das Tier lebt in beständigem Kampf mit dem Elefanten und wetzt zu diesem Zweck sein Horn an Felsen. Dem Elefanten sucht es mit der Spitze seines Horns den Bauch von unten aufzureißen; so erlegt es viele von ihnen. Oft wird aber auch das Nashorn, ehe es soweit kommt, von den Zähnen des Elefanten zerfleischt» (Diodorus Siculus, 3, 34)[134]. Weil der Kampf in der Enge der Arena stattfindet, ist das Nashorn auf unserem Mosaik festgebunden.

Darüber, wie ein Bär ein Rind erlegt, berichtet Aristoteles in seiner Naturkunde: «Der Bär greift von vorne an, packt mit den Tatzen die Hörner, mit den Zähnen die Schulter und wirft die Rinder nieder» (Aristoteles, *Hist. an.* 8, 7, 3). Die Schilderung des älteren Plinius weicht ein wenig ab: «Wenn die Bären einen Stier erlegen wollen, hängen sie sich mit allen vier Füßen an seine Nase und an seine Hörner und ziehen ihn durch die Last zu Boden» (Plinius, *Hist.*

Nat. 8, 35, 53). Mit einem bestimmten Tötungsritual konnten die Zuschauer
also rechnen, wenn ein Bär gegen einen Stier gehetzt wurde oder wenn, wie auf 37
dem Zlitener Mosaik, beide Tiere aneinander gekettet und dadurch wohl
zusätzlich gereizt wurden (Abb. 8d).
Daß schließlich ein naturentfremdetes Großstadtpublikum mit Vergnügen sah, was jedem Hirten ein ständiger Schrecken war, daß ein starkes Raubtier ein wehrloses schwächeres Tier tötete (Abb. 40e), wen wundert's? Im Vergleich zu einer Hinrichtung war es eine harmlose Unterhaltung.

4. *Munera an Mosel und Rhein*

Wenn schon kein *munus*, so wollten manche Eigentümer großräumiger Villen wenigstens einige markante Szenen aus der Arena auf ihrem Fußboden betrachten können. Die *munera* liefen ohnehin nach bewährtem Schema ab. Mit diesem Ablauf waren die römischen Bürger auch nördlich der Alpen gut vertraut. Exotische Tiere – Löwen, Tiger, Panther – gehörten ebenso dazu wie die nach hauptstädtischem Muster ausgerüsteten und gedrillten Gladiatoren. Leichte lokale Varianten waren üblich.
a. Das Mosaik in der Villa von Nennig (Abb. 11, 40a–f), um 250 n.Chr. ent- 11
standen[135], enthält sechs Bilder aus dem Bereich des Amphitheaters, das siebente 40
wurde zerstört (Abb. 11). Auf dem untersten, sechseckig gefaßten Medaillon
sehen wir das Orchester oder einen Teil davon, Hornbläser und Orgel. Die
Orgel, vermutlich in der Arena von Trier aufgebaut, hatte Eindruck gemacht.
Darüber, durch quadratische Rahmung abgehoben, die einzige Gladiatorendarstellung des gesamten Mosaiks (Abb. 15). Der Retiarier, der Schwerbewaff- 15
nete, der Kampfrichter hinter den beiden unterscheiden sich nicht im geringsten
in Kleidung, Kampfhaltung und Bewaffnung von den entsprechenden Typen
an anderen Orten. Anders die Bestiarier. Sie stecken hier (und auf dem Mosaik 39
von Kreuznach), vielleicht klimabedingt, von Kopf bis Fuß in einem eng am Körper anliegenden Gewand, die Beine sind zusätzlich umwickelt, der linke Arm steckt in einem schildartigen Handschuh (Abb. 40b–d). Die Waffen der Bestiarier sind wie auf dem Zlitener Mosaik Lanze oder (und?) Peitsche. Der Bestiarier auf dem linken Medaillon (Abb. 40b) hat einen Panther erlegt und präsentiert sich mit Siegergeste. Auf dem Medaillon darüber (Abb. 40c) liegt ein Bestiarier unter einem Bären: zwei andere versuchen, mit ihren Peitschen das Tier von seiner Beute wegzutreiben. Die Szene ist ungewöhnlich, also wohl nach einem wirklichen Vorfall gestaltet. Wie an der Kleidung erkennbar, sind auch die beiden Gestalten auf dem rechten Medaillon (Abb. 40d) eindeutig als Bestiarier anzusprechen. Sie gehen mit Peitsche und Stock aufeinander los; geboten wird also eher eine Rüpelszene als ein ernsthafter Kampf, als solche ist sie einmalig unter allen erhaltenen Darstellungen. Auch Burlesken konnte man demnach gelegentlich in der Arena sehen[136]. Das rechte obere Medaillon gehört

zu einer *venatio:* ein Tiger hat einen Wildesel gerissen. Tiere, gegeneinander gehetzt, gab es in jedem Amphitheater. Merkwürdig ist das linke Medaillon (Abb. 40f). Man denkt an Androklus und seinen Löwen. Liebevoll, unter Streicheln, führt der alte Mann das gewaltige Tier. Undenkbar, daß er es in die Arena bringt, damit es dort von einem Bestiarier getötet werde! Vielleicht hatte der Villenbesitzer die Story von Androklus und dem Löwen gelesen oder gehört. Wahrscheinlicher aber ist, daß er die hier dargestellte, gar nicht so seltene Idylle im Circus oder in der Arena gesehen hatte.

10 b. Das Gladiatorenmosaik aus Augst lag auf dem Fußboden des Speisezimmers eines vornehmen städtischen Wohnhauses; es stammt wohl aus dem Anfang des 3. Jh. n. Chr.[137]. Auch hier ist nicht ein zusammenhängendes *munus* dargestellt, sondern einzelne Kampfszenen, jede von einem rechteckigen dunklen Rahmen eingefaßt. Zunächst wieder die aus Zliten wohlbekannten Gladiatoren in Tunika, d.h. genauer einem locker sitzenden Gewand, mit kleinem Rundschild, Helm mit Federn und geschlossenem Visier (Abb. 10c). Durch die Helme, die auf den ersten Blick Gärtnerhüten gleichen, wirkt das Paar spielerisch heiter. Daß ihr Kampf bitterer Ernst war, zeigt das Mosaik von Zliten. Der Retiarier war beliebt, seine Kampfweise interessant. Wir begegnen ihm hier auf zwei Bildfeldern (Abb. 10a u. d); der erste ist noch mitten im Kampf, erfolgreich, wie es scheint, trotz seiner Verwundung am Oberschenkel; der zweite ist nach beendetem Kampf zu Boden gegangen. Unterliegen im Kampf
38 wird wohl auch der Thraker des vierten Feldes (Abb. 38), sein rechteckiger Schild liegt bereits neben ihm, zwischen Körper und linkem Arm fließt ein Blutstrahl. Ein erstaunliches Paar ist auf dem fünften Bild zu sehen (Abb. 10b): ein Thraker, mit Rundschild, langer Beinschiene links – das rechte Bein ist stark zerstört – und mit Helmprotome, kämpft gegen einen Schwerbewaffneten, aber statt mit krummem Dolch, wie er zum Thraker gehören würde, mit einer Lanze. Die Lanze war wohl immer Gladiatorenwaffe (vgl. Abb. 7), aber auf keinen Typ streng festgelegt; sie war weder unter militärischem Aspekt für

38. Mosaik mit Gladiatorendarstellung in Augst (Colonia Augusta Raurica).

39. Ausschnitt aus dem Gladiatorenmosaik von Bad Kreuznach.

Römer besonders interessant, noch für den Nahkampf in der Arena geeignet. Immerhin rühmt Martial am Stargladiator Hermes, er beherrsche den Kampf mit der Lanze souverän, ebenso den Kampf mit dem Dreizack und auch den im schweren Helm (Martial, *Epigr.* 5, 24).

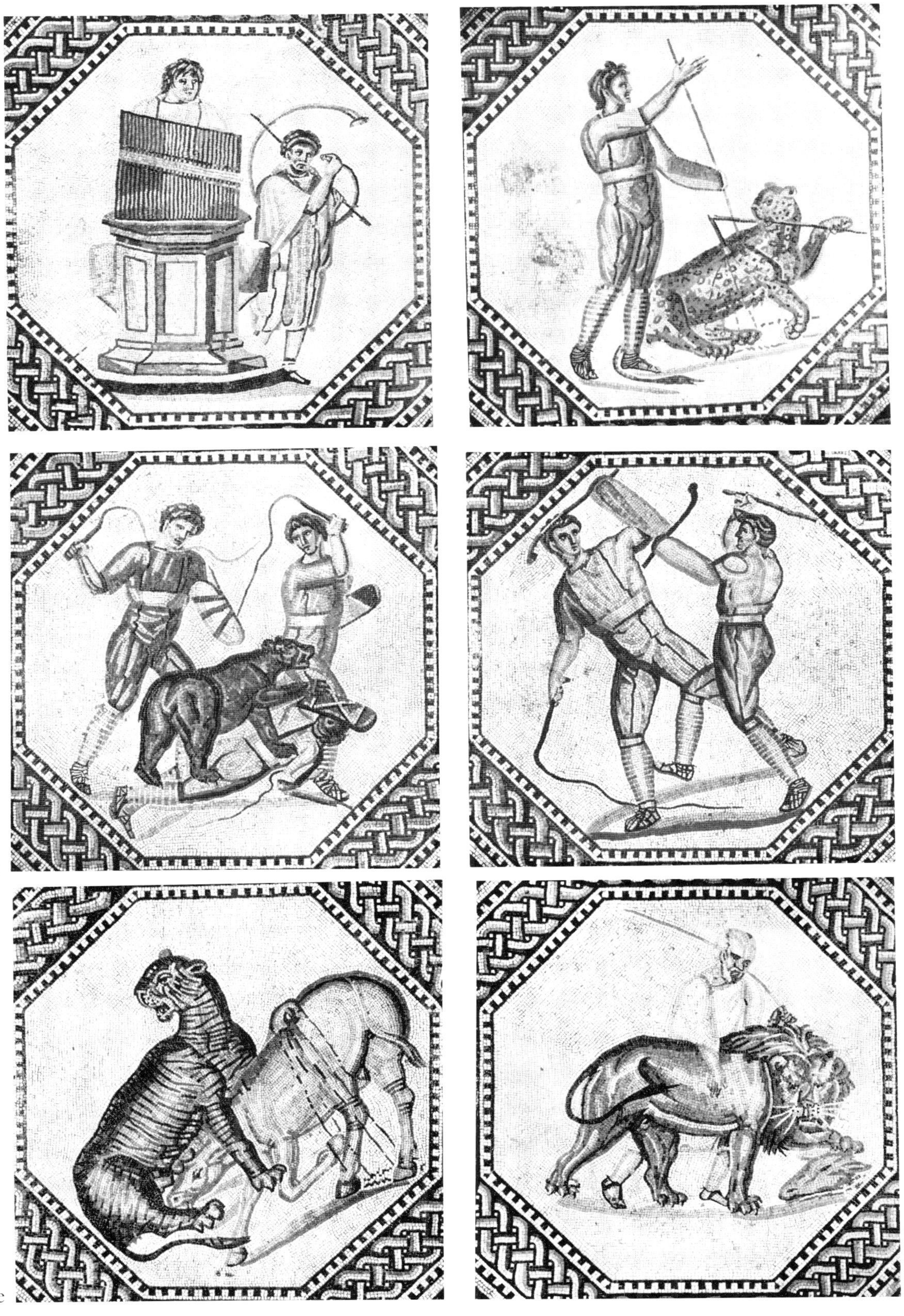

40 a–f. Medaillons aus dem Mosaik der römischen Villa von Nennig (Deutschland).

Seeschlachten im Amphitheater?

In der technischen Bewältigung der Wasserzuführung vollbrachten die römischen Ingenieure Leistungen, die wir noch heute bewundern. Die Veranstaltung von Naumachien in Theatern und Amphitheatern scheint daher zunächst eine recht einleuchtende Sache zu sein. Aber sie stimmt nicht mit den Berichten der antiken Autoren überein. Die Versorgung der Großstadt Rom mit dem für den Alltag notwendigen Wasser – notwendig waren auch die Bäder – war zur Regierungszeit von Augustus längst kein Problem mehr. So reizte es wohl den Herrscher und die in seinem Dienst tätigen Architekten, einen künstlichen See anzulegen. Dieser See lag auf der rechten Seite des Tibers[138]; nach Augustus' eigenen Angaben (*Monumentum Ancyranum*, 23) hatte er eine Seitenlänge von 1800 auf 1200 Fuß (= 536 auf 357 Meter). Um diesen See zu speisen, mußte eine Wasserleitung gebaut werden, eine Abzweigung der Aqua Alsietina[139]. Augustus ließ auf dem künstlichen See ein einziges Mal das teure Spektakel einer Seeschlacht veranstalten (*Mon. Anc.* a.a.O.). Aufgrund seiner ursprünglichen Bestimmung wurde der ganze See und der ringsum angelegte Park «Naumachia» genannt[140]. Nero benützte den kühlen und schattigen Ort zu einem exzessiven privaten Festmahl. Von diesem wüsten Gelage berichtet Tacitus weit ausführlicher als Sueton[141], nennt aber das Gelände «Teich des Agrippa» *(a. a. O.)*. Aufgrund der Beschreibung des umliegenden Parks ist es ganz eindeutig, daß auch Tacitus die, wie man von ihm erfährt, durch Agrippa gebaute «Naumachia» des Augustus meint. Erst Titus veranstaltete auf der «Naumachia» wieder eine Seeschlacht; «ebendort aber ließ er auch Gladiatoren kämpfen und an einem Tag 5000 Tiere aller Arten jagen» (Sueton, *Titus* 8). Folglich war der Wasserstand sehr leicht zu verändern. Domitian schickte in diese Naumachia «regelrechte Flotten» zum Kampf gegeneinander (Sueton, *Domitian* 4). Als passionierter Bauherr ließ er aber schließlich doch eine neue «Naumachia» ausheben. Aus dem an ihr verbauten Material wurden später, nach einem Brand, die Seitenwände des Circus Maximus erneuert (Sueton, *Domitian* 8). Die von Domitian angelegte «Naumachia» bestand folglich nicht sehr lange. Claudius ließ auf dem Fuciner-See Flotten mit insgesamt 19'000 Mann Besatzung gegeneinander kämpfen[142]. Weitere Seeschlachten als die eben aufgeführten wurden den verwöhnten Zuschauern des kaiserlichen Rom nicht geboten. Denn selbst die größte aller Arenen, die des Kolosseums, reichte dafür nicht aus, wie Martial sagt[143], geschweige denn die *orchestra* eines Theaters. Eindeutig bewiesen durch den Baubefund ist allerdings, dass die Orchestren zahlreicher Theater in der späteren Kaiserzeit zu Wasserbassins umgebaut wurden. Gut
41 sichtbar ist das am Dionysostheater in Athen (Abb. 41). Eine Marmorschranke wurde rings um die *orchestra* erstellt, die Fugen der Marmorplatten durch Bruchsteinmauern abgedichtet. Auch die Figuren an der Vorderseite der Bühne

wurden mit wasserdichtem Mörtel überzogen, wie Überreste zeigen. Durch das kleine Treppchen (Abb. 41) konnte man in das Becken einsteigen. Ähnliche Umbauten sind in mehreren Theatern nachgewiesen, in Ostia, Syrakus, Korinth und in anderen. Was spielte sich nun in der zur «*Naumachia*» umgewandelten *orchestra* ab? Wie wir von Martial erfahren, waren es Wasserballette[144]. Für die frühen Kirchenväter waren deswegen die «*Naumachiae*» wegen ihrer Obszönität ein ständiger Stein des Anstoßes; denn die Ballettnixen tummelten sich selbstverständlich unverhüllt in den Becken[145]. Auch weniger Anstößiges kam gelegentlich vor[146]. Der römische Stadtpräfekt Symmachus berichtet voller Stolz, daß es ihm mit «Gottes Hilfe» gelungen sei, den Mitbürgern Krokodile und andere unbekannte Tiere zu zeigen; die Krokodile doch wohl in den Wasserbecken eines römischen Theaters (Symmachus, *Ep.* 9, 151)[147].

41. Orchestra des Dionysostheaters in Athen.

Amphitheater und Gesellschaft

1. *Begeisterung und Kritik*

Die einheitliche Zivilisation des Imperium Romanum war die Folge einer starken Mobilität. Legionen und Hilfstruppen wechselten häufig ihren Standort, so konnte die Laufbahn eines einfachen Soldaten in Syrien beginnen und nach 25 Jahren am Niederrhein beendet werden. Auch die Tätigkeit eines kaiserlichen Prokurators oder die Stufen der senatorischen Ämterlaufbahn führten gewöhnlich Senatoren und Ritter in verschiedene Hauptstädte des Reiches, endete aber im allgemeinen in Rom. Bei so häufigem Ortswechsel mußte wenigstens der Komfort des Alltags einigermaßen gleichartig sein. Man täuscht sich jedoch, wenn man annimmt, dieser Einheitlichkeit der äußeren Lebensformen entspreche eine einheitliche Rezeption der *munera* seitens der Gesellschaft. An Kritik hat es nie gefehlt; fragt sich nur, wer kritisierte und aus welchen Gründen.

42 a–c. Tonlampen aus Athen mit Gladiatorendarstellungen, Athen, Archäologisches Museum.

a. Die große Masse

Die Mehrzahl der Zuschauer im Amphitheater gehörte der einfachen, wenig begüterten Bevölkerungsschicht an. Kritische Stimmen aus diesem Milieu sind nicht überliefert. Zahlreiche Tonlampen aus allen Städten und Legionslagern des römischen Reiches zeigen vielmehr, daß auch der kleine Mann in seinem Zuhause sich die Vorgänge in der Arena nochmals vor Augen führen wollte: den Kampf der Schwerbewaffneten in verschiedenen Phasen, den Kampf der
42 Bestiarier gegen Raubtiere (Abb. 42 a–c) und auch die schlüpfrigen Szenen (Abb. 31)[148]. Ähnlich billige Gebrauchsware wird ja auch heute beispielsweise nach jeder Fußballweltmeisterschaft angeboten. Auch für den gehobenen Bedarf waren Gebrauchsgegenstände mit Gladiatorendarstellungen auf dem Markt; dazu gehört Geschirr aus *Terra Sigillata* (Abb. 29, 30), dessen fein ausgeführtes Relief sich von der Serienware der Tonlampen in der Qualität deutlich abhebt. Noch teurer und viel seltener zu finden sind Statuetten von Gladiatoren aus
45 Bronze oder Elfenbein (Abb. 45–48, 87)[149]. Wozu mögen sie gedient haben? An
46 der Tafel des steinreichen Emporkömmlings Trimalchio ist die Arena ständig
47 präsent: der Trancheur zerlegt das Geflügel nach Gladiatorenart (Petronius,
48 *Sat.* 36, 6); der Wein wird aus Schläuchen gegossen, die denen gleichen, mit denen im Amphitheater der Sand mit Wasser besprengt wird (34, 4); verschiedene Gladiatoren und ganze *munera* sind immer wieder Gesprächsgegenstand (45, 75). Die Kämpfe des Gladiators Petraites will Trimalchio nicht nur auf sein Grabmal anbringen lassen (71). Sie sind außerdem bereits alle auf seinen kostbaren Silberbechern verewigt (52). Im Hause eines ähnlichen Gladiatoren-Narren waren vielleicht die Aufsätze der mächtigen Vorlegeplatten statt als

43. Tonlampe mit Circusdarstellung aus Augst (Colonia Augusta Raurica).

44. Brotmodel mit Circusdarstellung aus Teurnia (am St. Peter im Holz, Kärnten, Österreich).

Marsyasfiguren wie bei Trimalchio (36) als Gladiatorenfiguren, einzeln oder in Gruppen, gestaltet. Der Bestiarier und sein Gegner aus Elfenbein mag als Griff eines Tranchiermessers à la Trimalchio gedient haben. Trimalchios Unbildung steht in krassem Gegensatz zu seinem Reichtum. Ein derartig rascher finanzieller Aufstieg war in der römischen Ständegesellschaft möglich. Gerade auch ehemalige Gladiatoren konnten als Ausbilder oder *lanista* weit mehr Vermögen besitzen als ein angesehener Ritter [150]. Nach Aussage der Literaten – und nur deren Ansicht kennen wir – wurden sie trotzdem gering geachtet.

b. Kritik der Intellektuellen

Der philosophisch und literarisch Gebildete der Antike setzt sich auf jeden Fall von der breiten Masse ab, gleichgültig, wofür sich diese gerade begeistert. Cicero bezeugt Achtung für das tapfere Verhalten der Gladiatoren. Aber in seinen späteren Lebensjahren (nach Abschluß seiner politischen Karriere) meidet er, so gut es geht, Massenveranstaltungen[151]. Als Institution kritisiert er sie nirgendwo in seinen Schriften, ebensowenig Seneca. Seneca hatte das Pech, bei einem flüchtigen Besuch im Amphitheater öffentliche Hinrichtungen ansehen zu müssen. Ein widerliches Erlebnis, das nimmt man ihm ab[152]. Aber der Schluß, den er zieht, richtet sich nicht gegen Amphitheater und Hinrichtungen, sondern gegen die Reaktionen der Zuschauer: «Ein empfindsames Gemüt, das noch nicht genügend gefestigt ist, muß sich von der Volksmasse fernhalten» (*Ep.* 7, 6). Den Begriff «Massenpsychologie» kennt Seneca noch nicht; aber das Phänomen schildert er treffend.

Tacitus' herbe Kritik am leidenschaftlichen Interesse der Plebs für das Amphitheater wurde schon mehrfach erwähnt[153]. Seine Kritik richtet sich dabei ebenso gegen das Verhalten der Kaiser und gegen die Anpassung zahlreicher Senatoren und Ritter.

45. Bronzestatuette eines Gladiators aus Avenches (Aventicum).

46. Statuette eines Gladiators aus Rouen.

Mehr moralisches Gewicht haben in unserem Zusammenhang die Äußerungen eines nicht zur römischen Oberschicht gehörenden Philosophen, die von Epiktet. Epiktet, in griechischer Philosophie erzogen, Sklave, dann Freigelassener und Lehrer der Rhetorik in Rom, wurde wie alle Philosophen unter Domitian verbannt[154]. Er streift in seinem «Handbuch»[155] öfters das Thema «Gladiatoren». Er gesteht ihnen zwar Tapferkeit zu (*a. a. O.* 1, 29, 37), rät aber seinen Schülern, ihr Interesse nicht auf die Qualität von Gladiatoren, Athleten oder Rennpferden zu richten. Denn derartige Banalitäten lenkten von der Philosophie ab (*a. a. O.* 3, 15, 5; 3, 16, 4). Ein Zeitgenosse und in vielem auch Schicksalsgenosse von Epiktet war Dion von Prusa. Er war Philosoph und Redner. «Den Preis des Sittlichen verband er mit dem eines Hellenentums, dessen Züge aus einer romantisch verklärten Vergangenheit stammten» (Lesky, *a. a. O.* 755). In einer seiner Reden (*Or.* 31,121) läßt sich Dion besonders gegen die Athener aus, weil sie es ertragen könnten, daß im Dionysostheater, zu Füßen der Akropolis, wo einst Tragödien aufgeführt wurden, jetzt bei Gladiatorenkämpfen Menschenblut fließt. Die Athener nahmen diese Vorwürfe übel auf. Auch andere Städte kritisierte Dion wie beispielsweise Korinth, das besonders «gladiatorensüchtig» war[156].

Kritik an den Römern, Kritik an den Athenern – das scheint auf einer Linie zu liegen. Die große Vergangenheit gilt im politischen und im geistigen Zentrum des römischen Reiches als Maßstab der Gegenwart. Man sollte meinen, in den nordafrikanischen Großstädten sei das Interesse am Amphitheater dagegen von Anfang an gesellschaftsfähig gewesen. Die Bevölkerung, ein Gemisch aus Puniern, Griechen, Römern, litt nicht unter der Erinnerung an republikanische oder sonstige Traditionen. Ausgerechnet Apuleius, der weltoffene Verfasser des «Goldenen Esels» beklagt sich bitter über seinen Stiefsohn[157]: der nichtsnutzige junge Mann sei ein ständiger Gast in Gladiatorenkasernen, er kenne den Namen, die Kämpfe und die Verwundungen eines jeden Gladiators. Wir erfahren weiter, daß er sich – wie viele junge Leute – als Gladiator ausbilden ließ. Der *lanista* übernahm persönlich diese Aufgabe, der guten Herkunft des jungen Mannes zuliebe. Durch diese übertriebene Liebhaberei, so meint Apuleius, würden höhere Bildung und Interesse für Literatur im Keime erstickt, schon deswegen, weil man im Gladiatorenmilieu nur punisch spreche (*a. a.* O. 98). Dabei war Apuleius kein Gegner des Amphitheaters; vom «Goldenen Esel» her ist er als Kenner und Liebhaber der *munera* bekannt. Sie boten fesselnde Unterhaltung und gehörten als Selbstverständlichkeit zum Alltag. Für die auf Karriere angelegte Ausbildung eines Jugendlichen jedoch konnten sie gefährlich werden. Eine Art Playboy zu werden, durfte sich allenfalls der Sohn eines Kaisers leisten wie etwa Commodus. Aber auch er bekam dafür harte Schelte der Geschichtsschrei-

47. Messergriff aus Elfenbein mit Gladiatorenpaar aus Avenches (Aventicum).

48. Bronzestatuetten eines Retiariers und seines Gegners, Autun.

ber. Apuleius bietet also einen geradezu klassischen Fall von Generationenkonflikt, der sich leicht aktualisieren läßt: welcher fußballbegeisterte Vater sieht es gern, wenn sein Sohn statt seines Schulpensums Spieler und Spiele der Nationalmannschaft auswendig lernt?

c. Söhne aus vornehmen Häusern als Auctorati

Apuleius' Klage ist verständlich, wenn man hört, wie weit die Begeisterung der Jugend für die Arena gehen konnte, vor allem in Rom (daß die Stadt Rom im Vordergrund steht, kann natürlich auch an unserem Quellenmaterial liegen): Söhne aus den ältesten Familien wurden Gladiatoren, nicht spontan und durch einen einmaligen Auftritt, sondern vertraglich dem *lanista* verpflichtet, vielmehr: ihm ausgeliefert. Der Abschluß des Vertrages wurde durch einen Eid bekräftigt, etwa des Inhalts: «sich brennen, in Fesseln legen, töten zu lassen»[158]. Vor ihrem ersten Auftritt mußten sich die «*auctorati*» schmerzliche Prozeduren gefallen lassen, z. B. wurden sie mit Ruten geschlagen[159]. Die Mehrzahl der Gladiatoren in der Kaiserzeit waren *auctorati*, also Freie[160], meist Angehörige der Unterschicht, denen diese Berufswahl eine gewisse Aufstiegschance bot; gelegentlich wurde der Sohn einer verarmten Familie aus Not Gladiator. Die moralische Schuld oder Unschuld eines solchen jungen Mannes war sogar Übungsthema der Rednerschulen[161]. Was aber lockte junge Leute, denen dank ihrer Herkunft eine glänzende Laufbahn und Ansehen in Staat und Gesellschaft, in Aussicht stand? Eine hohe Geldsumme – das ist die Meinung von Tacitus und Seneca –[162], Lust am Abenteuer der Arena, Überdruß an der Sterilität der römischen Gesellschaft? Juvenal macht den degenerierten Nachkommen altrömischer Geschlechter die heftigsten Vorwürfe[163], scheut sich auch nicht, ihre Namen preiszugeben. «Warum verkaufen sie sich, kein Nero zwingt sie doch dazu» (8, 193)? Die Antwort des Moralisten: die ganze Gesellschaft ist verkommen[164]: «*Facit indignatio versum*» (1, 79 = der Ärger diktiert mir die Verse).

d. Die Frauen

Der Moralist Juvenal läßt an seinen Zeitgenossen[165] in Rom kaum ein gutes Haar. An verschiedenen Gruppen der stadtrömischen Gesellschaft geißelt er die Laster der Zeit. Eine seiner Satiren, mit 661 Versen die längste, gilt den Frauen. Zum Teil in mythische Bilder verpackt werden Skandale über Skandale aufgetischt: schamloser Aufzug, Neigung zu Händeln, Leidenschaft fürs Theater, Verhältnisse mit Schauspielern und natürlich mit Gladiatoren. Was Juvenal von Eppia, der Frau eines Senators, spöttisch erzählt (*a. a. O.* 83 ff.), ist reif für jede Boulevardpresse: ohne Rücksicht auf Mann und Kinder in Rom begleitete sie eine Gladiatorentruppe nach Alexandria, ertrug freiwillig die Stürme und Unbequemlichkeiten einer Seereise. Welch ein Adonis hatte sie entflammt? Der Gladiator Sergiolus, nicht mehr der Jüngste und erst recht nicht der Schönste.

Er trägt alle Zeichen seines Berufes auf sich: das Gesicht vom Helm aufgescheuert, die Nase durch einen Höcker entstellt. Noch dazu ist er triefäugig. «Aber er war Gladiator» (110). «Das Eisen ist es, in das sie alle vernarrt sind» (112). Eine satirische Übertreibung? Wohl nicht; andere Nachrichten bestätigen, daß von den Gladiatoren eine starke erotische Faszination ausging. Als «Freude und Sehnsucht der jungen Mädchen» bezeichnete sich voller Stolz der Thraker Celadus auf den Kritzeleien in Pompeji[166]. Ein ähnliches Kompliment macht Martial Hermes, dem Stolz der Arena (Martial 5, 24, 10). Eine ausgeprägte Vorliebe mancher Damen für harte Männer, Gladiatoren oder Maultiertreiber, stellt auch Petronius fest (*Sat.* 126). Natürlich wird die Ausnahme gerügt, die gegen die gesellschaftliche Norm verstößt. Eppias stadtbekannte Liaison mit einem Gladiator war sicher nicht alltäglich. Ein Verstoß gegen die Norm war es aber eigentlich schon, daß Frauen im Amphitheater saßen. Zahlreiche Inschriften tun kund, wie die römische Idealfrau war: sie soll fromm sein und sittsam, und sie soll Wolle spinnen. «Jener Ort – gemeint ist das Amphitheater – aber ist schädlich für Zucht und Sitte» sagt Ovid, nicht als Kritik, sondern als Empfehlung für schüchterne Jünglinge (Ovid, *Ars. am.* 100)! Augustus, erfolglos bemüht, alle Stände wieder in das Korsett altrömischer Sitten zu zwängen, hätte den Frauen am liebsten den Besuch des Amphitheaters überhaupt verboten. Soweit konnte er wohl nicht gehen; wenigstens untersagte er die gemischte Sitzordnung, die Gelegenheit zum Flirt (Ovid *a. a. O.*), und verbannte die weiblichen Zuschauer in die obersten Ränge (Sueton, *Aug.* 44, 2). Die Sitten, oder den Sittenzerfall, wenn man Moralist sein will, änderte Augustus nicht. Das weibliche Interesse für Kampf und Kämpfer der Arena hielt an. Es führte sogar dazu, daß Damen der ersten Kreise zuhause, mit Beinschienen, Armschutz und Helm angetan, sich am Pfahl in der Kunst des Gladiatorenkampfes übten. «Welche Frau im Helm, die ihr Geschlecht verrät, kann noch tugendhaft sein?» fragt Juvenal angewidert (*a. a. O.* 252 f.). Unter Nero bot sich sogar Gelegenheit, die erworbene Fertigkeit in aller Öffentlichkeit vorzuführen. Bei einem großen *munus* des Jahres 63 «nahmen vornehme Damen und Senatoren in größerer Anzahl die Schande eines Auftritts in der Arena auf sich» (Tacitus, *Ann.* 15, 32).

Insgesamt also stand das weibliche Interesse an den *munera* und erst recht an den Gladiatoren hinter dem der Männer nicht zurück. Grund genug zum Entsetzen in einer patriarchalischen Männergesellschaft!

Die Sichtung der kritischen Stimmen aus verschiedenen Gruppen ergibt, daß die Kritik an den *munera* mit einer Gesellschaftskritik zusammenfällt wie sie in allen Epochen der Geschichte existiert. Die Stellungnahme wird von persönlichen Voraussetzungen geprägt, von Veranlagung und Lebenserfahrung, auch bei Intellektuellen. Es gab hochgebildete, politisch engagierte Römer wie Tacitus' Freund Plinius, die mit der Gegenwart zufrieden waren[167]. Plinius dankt in einer Festrede dem Kaiser Trajan dafür, daß er «zum Nutzen der Bürger und Bundesgenossen» wieder *munera* veranstalten ließ, bei denen man sich durch «schöne Wunden und Todesverachtung von Sklaven und Verbrechern» erbauen konnte, ohne daß willkürliche Übergriffe des Herrschers (wie unter Domitian) zu befürchten waren[168]. Denselben Tenor vernehmen wir mehr als 200 Jahre später bei dem Redner Libanios aus Antiochia. Libanios bedauert, daß ihm wegen literarischer Studien keine Zeit blieb für Gladiatorenkämpfe, bei denen «Männer fielen und siegten, die man für Schüler der Dreihundert bei den Thermopylen halten konnte» (Zitat nach Robert, S. 253).

2. Christen und Arena

Erst die christlichen Autoren zeigen die moralische Entrüstung über die Vorgänge in der Arena, die der moderne Leser längst erwartet. Es sind verschiedene Aspekte, die sie aufgreifen. Hören wir zunächst Cyprian aus Karthago. Er lebte im 3. Jahrhundert n. Chr.; er war Redelehrer von Beruf, Christ wurde er erst im vorgerückten Alter[169]. Er spricht uns Heutigen aus der Seele: «Ein Mensch wird getötet zum Vergnügen der Menschen, und damit einer töten kann, braucht er Erfahrung, Übung, Fertigkeit. Das Verbrechen wird nicht nur ausgeführt, sondern auch gelehrt! Gibt es Unmenschlicheres, gibt es Grausameres? Methode und Fertigkeit (lat. *disciplina*) bestehen darin, daß einer töten kann, Ruhm bringt es ihm, wenn er tötet.» (*Ad Donatum*, 7) Auch Tertullian aus Karthago, etwas älter als Cyprian, wie dieser juristisch ausgebildeter Redner, sieht im «Mangel an Mitgefühl» (lat. *immisericordia*) das eigentlich Abstoßende der *munera*[170]. Als Beispiel greift er eine Hinrichtung heraus: ein Gladiator wird gezwungen, ob er will oder nicht, einen zum Tode verurteilten Mörder zu töten; er wird gezwungen, dadurch selber zum Mörder zu werden. Den bluttriefenden Leichnam betrachten die Zuschauer mit Vergnügen[171]. Dieser Vorwurf Tertullians träfe natürlich auf jede öffentliche Hinrichtung zu.

Ein weiterer Ansatz zur Kritik sind für Tertullian die mythischen Inszenierungen in der Arena. Immer wieder kann er sagen: «Seht, so sind eure Götter, sie werden von Verbrechern dargestellt, wie z. B. der brennende Herakles, und von Sklaven»; denn in der Aufmachung des Unterweltgottes Charon schleppte das Personal des Amphitheaters die Toten hinaus. Tertullian wußte auch ganz genau, daß die *munera* trotz aller Veräußerlichung nie ohne Verbindung zum Kult bestanden. Schon deswegen waren sie für einen Christen nicht akzeptabel[172].

Als Staatsfeinde waren die Christen bis in die Zeit Konstantins immer wieder auch Objekte der Schauhinrichtungen. Die Märtyrerakten bieten vielfältiges Anschauungsmaterial zu dem, was wir aus den Nachrichten nichtchristlicher Autoren bereits wissen[173]. Das menschenfreundliche Gesetz Mark Aurels beispielsweise, das die Honoratioren der gallischen Provinzen mit Enthusiasmus begrüßten, hatte für die Christen entsetzliche Folgen[174]. Die Kosten für die *munera* in Lyon konnten mit kaiserlicher Erlaubnis durch die ohnehin zum Tode verurteilten Christen gesenkt werden. Natürlich wurde daraufhin nach Christen gefahndet[175]. «Zehntausende errangen die Märtyrerkrone», schreibt Eusebius (*Hist. eccl.* 5, *praef.*). Des weiteren schildert er exakt die auf dem Zliten-er Mosaik dargestellte Hinrichtung, nur eben in der Arena von Lyon: Ein Christenmädchen war an einen Pfahl gebunden worden, den wilden Tieren zum Fraß. Es ist tragisch, daß gerade Mark Aurel ein Christenmassaker auslöste. Dem Pflichtgefühl der stoischen Philosophie gehorchend mußte er als Kaiser durchführen, was für das Volk nützlich war oder doch schien[176]; als überzeugter Anhänger der stoischen Philosophie war er von jedem Interesse an den Sensationen der Arena frei.

3. Die Akteure der Arena

Gladiatoren und Gladiatorenhändler waren als Stand verachtet, zu städtischen und staatlichen Ämtern nicht zugelassen, gleichgültig, wie hoch ihr Vermögen war[177]. Das Leben der meisten Gladiatoren in der mittleren und späteren Kaiserzeit (2./3. Jh. n. Chr.) war dennoch besser als man gewöhnlich vermutet und spielte sich auch nicht nur in den finsteren Löchern der Kasernen wie in einem Kerker ab. Wie vor allem die von L. Robert vorgelegten Inschriften zeigen, waren die Gladiatoren größtenteils frei[178], hatten Familie und Kinder und konnten sich – Ziel des Lebens – einen Grabstein setzen lassen. Die Grabinschriften sind unmittelbare Aussagen über Leben und Lebensauffassung der Gladiatoren; deswegen einige Auszüge im Wortlaut[179]:

34. ... mich tötete ein Daimon, nicht der verfluchte Pinnas ...wer den Pinnas erledigt, hat mich gerächt.

308. ... achtmal siegte ich ... beim 9. Kampf erlitt ich mein Schicksal. Scherze, lache, Wanderer, wissend, daß auch du sterben mußt! Seine Frau Alexandria setzte ihm das Grabdenkmal aus seinem Geld, der Erinnerung wegen.

106. Victor, den starken *secutor* seht ihr hier, vor dem alle Gegner der Arena zitterten. Meine Heimat war Libyen, jetzt hat mich die Erde von Xanthos. Seine Frau Amazon setzte ihm das Grabdenkmal aus seinem Geld, der Erinnerung wegen.

20. Ich hieß Meilesis ... fünfmal kämpfte ich und keinem tat ich was zu Leide. Jetzt ist mir Leid geschehen. Aus eigenem (Geld) setzte es Alexandra ihrem Mann, der Erinnerung wegen. Seid gegrüßt alle, die ihr des Weges kommt.

Inschriften dieser Art gibt es aus allen Teilen des Reiches. Überrascht schon die Tatsache, daß ein Gladiator Familienvater ist, über Privatbesitz verfügt und daß sein Grab so gut wie jedes andere durch Strafgesetz geschützt ist[180], so noch mehr, daß es eine gewisse innere Berufsehre der Gladiatoren gab: ein guter Gladiator zielt nicht auf den Tod des Gegners[181]. Nicht Kunstfertigkeit, sondern

Gewalt führt zum Tod. Diese Brutalität des Gegners wird häufig mit «Daimon» umschrieben. Die Gladiatoren suchten diesen bösen Geist zu bannen durch Gebet oder Votiv an die Rachegöttin Nemesis[182]. In der Arena winkten Kampf, Beifall und Ruhm. Manche Gladiatoren wurden daher unwillig, wenn sie zulange nicht auftreten durften, und beschwerten sich beim zuständigen Prokurator (Epiktet 1, 29, 37).

Man fragt sich, wodurch sich das Leben eines Gladiators noch von dem eines anderen unterscheidet. Der Gladiator war ganz sicher ständig unter Aufsicht. Wenn er nicht dauernd in einer Kaserne wohnte, so mußte er sie doch regelmäßig aufsuchen, zur Ausbildung und zur gesundheitlichen Überwachung. Die ärztliche Versorgung der Gladiatoren war vermutlich besser als die der meisten Leute ihres Standes, nicht aus Gründen der Humanität, sondern wegen der handfesten finanziellen Interessen von Spielgeber und *lanista*. Galen war vier Jahre lang Gladiatorenarzt in Pergamon; da kein Verwundeter während dieser Zeit starb, wollte ihn der für die *munera* zuständige Erzpriester des Kaiserkultes am liebsten nicht mehr aus dem Vertrag entlassen[183].

50. Fragment eines Grabreliefs eines Retiariers, Rom, Museo Nazionale Romano.

49. Grabstein des Gladiators Polydromos aus Mytilene, Athen, Archäologisches Museum.

RINV
FEL
CVND
EM
VVRS

Von den inschriftlich genannten Gladiatorengrabsteinen sind einige erhalten
geblieben. Ein besonders schönes Beispiel ist der des Polydromos aus Mytilene
49 (Robert Nr. 283, Abb. 49). Polydromos ist in heroischer Haltung dargestellt;
nur die Rüstung verrät den Gladiator. Ganz anders das Fragment vom Grab-
50 denkmal eines höchst erfolgreichen Retiariers (Abb. 50). Sein Name ist nicht
erhalten. Er besiegte zunächst den Felix; in seinem vierten Kampf denselben
Felix, aber Felix wurde dabei getötet; ebenso im fünften Kampf der Ursulus.
Wahrscheinlich siegte der Retiarier in allen Kämpfen. Im 14. jedenfalls tötete
er den Victorianus. Das Relief bewahrt davor, die Brutalität der Gladiatoren
und die Grausamkeit des *munus* zu unterschätzen. Rührend ist es, mit welcher
Bereitwilligkeit der Besiegte die richtige Stellung für den Todesstoß einnimmt.

Die Spiele im Circus, ein Bestandteil des staatlichen Kultes

Den Gladiatoren wurde breiter Raum gegeben, mit Recht deshalb, weil sie als ein speziell römisches Phänomen die Phantasie der Nachwelt im besonderen Maße beflügeln. Menschen im Kampf gegen Menschen zum Vergnügen der Zuschauer! Wo gab es dies sonst? Wagenrennen dagegen sind aktuell geblieben. Die Wagentypen haben sich geändert, die Pferdestärken sich erhöht, der Prunk der Rennbahn ist technischer Perfektion gewichen, die Veranstaltungen sind profan geworden, das auf Sensation gestellte Interesse der Zuschauer blieb gleich. Eine Untersuchung über den Anreiz der Formel I-Rennen kommt zum Ergebnis: «Der präsumptive Blutzoll lockte bislang die Hälfte der Zuschauer an. Das Spektakel stürzender Wagen, brennender Fahrer und mit Sirenengeheul anrasender Rettungswagen füllte die Ränge» (Spiegel Nr. 40, 1977, S. 195). Vom Spektakel in der antiken Rennbahn sprechen Mosaiken und Reliefs eine deutliche Sprache. Die römische Leidenschaft für Circusspiele ist zur Formel geworden, die Massenbegeisterung und Massenbeherrschung prägnant umreißt[184].

Der römische Festkalender

Mit Recht verlangte das römische Volk vom Staat nicht nur Brot, sondern auch Circusspiele, denn anders als die *munera* waren die *circenses* von Anfang an eine staatliche Angelegenheit. Bei keiner Einrichtung des öffentlichen Lebens scheute man sich so sehr, etwas zu verändern, wie im Bereich des Kultes. So kam es, daß sakrale Handlungen zwar regelmäßig vollzogen, aber nicht mehr begriffen wurden. Nicht zu verwundern also, daß schon im römischen Altertum ein Gelehrtenstreit entbrannte über die Entstehung von Festen und über das Wesen der gefeierten Götter. Viele Fragen sind bis heute nicht gelöst[185]. Halten wir die wichtigsten und gesicherten Begebenheiten des römischen Sakraljahres fest: Die Festtage – *feriae* – sind den Göttern geweiht. An ihnen sollen sich die freien Bürger der Politik und der Rechtshändel enthalten, die Sklaven sollen nicht hart arbeiten (Cicero, *De Legibus* 2, 29). Es war Sache des Staates, festzulegen, welche Tage für alle verpflichtend als Festtage zu begehen waren. Nach römischer Überlieferung wurde schon in der Königszeit eine Sakralordnung festgelegt. Darüber hinaus hatte jede Familie noch ihre *feriae privatae* für Geburtstage, Hochzeiten, Leichenfeiern. Vor Caesars Reformen gab es in Rom 109 Feiertage im Jahr. Sie waren unregelmäßig verteilt; zur genauen Fixierung im Jahresablauf hatte man Priesterkollegien und Zeichendeuter. An den Festen wurden *ludi* (= Spiele) veranstaltet: Waffentänze, Verkleidungen, Wettläufe und Wettrennen, selbst Kindereien wie Sackhüpfen; der Ort dafür war das Tal des Circus Maximus[186]. Die Spiele an den höchsten Staatsfesten bekamen wohl schon im 4. Jh. v. Chr. einen streng geregelten Ablauf. Sie wurden von Amtsträgern, Aedilen oder Praetoren, geleitet. Im Folgenden die wichtigsten dieser Spiele in der Reihenfolge ihres Entstehens und damit ihrer Würde[187]:

1. Die *ludi romani;* sie wurden im Jahre 366 v. Chr. in Rom eingeführt, ursprünglich viertägig. Bereits im 1. Jh. v. Chr. und auch später dauerten sie vom 4. bis zum 19. September. Sie waren dem Iupiter Optimus Maximus geweiht, also das höchste Fest des römischen Staates.
2. Die *ludi plebeii,* wohl 220 v. Chr. eingeführt; sie galten ebenfalls Iupiter. Ursprünglich dauerten sie 4, später 14 Tage, vom 4. bis 17. November. Die *ludi romani* und die *ludi plebeii* nehmen eine Vorrangstellung ein.
3. Die *ludi Apollinares* wurden 208 v. Chr. zu Ehren Apollons eingeführt. Sie dauerten ursprünglich einen Tag, später schließlich vom 6. bis 13. Juli. An diesen *ludi* dominierten die *ludi scaenici,* das Bühnenschauspiel also, im Gegensatz zu den Circusspielen.
4. Die *ludi megalenses* zu Ehren der großen Göttermutter; sie wurden 194 v. Chr. eingeführt, ursprünglich eintägig gefeiert, später vom 4. bis 10. April.
5. Die *ludi Ceriales* zu Ehren der Ceres wurden etwa um 200 v. Chr. eingeführt. Sie wurden vom 12. bis 19. April gefeiert.
6. Die *ludi Florales* wurden seit 173 v. Chr. zu Ehren der Göttin Flora gefeiert. Sie dauerten zur Zeit Caesars vom 28. April bis zum 3. Mai.

Bei aller Vorsicht gegenüber der römischen Überlieferung kann man sagen, daß die sechs wichtigsten *ludi* des Festjahres in einer Notsituation gelobt und daraufhin zu einer dauernden Einrichtung des offiziellen Kultes gemacht wurden[188]. Gemeinsam ist ihnen ferner, daß sie durch verschiedene Veranstaltungen, *ludi scaenici* und *ludi circenses,* gefeiert wurden und daß für würdige Gestaltung des Festes Zuschüsse aus der Staatskasse an die leitenden Beamten gezahlt wurden. Diesen blieb noch genügend Spielraum für Ergänzung aus eigenem Vermögen[189]. Der sakrale Charakter dieser Feste blieb stets bewahrt; der beste Beweis dafür ist die «*instauratio*», d. h. bei der geringsten Unregelmäßigkeit im Verlauf mußte das ganze Fest wiederholt werden.

Der offizielle Festkalender wurde häufig erweitert; alte Kulte wurden neu belebt oder ein Glückstag des regierenden Kaisers wurde zum staatlichen Feiertag erhoben. Sparsame Kaiser wie Nerva oder Septimius Severus schafften solche Feiertage wieder ab oder schränkten ihre Dauer ein. Ein Festkalender des Jahres 354 n. Chr. enthält immerhin 175 offizielle *feriae.* An 64 Tagen wurden *circenses* gegeben, an 10 Tagen im Dezember die staatlichen *munera* (vgl. S. 30 f.), an 101 Tagen konnte man Theateraufführungen sehen[190].

51. Reliefplatte «Triumph Mark Aurels», Rom, Museo Capitolino.

Anlässe für *ludi* als einmalige Sonderveranstaltungen fanden sich außerdem leicht. Ob sie gegeben wurden, hing von der Neigung des Kaisers und von der Finanzlage ab. Augustus veranstaltete außer den *munera* außerordentliche Circusspiele (*Mon. Anc.* 22), ebenso seine Nachfolger; besonders glänzten Nero und Domitian.

Ludi im Circus, auch mit einer *venatio* verbunden, gehörten selbstverständlich zum kaiserlichen Triumph. Im friedlichen Jahrhundert der Adoptivkaiser waren Triumphe selten geworden. Der von Mark Aurel nach Beendigung der Partherfeldzüge im Jahre 166 n. Chr. gefeierte Triumph war der erste seit über
51 fünfzig Jahren. Er wurde im Bild festhalten. Auf einem der Reliefs (Abb. 51) bringt der Kaiser mit verhülltem Haupt vor dem Tempel der Iupiter Capitolinus das feierliche Opfer dar. Neben dem Giebel des Tempels ist die Außenfront des Circus Maximus angedeutet, darüber der Ausschnitt einer *venatio*. Die Spiele sind auf diese Weise in den feierlichen Staatsakt miteinbezogen.

Gelegenheitsspiele von allerhöchstem Rang waren die *ludi saeculares* (Jahrhundertspiele). Es war Augustus' Idee gewesen, nach über 100 Jahren Bürgerkrieg durch ein mehrtägiges Fest den Beginn eines neuen goldenen, d. h. friedlichen Zeitalters *(saeculum)* aller Welt und der Nachwelt zu verkünden[191]. Die Feier fiel in das Jahr 17 v. Chr. Dieser Termin war aus den «ausgiebigen Akten des Collegiums» der *Quindecimviri sacris faciundis*[192] errechnet worden. Das vielfältige Programm beanspruchte 13 Tage. Es endet mit einer großen *pompa* (Festzug) und mit Spielen im Circus. Weitere Säkularfeiern folgten unter Domitian im Jahre 88 n. Chr. und unter Septimius Severus im Jahre 204 n. Chr. Ebenso wurde im Jahre 248 n. Chr. das 1000jährige Bestehen der Stadt Rom als Beginn oder Ende eines *saeculum* begangen. Ein aus diesem Anlaß geprägtes Medaillon zeigt Höhepunkt und Abschluß der Jahrtausendfeier im Circus
52 Maximus (Abb. 52).

52. Medaillon der Spiele zur Tausendjahrfeier Roms, Berlin, Staatl. Münzkabinett.

Die Pompa Circensis

Das Interesse der Römer an ihren Staatsfesten konzentrierte sich auf die Wagenrennen. Der religiöse Ursprung war ihnen längst gleichgültig geworden. Aber er wurde ihnen stets aufs neue vor Augen geführt durch die *pompa circensis.* Diese bewegte sich als feierliche Prozession vom Kapitol aus[193] über das Forum in den Circus Maximus[194]. Die *pompa* wurde angeführt vom Veranstalter; in der Kaiserzeit aber wohl in aller Regel vom Kaiser selber, im 4. Jahrhundert, als die Kaiser nicht mehr in Rom residierten, vom Stadtpräfekten. Der Stadtpräfekt Iunius Bassus ließ diesen denkwürdigen Augenblick auf einem kostbaren
Gemälde aus buntem Marmor festhalten (Abb. 53). Wir sehen ihn auf einem 53
Triumphwagen stehen, in Triumphalkleidung und in der Geste des Triumphators[195]. Der Spitze des Zuges folgten Jugendliche zu Fuß und zu Pferd, die Rennfahrer mit ihren Wagen und mit ihrem Personal, die Bestiarier, wenn eine *venatio* vorgesehen war. Dann aber kam der kultische Kern, der Mittelpunkt der *pompa,* um dessetwillen sie veranstaltet wurde: auf Wagen *(tensae)* wurden Götterbilder in den Circus gefahren, ihre Attribute auf Traggestellen folgten nach[196]. An dieser Stelle der Prozession war auch der richtige Ort für den Kaiserkult. Standbilder der verstorbenen Angehörigen des Kaiserhauses wurden in Gesellschaft der Götter in den Circus gefahren, außerdem noch durch auffällige Gespanne ausgezeichnet, z.B. durch eine Elefantenquadriga. Auf diese Weise zeichnete Claudius seine verstorbene Großmutter Livia aus. Nicht anders
gestaltete Mark Aurel die *consecratio* seines Mitkaisers Verus: vier Elefanten zie- 56
hen die *tensa* mit dem Bild des Vergöttlichten (Abb. 56, 57). Im Circus wurden 57

53. Mosaik aus polychromem Marmor: Iunius Bassus beim Einzug in den Circus, Rom, Museo Capitolino.

54. Statue eines Beamten in Toga mit *mappa*, Rom, Museo Capitolino.

55. Diptychon des Aerobindus. Rechts: Vorderseite; links: Rückseite. 506 n. Chr. Zürich, Schweiz. Landesmuseum.

56. Medaillon mit Ausschnitt aus der *pompa*. Dea Roma. Berlin, Staatl. Münzkabinett.

57. Medaillon mit Elefantenquadriga. Consecratio des Lucius Verus, Berlin, Staatl. Münzkabinett.

die Götterstatuen auf die *spina* in der Mitte der Rennbahn gestellt oder auf das Pulvinar, d.h. in eine Loge, die Augustus auf der Seite des Palatins angebaut hatte[197]. Der Spielgeber hatte seinen Ehrenplatz über dem Eingang. Es war seine Pflicht, von dort aus das Startzeichen zu geben durch Einwerfen einer *mappa*
90 in die Rennbahn[198]. Der Gestus der erhobenen rechten Hand mit der *mappa* wird als Kennzeichen hoher Würde – nur hohe Beamte oder Kaiser können ja Spiele eröffnen – oft bildlich festgehalten, so durch die Ehrenstatue eines noch
54 jugendlichen Beamten (Abb. 54) und auf Elfenbeintafeln späterer Zeit (6. Jh. n. Chr.), welche die Konsuln eigens zur Erinnerung an «ihre» Spiele herstellen
55 und an hochgestellte Freunde verschenken ließen[199] (Abb. 55). «Ich weiß, wie verhaßt die *pompa* bei den Circusspielen ist», sagt Seneca[200]. Wenden wir uns also rasch dem Geschehen im Circus zu.

58. Mosaik mit Wagenrennen, Barcelona.

Die Spina

Raserei und Größenwahn *(furor, superbia)* und dabei noch Götzendienst *(idolatria)* sei das Wesen des Circus, schreibt Tertullian in seinen verschiedenen Attakken gegen das heidnische Rom. Der Circus Maximus war mit seinen 250 000 Sitzplätzen[201] in der Tat das gewaltigste Schaugebäude, das je errichtet wurde. Das Ausmaß ist an Ort und Stelle noch erkennbar, von der Ausstattung geben die erhaltenen bildlichen Darstellungen einen gewissen Eindruck. Natürlich mußte die Riesenanlage mehrfach renoviert und nach Bränden teilweise erneuert werden. Nach der Erweiterung unter Trajan blieb die Gestaltung der *spina* im wesentlichen unverändert[202]. Die *spina* ist der Mittelstreifen, der die Rennbahn in zwei Hälften teilt. Sie war im Circus Maximus in Rom und ebenso im Hippodrom von Konstantinopel aufwendig gestaltet und durch einmalige Denkmäler und Aufbauten markiert. Diese werden auf allen Darstellungen betont hervorgehoben (vgl. Abb. 59–62). Die Anordnung im Detail vari-
iert, denn die Handwerker mußten sich auf ihr Gedächtnis stützen oder es stan- 58
den ihnen bestenfalls Skizzen zur Verfügung. Das auffälligste Monument ist der 59
von Augustus errichtete Obelisk in der Mitte der Längsachse. Ganz in der Nähe 60
des Obelisken sieht man die Magna Mater – der zu Ehren die *ludi megalenses* 61
62

59. Mosaik mit Wagenrennen im Circus Maximus, Barcelona.

60. Relief mit Wagenrennen im Circus Maximus, Foligno, Museum.

61. Grabrelief mit Darstellung eines Wagenrennens, Rom, Vatikanische Museen.

62. Mosaik mit Wagenrennen im Circus Maximus, Piazza Armerina.

63. Relief mit Jadgszene im Circus Maximus, Rom, Museo Nazionale Romano.

im April gefeiert wurden – auf einem Löwen thronend (Abb. 58, 59, 60). Berühmt waren die Gestelle mit den sieben Delphinen und den sieben Eiern (nicht immer in voller Anzahl sichtbar), wohl einer ähnlichen Anlage in Olympia nachgebildet[203]. Zweck dieser Apparatur: bei einem Rennen mußte die gesamte Rennbahn siebenmal durchlaufen werden; nach jedem Durchgang wurde ein Delphin und ein Ei abgesenkt, so daß der Stand des Rennens stets ablesbar war. Kleine *aediculae* (Kapellchen), Altäre, Bäume, darunter einige Palmen (Abb. 52, 58), verschiedene Götterstatuen, z. B. eine Minerva (Abb. 59), Viktorien auf Säulen (Abb. 61) gaben der *spina* das Aussehen eines heiligen Haines. Das Terrain bot genügend Raum für eine *venatio,* wenigstens solange der Statuenschmuck noch nicht gar so reichhaltig war (Abb. 63)[204]. An beiden Enden der *spina,* von ihr abgetrennt, standen auf einem Podest je drei kegelförmige *metae* («Wendemarken»). Die Wagen starteten aus den Zellen an der Schmalseite neben dem Eingang. Sie waren geschlossen bis zum Startzeichen durch die *mappa;* sie wurden daher *carceres* (Gefängnisse) genannt. Die Türen der Zellen bestehen aus Holzgittern. Sie sind durch Hermen voneinander abgeteilt. Auch die obere Zone der auf die Rennbahn zugekehrten Fassade des Eingangs war durch Bilder und Ornamente (Abb. 58, 61) sorgfältig gestaltet.

Wagenlenker und Pferde

«Noch dröhnt in meinen Ohren der Lärm des Circus», so wird in einem Reisebericht der letzte Eindruck von Rom wiedergegeben. Der Verfasser ist schon aus dem Hafen ausgelaufen, glaubt aber das Geschrei noch immer zu hören[205]. Die Zurufe der Menge galten nicht nur wie heute zwei Parteien, es gab deren vier: die Grünen *(factio prasina),* die Roten *(russata),* die Blauen *(veneta)* und die Weißen *(albata).* Die Parteien hatten sich in der frühen Kaiserzeit ausgebildet. In diesen Jahrzehnten veränderte sich der Charakter der Spiele entscheidend[206]. Noch unter Augustus konnten sich selbst Senatoren als Rennfahrer auszeichnen, etwa Neros Großvater aus dem Geschlecht der Domitier (Sueton, *Nero* 4). Zusehends aber gelangten die Rennen zu einer solchen artistischen Perfektion, daß nur noch Berufsfahrer sie mit Bravour bewältigen konnten. Neros Auftreten als Wagenlenker galt daher als unwürdiger Exzeß (Sueton, *Nero* 22). Die Parteien unterhielten eigene Rennställe; jede Partei war daran interessiert, den besten Wagenlenker anzuwerben. Die Wagenlenker wechselten deshalb oft die Partei und kamen auf diese Weise zu einem Riesenvermögen.

64 Die Kleidung der Wagenlenker ist einheitlich (Abb. 64). Den Kopf schützt ein eng anliegender Helm aus Leder. Die kurze Tunika zeigt die Farbe der Partei. Möglicherweise waren auch die Vorderhufe der Pferde in den Parteifarben umwickelt. Die Lederriemen, die den Körper bis zur Hüfte umschnüren, geben Halt und verhindern Rippenbrüche beim Sturz. In den Riemen steckte ein Messer (auf unserer Abbildung nicht sichtbar) zum Durchschneiden der Zügel

64. Mosaik mit Wagenlenkern und Leitpferden, Rom. Museo Nazionale Romano.

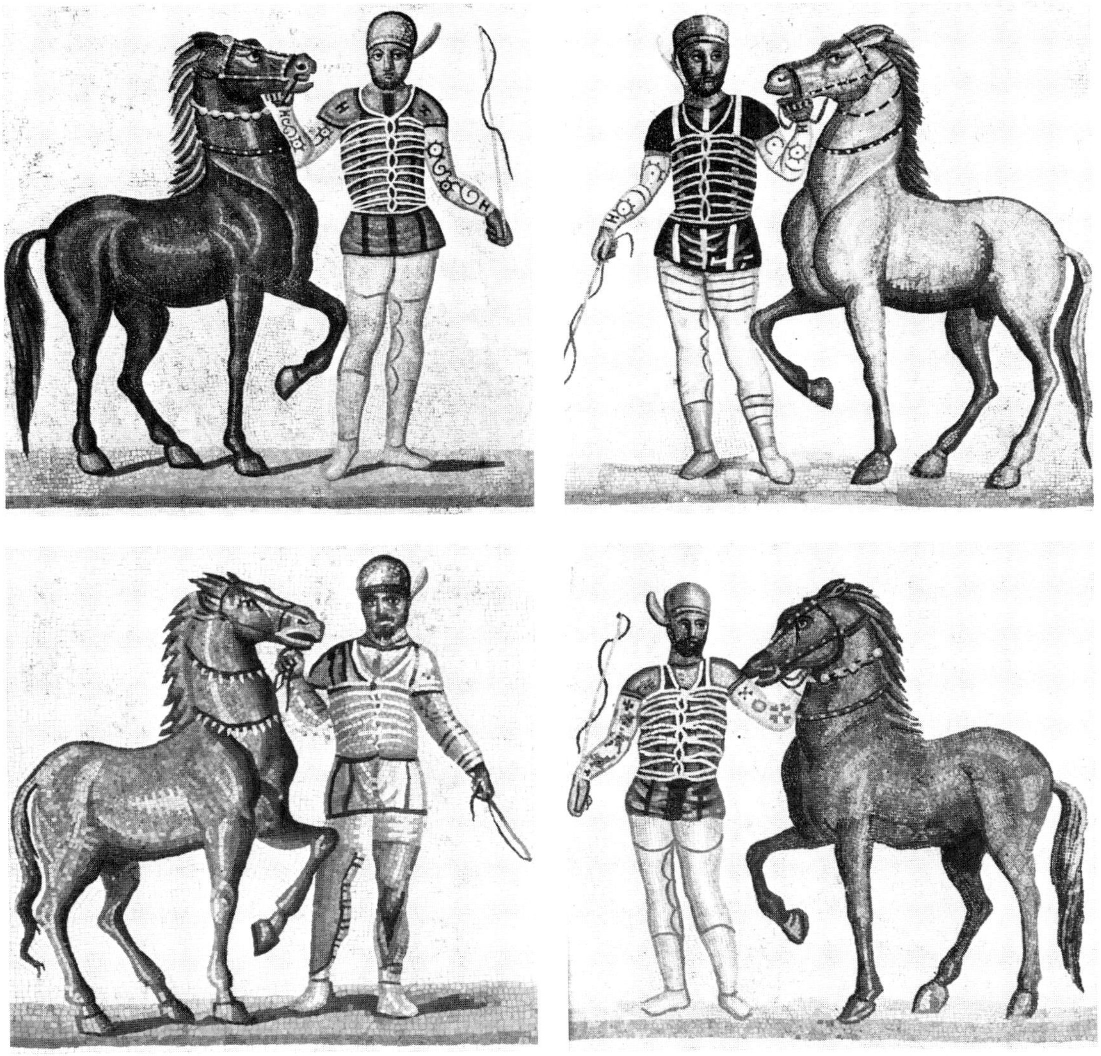

im Notfall, sehr wichtig, da die Zügel auch um die Körpermitte des Lenkers gelegt waren. Der Beinschutz ist verschieden; er besteht aus Binden um die Oberschenkel und Beinschienen zusätzlich zu den eng anliegenden Hosen; auch die Höhe der Stiefel ist unterschiedlich[207].

Die Namen der Rennfahrer (vgl. Abb. 59) gleichen denen der Gladiatoren und verraten die Herkunft der Träger: es sind Freigelassene oder deren Söhne. Die Herkunft aus den untersten Schichten[208] tat der Geschicklichkeit keinen Abbruch, so auch nicht der Karriere und dem Starkult um die Wagenlenker.

Nächst den Wagenlenkern sind die Pferde die wichtigsten «Persönlichkeiten» der Rennbahn. Nach griechischer Art sind sie nebeneinander, nicht hintereinander an den Wagen angeschirrt. Das wichtigste Tier ist der *equus funalis* (Seilpferd), d. h. das Pferd links außen, von dessen Wendigkeit bei den Linkskurven um die *metae* Erfolg oder Mißerfolg abhing. Die Pferde tragen wie heute noch klangvolle Namen (Abb. 58), die vielleicht zum Teil an ihre Herkunft erinnern wie Eufrata oder Eridanus (Eridanus = der Po), teils einfach die Wünsche nach der Qualität zum Ausdruck bringen: Regnator, Famosus, Scolasticus (= der

65. Mosaik mit Rennpferd, Sousse, Museum.

66. Mosaik mit Rennpferd, Tunis, Bardo Museum.

67. Ausschnitt aus einem Wagenrennen: Begleitreiter. Mosaik, Tunis, Bardo Museum.

65 Gelehrige), Aura, Cupido (vgl. Abb. 65, 66). Der Schweif wurde beim Rennen
66 mit Bändern durchsetzt eingeflochten. Manche Parteien schmückten die Pferde schon beim Rennen mit Zweigen (Abb. 58, 59). Darüber hinaus wurde der Name des Gestüts oder auch nur ein Segenswunsch auf Hinterbacken und Brust der Pferde geschrieben (eingebrannt?): Concordia (= Eintracht), Niketes (= Sieger); aber nur vereinzelt (Abb. 58). Siegreiche Pferde wurden geehrt; die Huldigung des Pferdenarren Commodus bestand darin, daß er einen ausgedienten Renner mit vergoldeten Hufen und golddurchwirkter Schabracke durch den Circus führen ließ (Cassius Dio 73). Wichtige Nebenfiguren des Rennens kennen wir teils aus der Literatur, teils aus der bildlichen Überlieferung: *iubilatores, sparsores, moratores, hortatores* (= Anfeurer, Besprenger, Aufhalter). Welche Funktionen hatten sie? Nicht alle sind auf jedem Bild sichtbar, möglich, daß
48 sie nicht immer gleich eingesetzt wurden. Auf dem Grabrelief von Abb. 48, das

im Detail sehr ausführlich ist, sehen wir einen Helfer mit einem Gefäß in der linken Hand; es ist sicher ein *sparsor,* dessen schwierige Aufgabe darin bestand, die Rennbahn, wenn nötig, oder die Hufe der Pferde mit Wasser zu besprengen[209]. Kurz vor dem *sparsor* galoppiert ein Reiter; dieser Einzelreiter taucht
auch sonst auf (Abb. 67). Er mußte die Pferde beschleunigen als *hortator* oder, 67
wenn es angebracht war zur Schonung der Kräfte, ihr Tempo mäßigen als *morator.* Der *sparsor* und der *hortator* hatten notwendige Aufgaben zu erfüllen, nicht unbedingt aber der *iubilator.* Auf dem Mosaik von Abb. 58 schwingt er die Fahne für das Gespann mit dem Renner Eridanus an der gefährlichsten Stelle der Bahn, vermutlich um ein wenig vom Glanz oder Gewinn des Siegers zu erhaschen.

Das Publikum erwartete wie heute Sensationen, Stürze, Chaos, Gefahr. Solche Szenen blieben in Erinnerung, lieferten Gesprächsstoff und wurden im Bild festgehalten. Wo Dramatik in den erhaltenen Darstellungen ganz fehlt, liegt es an der Unvollständigkeit des Erhaltenen (Abb. 62) oder an der geringen Fähigkeit
des Handwerkers, der das Mosaik legte (Abb. 68). 68

Auch die Wagenlenker waren sich ihres Risikos bewußt. In der Rennbahn wie in der Arena herrschte Nemesis, die Schicksals- und Rachegöttin. Sieg oder Niederlage hing von ihrer Gunst ab. Ein Greifenkopf, das Attribut der Nemesis, ragt zwischen den Pferdeköpfen auf dem Relief von Abb. 69 a–b hervor. Um die Göttin gnädig zu stimmen, ließ der Wagenlenker das ihr heilige Tier am Ende der Deichsel anbringen.

68. Schwarz-weiß-Mosaik aus einem Grabbau bei Rom, Rom, Museo Nazionale Romano.

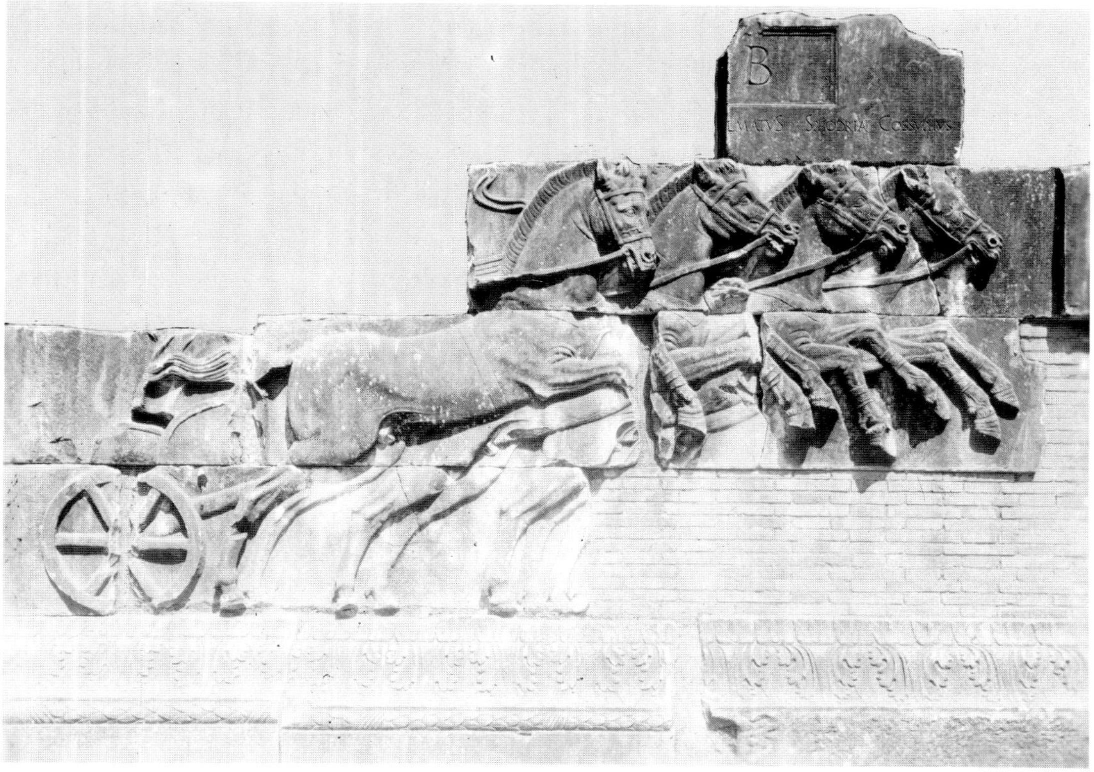

69 a–b. Reliefs mit Quadrigen vom Grab des Gutta Calpurnianus, Rom, Museo Capitolino.

König der Wagenlenker seiner Zeit war Gutta Calpurnianus[210]. Als reicher Mann beendete er seine Karriere und sorgte zunächst dafür, daß sein Ruhm auf einem monumentalen Grabdenkmal über Jahrhunderte weiterlebte. Die der Via Flaminia zugekehrte Schauseite des Baus zeigte auf acht Meter Länge Gutta und seine Erfolgspferde (die Köpfe sind individuell gestaltet) in Aktion. Guttas Gestalt ist nicht erhalten (Abb. 69 a – b), aber die von ihm selber verfaßte Grab- 69
inschrift[211]:

«Ich, P. Aelius, Sohn des Marius Rogatus, Gutta Calpurnianus, siegte mit diesen Pferden. Bei der blauen Partei, mit Geminator, einem Rappen aus Afrika, 92 mal, mit Silvanus, einem Fuchs aus Afrika, 105 mal, mit Nitidus, einem Falben aus Afrika, 52 mal, mit Saxo, einem Rappen aus Afrika, 60 mal.»

Desgleichen zählt Gutta die Siege für die andern Parteien und die an den Siegen beteiligten Pferde auf. Er nennt stets nur ein Pferd, das linke Leitpferd *(equus funalis)*. Mit Victor, einem Fuchs, siegte er für die Grünen 429 mal!

Im 2. Teil der Inschrift nennt Gutta die Anzahl der errungenen Siegespalmen – 1127 – und gibt eine Aufschlüsselung nach Parteien und nach Art der errungenen Siege. Er errang 102 Palmen für die Weißen, 78 für die Roten, 583 für die Blauen, 364 für die Grünen[212]. Die Siege gibt Gutta nach ihrer Qualifikation an und nennt dabei folgende Kriterien:

1. Er war als Sieger *remissus,* d. h. auf Wunsch der Zuschauer fuhr er nochmals durch die Bahn (vgl. Ovid, *Ars am.* 3, 2, 73).
2. Er siegte *a pompa,* d. h. in dem Rennen, das sich unmittelbar an die *pompa* anschloß. Es galt als besonders schwierig, da die Pferde von der Prozession her noch nervös waren.
3. Er siegte *equorum anagonum,* d. h. mit Pferden, die noch nie ein Wettrennen mitgemacht hatten.
4. Der Sieg wird qualifiziert nach der Anzahl der Wagen, die gleichzeitig starten. Es konnten 4, 8, 12, und sogar 16 sein. Sechzehn Gespanne starteten offensichtlich sehr selten. Gutta errang diesen Sieg unter sechzehn nur einmal, 134 mal dagegen den Sieg unter 12 Gespannen.

Die Inschrift endet mit der lapidaren Feststellung: *Hoc monumentum vivus feci* = Dieses Denkmal ließ ich zu meinen Lebzeiten errichten.

Ein anderer sehr erfolgreicher Wagenlenker, Diocles, bekam ein Denkmal mit Inschrift von seinen Anhängern[213]. Wie wir aus der Inschrift erfahren, zog sich Diocles mit 42 Jahren aus der Rennbahn zurück. Er hatte mit 18 Jahren das erste Rennen gefahren; an 4257 Rennen nahm er insgesamt teil; dabei errang er 1462 Siege, 1361 davon für die Roten. Im Schnitt hatte Diocles also pro Jahr etwa 170 Rennen gefahren. Das kann bedeuten, daß er jeden zweiten Tag ein Rennen mitmachte oder an einem Tag mehrere. Bei den großen Spielen der Kaiserzeit

70. Relief mit Viergespann im Circus Maximus, London, British Museum.

wurden an einem Tag bis zu 48 Rennen gefahren, allerdings dann mit weniger als sieben Umläufen[214]. Es wäre denkbar, daß ein Wagenlenker bei einem solchen Programm mehr als einmal am Tag an einem Rennen teilnahm.

70 Teil von einem Grabdenkmal eines Wagenlenkers ist die Reliefplatte von Abb. 70. Dieses Relief zeigt besonders gut die Stellung des Wagenlenkers und die Bewegungen der Pferde am Beginn der gefährlichen Linkskurve um die *metae*. An Pracht der Ausstattung stand das Hippodrom von Konstantinopel dem Circus Maximus nicht nach. Hier wurden bis zur Eroberung der Stadt durch die Venezianer (1204) Wagenrennen abgehalten. Hier wie in Rom standen sie im Mittelpunkt des Interesses. Unerreicht im ganzen römischen Imperium war der Erfolg des Wagenlenkers Porphyrios (frühes 6. Jh. n. Chr.). Für diesen Günstling des Kaiserhofes und Liebling des Volkes wurde direkt auf der *spina* eine Gruppe von Denkmälern errichtet. Die erhaltenen Basen trugen vergoldete Bronzestatuen von mehrfacher Lebensgröße[215].

Auch auf den Reliefs der Statuenbasen – sie sind fast 3 Meter hoch – ist Porphy-
71 rios dargestellt (Abb. 71): auf der Quadriga stehend, Palme und Kranz in den Händen schwingend. Die Pferde sind kleine Ponys im Verhältnis zur Größe des Wagenlenkers, absichtlich, denn auch die jubelnden und winkenden Zuschauer auf der unteren Bildzone sind weit kleiner als der große Held. Die Inschrift weist Sockel und Statue als Ehrengeschenk für den Sieger der Grünen aus. Der von Tertullian gegeißelte «Größenwahn» des Circus wurde nirgends besser verkör-

71. Denkmal für den Wagenlenker Porphyrios, aus dem Hippodrom von Konstantinopel.

pert als hier. Porphyrios' Kolossalstatuen standen in unmittelbarer Nähe des Obelisken, auf dessen Sockel in sehr bescheidenen Dimensionen die kaiserliche 85
Familie dargestellt war (Abb. 85)[216].

Zu großen Spielen gehörte auch der Auftritt und die Jagd wilder Tiere im Circus. Hier stand weit mehr Platz zur Verfügung als in der Arena, so daß auch eine Jagd zu Pferd möglich war. Auch die Soldatenkaiser des 3. Jahrhunderts fanden in den kurzen Jahren oder Monaten ihrer Regierung Zeit für die Ausgestaltung der Spiele durch sensationelle Tierhetzen: «Gordianus I. liess an einem Tag in Rom 100 libysche Raubtiere (wohl Löwen) jagen, an einem Tag 1000

72. Mosaik mit Szenen einer Jagd im Circus, Tunis, Bardo Museum.

Bären. Man hat ferner aus seiner Zeit ein Gemälde, auf dem man 200 Damhirsche, 30 wilde Pferde, 100 wilde Schafe, 10 Elche, 100 zyprische Stiere, 300 Strauße, 30 Wildesel, 150 Wildschweine, 200 Steinböcke und ebensoviele Antilopen sieht» (Hist. Aug., *Gordiani*, 6 f.). Der Berichterstatter sagt, Gordian habe alle diese Tiere am Tag eines *munus* jagen lassen, aber doch wohl im Circus Maximus, dessen Länge für die Jagd weit bessere Möglichkeiten bietet. Das Gemälde dieser *Venatio* Gordians blieb leider nicht erhalten, aber Jagdszenen
72 ähnlicher Art auf Mosaiken aus Nordafrika und aus Syrien (Abb. 72, 73). Bären,
73 Löwen und Strauße werden unmittelbar nach einem Wagenrennen aufeinander losgelassen[217]. Das Jagdmosaik (Abb. 73) zeigt die verschiedensten Szenen, wie die sich nur auf einem großen Areal gleichzeitig abspielen konnten: berittene Jäger erlegen die Tiere mit dem Jagdspieß, andere, ohne Pferd, zielen aus der Ferne mit Pfeil und Bogen; die Tiere jagen einander, und auch eine Hundemeute soll noch eingesetzt werden. In einem Gebäude, das durch Götterbilder und durch geschlossene Türflügel (= Zugang zu einer Art von *carceres*) als Circus ausgewiesen ist, spielen die Szenen eines späten (4. Jh. n. Chr.) Reliefs aus
74 der Provinz Dakien (Abb. 74): neben wohlbekannten Anordnungen sehen wir höchst groteske Gruppen. Bären gegen Stiere, Bestiarier ohne Waffen bedrohen Bären mit den Fäusten; ein Krokodil – folglich war ein Wasserbecken vorhanden – reizt einen Bären, ein fast feierlich wirkender Dompteur will ihn wegtrei-

73. Mosaik mit Jagdszenen aus Apamea (Syrien), Brüssel, Musées royaux d'art et d'histoire.

74. Relief mit einer Jagd im Circus, Sofia, Museum.

75. Szene aus einem Mosaik der Villa von Piazza Armerina: Das Einfangen von wilden Tieren.

ben. Das Merkwürdigste aber ist eine Gruppe mit dressierten Affen und sogar ein Affe als Reiter. Die Dressur von Affen war im römischen Altertum sehr weit gediehen; angeblich konnten Affen tanzen, Flöte spielen und sogar einen Wagen lenken (Aelian 5, 26).
Aufwendige und ausgefallene *venationes* gab es auch in schwierigen Zeiten im ganzen römischen Reich. Als Bestandteil der *ludi* waren sie staatserhaltend und deswegen unerläßlich. Der beste Beweis dafür ist der Höchstpreistarif Diokletians. In einer Wirtschaftskrise am Ende des 3. Jahrhunderts war der Kaiser gezwungen, vorwiegend im Interesse des Heeres, die Höchstpreise aller Waren festzusetzen. Die Höchstpreise von Eiern und Gemüse wurden ebenso festgelegt wie die von Parfum und Circuslöwen[218]. Die Preise für die Raubtiere sind nach Herkunft der Tiere genauestens differenziert.
Neben der kaiserlichen Fürsorge garantierte auch die Munifizenz vornehmer und reicher Würdenträger das Fortbestehen der Circusspiele in einer Zeit, die durch Kämpfe an den Grenzen das Reich schwer gefährdet war. Der nicht namentlich bekannte Villenbesitzer von Piazza Armerina auf Sizilien ließ auf seinen Mosaikfußböden festhalten, wie schwierig und gefährlich das Einfangen der Tiere war[219]. Elefanten, Nashörner, Tiger, Wildstiere, Antilopen werden mit Hilfe von Netzen und Seilen aufs Schiff getrieben und gezogen
(Abb. 74–77). Die höfisch elegante Kleidung und die Haltung der Gehilfen 74
täuscht eine Harmlosigkeit vor, die durch die Bewegungen der Tiere widerlegt 75
wird. Vielleicht enthalten die Jagdszenen von Piazza Armerina außer der 76
repräsentativen Bedeutung noch einen symbolischen Hinweis, den auf den 77
Kampf zwischen geistiger und animalischer Natur im Menschen selber. Diesen Symbolgehalt bekommt die Jagd in der Spätantike, unter christlichem Einfluß[220].

76. 77. Szenen aus einem Mosaik der Villa von Piazza Armerina: Das Verladen von wilden Tieren für den Circus.

Symbol der stürmisch nach Erkenntnis drängenden Seele ist für den griechischen Philosophen Parmenides, das Viersgespann[221]. Dieses erhabene Bild scheint in der spannungsgeladenen Hektik des Circus Maximus keinen Platz mehr zu haben. Darstellungen von Wagenrennen auf Kindersarkophagen aber weisen vielleicht doch über das vordergründige Vergnügen hinaus in transzendente Bereiche. Die Sarkophage entstanden im frühen 2. Jahrhunder n. Chr., in einer Zeit also, da man sich in Rom wieder stärker mit griechischem Gedankengut beschäftigte (Abb. 78, 79, 80). Die Ausstattung des Circus Maximus – Eier, Delphine, Obelisk, Götterstatuen, *metae* – ist realistisch wiedergegeben, ebenso der Ablauf des Rennens, nur daß die Wagen von zwei statt von vier Pferden gezogen werden; ein Wagen ist jeweils schon gestürzt, ebenso sind die *sparsores*
78 mit ihren schönen Amphoren (Abb. 78, 79) gut sichtbar. Wie bei einem richti-
79 gen Rennen treiben Einzelreiter an. Aber *sparsores,* Reiter, Lenker sind nicht harte Männer, sondern pausbläckige Kinder mit Flügeln, Eroten also. Vielleicht doch Symbol der beflügelten Seele, die allzu rasch die Rennbahn des Lebens durcheilte?[222] Die zunächstliegende Deutung der Sarkophagreliefs wäre, daß auch schon Kinder in jugendlichem Alter sich für Circus und Rennen begeister-

78. 79. Sarkophagreliefs mit Wagenrennen von Eroten im Circus Maximus, Rom, Vatikanische Museen.

80. Spielmarken mit Wagenlenkern und Rennpferden, Rom, Vatikanische Museen.

ten. Diese Deutung wird bestätigt durch sechs Spielmarken aus Elfenbein mit
eingeritzten Zeichnungen von Wagenlenkern und Circuspferden (Abb. 80). 80
Diese Marken wurden im Grab eines kleinen Mädchens gefunden. Indes müssen
sich beide Deutungen nicht ausschließen. Die Masken an den Ecken des einen
Sarkophages, ebenso die umgestürzten Amphoren neben den Rennwagen im
Fries des Deckels weisen in den Bereich von Traum und Tod. Eindeutiger noch
zeigt der Kindersarkophag von Abb. 81 die Mischung von römischem Alltag 81
und griechisch beeinflußtem Denken. An das Wagenrennen im Circus Maximus schließt sich ein dionysischer Zug an: Dionysos im Löwenwagen bildet den Schluß, neben ihm ein jugendlicher Begleiter mit Thyrsosstab; vor ihm geht ein Kentaur, den ausgerissenen Baum geschultert; ein Knabe trägt den Kantharos; ein weiterer bläst die Doppelflöte, eine Mänade schlägt das runde «*cymbalum*» (Schallbecken), ein Maultiergespann wird von einem Knaben mit dem Thyrsosstab angetrieben. Wirklichkeit und Entrückung gehen hier ineinander über. Der Gott des Übergangs ist Dionysos, der römische Bacchus; er ist auch auf zahlreichen Grabinschriften genannt, wenn sie Wünsche für ein Weiterleben enthalten[223].

Die Jenseitsvorstellungen der antiken Menschen sind nicht einheitlich. Vorherrschend war ein verzweifelter Lebensgenuß aus der Überzeugung heraus, daß der Tod das Ende des Daseins und der Daseinsfreuden bedeute. Diese Freuden bedeuten für die einfachen Menschen häufig nur «*panem et circenses*». Das christliche Imperium hätte folgerichtig dem offiziellen Lebensgenuß ein Ende setzen müssen. Aber die *circenses* bestanden weiter. Wie der Sockel des Theodosiusobelisken zeigt, nahm der christliche Kaiser offiziell an ihnen teil und überreichte
85 dem Sieger den Kranz (Abb. 85). Zwischen christlichem und heidnischem Staat gab es nicht den krassen Bruch, den man von der theologischen Grundlage her erwarten sollte. Die alltäglichen Lebensäußerungen blieben bestehen. Gerade im Bereich des Circus bewährte sich, was Montesqieu allgemein gültig so formulierte: «Haben die Dinge sich in einem bestimmten Zustand eingespielt, so ist es fast immer klug, sie zu belassen, weil die oftmals verwickelten und verdeckten Ursachen, die einen Staat erhalten haben, auch bewirken, daß er noch in Zukunft fortdauern wird. Ändert man jedoch das ganze System, so kann man nur den Unzulänglichkeiten abhelfen, die sich in der Theorie zeigen, und läßt andere bestehen, die allein die Praxis entdecken kann»[224].

81. Sarkophagrelief mit Wagenrennen von Eroten im Circus Maximus und anschließendem dionysischen Zug, Rom, Museo Capitolino.

82. Kinder als Wagenlenker, wohl dionysisches Gefolge, Rom, Vatikanische Museen.

Die symbolische Bedeutung antiker Lebensformen durch die christliche Lehre konnte in vieler Hinsicht den Übergang erleichtern: Arena und Circus waren Metaphern für Leben und Lebenskampf geworden[225]. Damit war auch für christliche Staatsmänner die Möglichkeit gegeben, längst vorgeprägte Äußerungen politischer Macht in ihr Regierungsprogramm aufzunehmen. Zum Amt des heidnischen wie des christlichen Konsuls oder Stadtpräfekten gehörte die Eröffnung von Circusspielen. Was einst auf Grabdenkmälern (Abb. 84) verewigt 84
worden war, ließen die christlichen Konsuln auf kostbares Elfenbein schnitzen und diese «Diptychen» an hochgestellte Freunde übersenden[226]. Die Elfenbeindiptychen des 5. und 6. Jahrhunderts sind Erinnerungstafeln. Sie zeigen den Konsul bei einer wichtigen Amtshandlung: er hält die *mappa* in der Hand und ist dabei, die von ihm geleiteten Spiele zu eröffnen. Ein Ausschnitt des Rennens 83
oder der *venatio* ist auf einem Teil der Diptychen wiedergegeben (Abb. 55, 83).

83. Diptychon der Lampadii, Brescia, Museo Civico Cristiano.

84. Relief mit Wagenrennen vom Grabmonument eines Beamten. Castel S. Elia.

85. Die kaiserliche Loge im Hippodrom. Relief auf der Basis des Theodosiusobelisks in Istanbul.

86. Sog. Campanaplatte mit Circusszene, Wien, Kunsthistorisches Museum.

87. Bronzeplastik eines *retiarius* (Fundort: Esbarres, Dép. Côte d'Or), Paris Bibliothèque Nationale.

942
GLADIATEUR RÉTIAIRE.
TROUVÉ À ESBARRES. (CÔTE D'OR).

ROMANVS
MAMERTINVS
LVXVRIVS
PERCVRIONEM
DICTVM·DOMI
NIMEIVT
TELEGENI
PROLEOPARDO
MERITVMHA
BEANTVESIRI
FAVORISDONA
TEFISDENARIOS
QVINGENTOS
ADCLAMATVMEST
EXEMPLOTVOMV
NVSSICDISCANT
FVTVRIAVDIANT
PRAETERITI·VNDE
TALEQVANDOTALE
EXEMPLOQVAESTO
RVMMVNVSEDES
DERETVAMV
NVSEDES
STA DIES
MAGERIVSDO
NATHOCESTHABE
REHOCESTPOSSE
HOCESTIA··NOXEST
IAMVNERETVO
SACCISMISSOS
MAGERI
MAGERI
BVLLARIVS
SPITTARA
VICTOR
CRISPINVS
HILARINVS

88. Mosaik aus Gafsa mit Circusdarstellung, Tunis, Bardo Museum.

89. Das Magerius-Mosaik aus Smirat (Tunesien), Sousse, Archäologisches Museum.

90. Ausschnitt aus dem Fußbodenmosaik aus den Caracalla-Thermen in Rom: Beamter in Toga mit *mappa*, Rom, Vatikanische Museen.

91. Rom. Das Kolosseum.

92. Rom. Luftaufnahme des Kolosseums.

Anton Henze

ARCHITEKTUR FÜR MUNERA UND CIRCENSES

Amphitheater – Circus – Stadion

AMPHITHEATER

Öffentliche Architektur beginnt mit dem Menschen: wie er sich zum Mitmenschen verhält, was er mit ihm an gemeinschaftlichen überpersönlichen Formen bildet und wie diese zu Gott stehen, das gestaltet und überhöht die Architektur mit ihren Mitteln. So kommt es zu einer fruchtbaren Wechselwirkung: der architektonische Entwurf findet seine Ursachen und Vorformen in gesellschaftlichen Vorstellungen der Menschen, denen das Bauwerk dienen soll. Gestalt geworden, bestätigt und bestärkt es die gemeinschaftlichen Grundbildungen und hilft ihnen, sich immer wieder zu verwirklichen.

Die kaiserlichen Bauherrn

Wer von römischen Großbauten für die Gemeinschaft spricht, denkt an die Amphitheater. Wer ein Amphitheater sehen will, geht zum Kolosseum in Rom. Mit Recht, in ihm wurde der Typ vollendet. Der Architekturhistoriker fragt sinnvollerweise erst einmal nach dem Bauherrn. Für das *Amphitheatrum Flavium,* später Kolosseum genannt, sind die drei Kaiser aus dem Haus der Flavier verantwortlich. Kaiser Vespasian begann zwischen 70 und 76 n.Chr. mit dem Bau. Sein Sohn und Nachfolger Titus weihte ihn im Jahre 80. Vollendet aber wurde er erst von dessen Bruder, dem Kaiser Domitian.
Vespasian und Titus waren Lieblinge der römischen Geschichtsschreibung. Nicht so der jüngere Sohn Vespasians und Nachfolger des Titus, Domitian (81–96 n.Chr.). Er ging als einer der schauerlichsten Schreckensmänner in die Geschichte ein. Gewiß, was sollten die nach Nero wieder an Anstand und Würde gewohnten Römer von einem Kaiser halten, der beim Regierungsantritt lauthals erklärte, Vater und Bruder seien Kretins gewesen, die ihm die Regierung vorenthalten hätten, der sich bald selbst zum Gott machte und seine Anbetung mit Terror und Tod durchsetzte, ein Massenmörder.
Trotzdem war Domitian ein hervorragender, sachkundiger Staatsmann. Als Jurist wies er der Rechtsprechung neue Wege. In den Dakerkriegen stand er als Heerführer seinem Vater und dem Bruder nicht nach. Das gilt auch für die Leistungen in Kunst und Wissenschaft. Hatten jene sich auf einzelne Monumente wie das Flavische Amphitheater konzentriert, so faßte er das Ganze der Stadt Rom ins Auge. Er hat nicht nur die Schäden aus dem großen Brand unter Nero endlich behoben, sondern fortgesetzt und vollendet, was Augustus begonnen hatte: den planmäßigen Ausbau der Metropole zur antiken Großstadt. Domitian ist der Vater dieses zweiten Roms der Kaiserzeit.

Die Römer des christlichen Mittelalters hielten die Ruine des Kolosseums für einen Hort böser Geister, der ruhelosen Schatten grauenhafter Verbrechen. Ohne Zweifel hatte das Kolosseum *munera,* das heißt Kämpfe auf Leben und Tod und Hinrichtungen zur Volksbelustigung gesehen. Über sie hatte sich der Philosoph Seneca ebenso empört wie der Kirchenvater Augustinus. Seneca hielt es für eine Schande Roms, daß «der Mensch sich an Menschenblut weide». Augustinus verfluchte das Amphitheater als «Höhle des Blutdurstes».

Es gehört zu den wunderlichen Widersprüchen des späten 20. Jahrhunderts, daß der Mensch in der Geschichte nicht wahrhaben will, was er in seiner Gegenwart täglich erlebt: daß der Mensch des Menschen Wolf ist. Eine der erstaunlichsten geschichtlichen Selbsttäuschungen dieser Art verklärt den Mittelmeerraum. Man hält ihn für die Wiege der Menschlichkeit. Die Geschichte besagt das Gegenteil. Sie berichtet von Kriegen und Bürgerkriegen ohne Gnade, von Menschenhandel, Sklaverei, Mord, Meuchelmord, Brudermord. Gewiß, wir verdanken dem Mittelmeerraum die hohen Maßstäbe der Humanität, aufgestellt im Recht, in der Dichtung, in der Kunst. Ihre Gesetze und Bilder sind aber nicht aus tatsächlichen Gegebenheiten hergeleitet, sie sind ein großes Trotzdem, ideale Leitbilder, der Wirklichkeit von den wenigen entgegengehalten, die mit Goethe wußten, «was der Mensch ist und was er sein könnte». Das Kolosseum ist in diesem Sinne eine Architektur des großen Trotzdem.

Augustinus zitiert in seinen «*Bekenntnissen*» den Freund Alypius. Dieser vornehme Mann verachtete die Gladiatorenkämpfe, tat aber eines Tages einem Freund den Gefallen, mit ihm ins Amphitheater zu gehen. Der mißtrauische Alypius sah sich auf einmal «mit unglaublicher Anziehungskraft hingerissen. Er

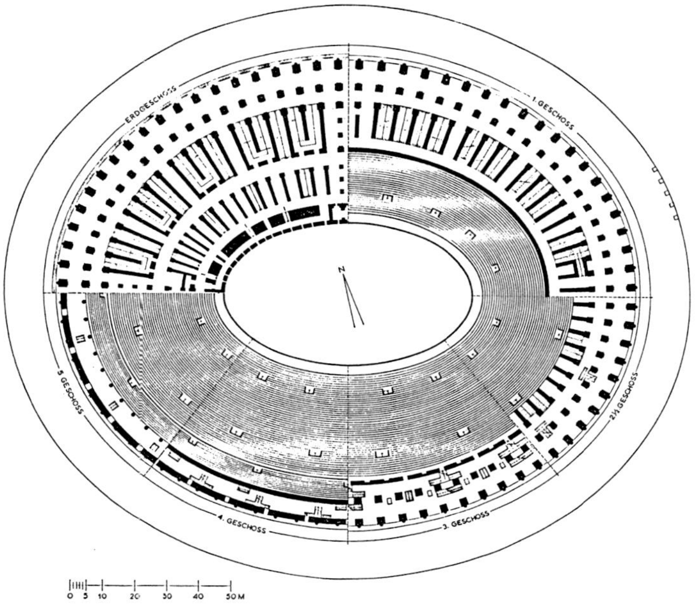

93. Rom. Grundriß des Kolosseums.

94. «Blick auf das Colosseum». Gemälde von Paolo Pannini (1691–1765).

schaute, er schrie, er war entflammt. Der Wahnsinn stachelte ihn an», fortan regelmäßig ins Amphitheater zu gehen. Augustinus spricht über einen Christen – und keineswegs von einem Einzelfall. Er beklagt nämlich, daß die Kirchen sich leeren, wenn die *munera* beginnen, er vermutet, daß sogar mancher künftige Bischof der Arena den Vorzug gibt.

Wie mag es im Jahre 80 n. Chr. um *munera* bestellt gewesen sein, wenn sie noch in der frühchristlichen Zeit eine solche Wirkung hatten? Das Kolosseum dürfte auch ein Kultbau gewesen sein.

Die *Pax Romana* bewirkte einen Frieden, der in Italien fast 300 Jahre, in der Provence 460 und in Spanien sogar 550 Jahre währte. Im Imperium lösten die Kaiser und vor allem ihre tüchtigen Beamten die Probleme offensichtlich gut. Das Reich wurde niemals von ernsthaften Unruhen erschüttert. Wir sehen heute, dass der Friede ein Glück ist, das nicht alle Menschen ertragen können. Agressionslust staut sich bei ihnen an, sie suchen nach «Ersatzkriegen». So war es auch im Imperium Romanum. In den Zweikämpfen traten nicht nur Gladiatoren gegeneinander an. Die *jeunesse dorée* tat es ihnen oft genug gleich. Das Amphitheater bot eine öffentliche Möglichkeit, den Agressionstrieb abzureagieren, das Kolosseum war ein Bauwerk der Staatsräson. Die namenlosen Architekten des Kaisers Vespasian hatten also einen Mehrzweckbau im hintergründigen Sinne
des Begriffs zu planen. Als Grundriß wählten sie ein Oval, das dem Kreis nahe- 91
steht. Der Bau erreicht eine Länge von 188,75 m, eine Breite von 155,60 m, er 92
mißt im Umfang 527 m. Er erhebt sich zu einer Höhe von 57 m. Die *cavea*, der 93
Zuschauerraum, hatte Platz für 45 000 bis 50 000 Zuschauer. 94

Das Programm erforderte alle jene Dienste, die wir heute etwa in einem Sport- 100
stadion, einem Theater und einem Wanderzirkus benötigen. Der Architekt
legte sie unter die Arena, deren Boden aus Brettern gefertigt war. Man konnte 102

95. Rom. Das Kolosseum. Ansicht von Osten.

96. Rom. Das Kolosseum. Rekonstruktion der Außenfassade.

ihn stückweise abnehmen und die Arena funktionell mit den Räumen der
Theatermaschinen, der Tiere und der Spieler verbinden. Um den Kampfplatz
verlegte sich ein Podium, dann stiegen die Sitzreihen des Zuschauerraumes in
einer riesigen Ringtreppe zu der bekrönenden Galerie auf. Zwei Podeste teilten
107 sie. Eine dreistöckige Ringhalle umfing diese Konstruktion und gab dem Bauwerk die Fassade. Achzig Arkaden reihen sich in der sogenannten Römischen
Ordnung um die drei unteren Rundgeschosse. Die geschlossene Wand des vierten, des obersten Geschosses, ist aus Travertin gemauert. Korinthische Pilaster
setzen die Vertikalordnung der unteren Halbsäulen fort; in jedem zweiten
Wandfeld steht ein kleines rechteckiges Fenster, während in den fensterlosen
Wandteilen ehemals Bronzeschilde angebracht waren. Quaderpfeiler, aus denen
95 Halbsäulen hervortreten, stützen die Rundbögen der drei unteren Geschosse;
96 das Erdgeschoß hat dorische Halbsäulen, das zweite Geschoß jonische und das

dritte schließlich korinthische. Entscheidender Formfaktor ist der Rundbogen. Er wurde nicht in Rom erfunden, er kam aus dem antiken Osten. Die römischen Architekten aber haben ihn konstruktiv verbessert und die mit ihm gebildete Arkade als große Form in den Monumentalbau eingeführt. Der Bogen, der sich in ihr von Pfeiler zu Pfeiler wölbt, verwandelt den offenen Zwischenraum zur Pforte und gibt ihm einen plastischen Aspekt. Torbogen und Aspekt waren die Mittel, mit denen römische Bauwerke sich als allseitig zugänglich zeigten. Sie wurden öffentliche Gebäude im unmittelbaren Sinne des Begriffs.

97. Rom. Das Kolosseum. Haupteingang mit Quadriga. Relief vom Grab der Haterier, Rom, Vatikanische Museen.

98. Rom. Das Kolosseum. Innenansicht. Unterbauten der Arena und Teil der *cavea*.

99. Rom. Das Kolosseum. Der Innenraum. Rekonstruktionsversuch.

Der heutige Gesamteindruck des Kolosseums täuscht allerdings. In den Arkaden
des zweiten und dritten Stockwerkes dürften sich von Anfang an Standbilder
104 erhoben haben. Eine Münze aus den Jahren 80–81 n. Chr., ein römischer Sesterz,
105 zeigt jedenfalls diesen Zustand. In der Mitte des ersten Geschosses fährt sogar
106 eine Quadriga auf. Ein Bronzemedaillon, um 243 n. Chr. in Rom geprägt,
bestätigt den Sesterz, ein *aureus* von 223 n. Chr., eine Goldmünze aus der römischen Münzstätte, stellt allerdings die Aussage beider in Frage. Er berichtet, daß
97 man auch in alle Arkaden des Erdgeschosses Standbilder gestellt habe. Das aber
dürfte im Hinblick auf die Funktion nicht zutreffen.

100. Rom. Das Kolosseum. Schnitt. Rekonstruktionszeichnung.

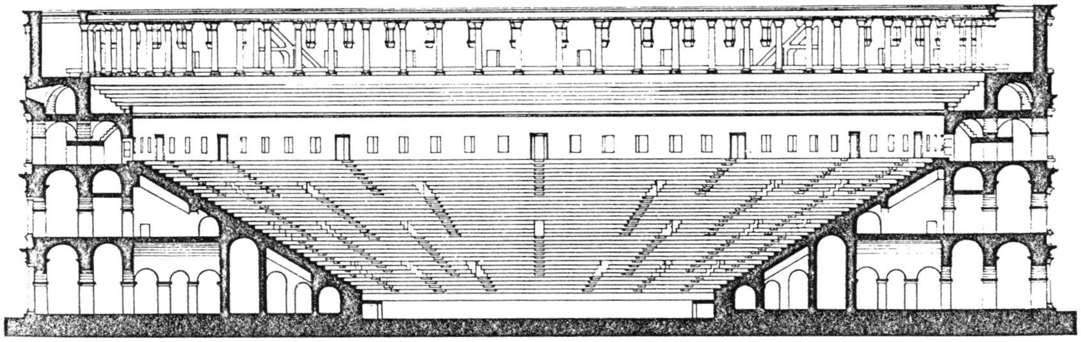

101. Projekt einer Nachbildung des Kolosseums mit Velumdach in Alabama, USA, 1972.

Diese Architektur ist nicht auf Sand gebaut. Die Fundamente aus Travertin tragen den schweren Großbau bis heute unerschütterlich. Der Aufbau erwies sich ebenso solide. Das Skelett wurde durchwegs aus Haustein errichtet. Im Inneren verwandte man den Tuff aus der römischen Campagna, im Außenbau Travertin aus den Steinbrüchen von Albulae bei Tivoli. Das neue Material des *opus caementicium,* der sogenannte römische Beton, blieb auf die Gewölbe und die oberen Wände der *cavea,* des Zuschauerraumes, beschränkt. Das Kolosseum steht auf der Grenze zwischen der klassischen Architektur und dem neuen Betonbau, der sich in den Thermen vollenden sollte.
Das Zugangssystem war genial erdacht. Sechsundsechzig der Arkaden des Erdgeschosses dienten als Eingang. Jede trug eine Nummer, die der Besucher auf seiner *tessera,* der Eintrittskarte, wiederfand. Der Zuschauerraum mit seinen ansteigenden Sitzreihen ruht auf einem verwickelten Gefüge. Strahlenförmig

um die Arena gestellte tonnengewölbte Gänge steigen nach außen schräg an.
Konzentrische Gänge, auch tonnengewölbt, durchbrechen sie. Um diese Anlage
kreist eine Pfeilerhalle, die im Parterre drei kreuzrippengewölbte Schiffe hat und
sich in den oberen Geschossen verjüngt. Vier verschiedene Treppensysteme, die
sich wiederholen, aber niemals kreuzen, sorgen für die senkrechten Wege. Dieser einzigartige Ingenieurbau führte die Theatergäste aus ihrer Arkade unmittelbar zu ihren Sektoren in der *cavea*. Die 50 000 Zuschauer konnten in wenigen
98 Minuten ihre Plätze erreichen, in den Pausen schnell zu den Buffets, den Toilet-
99 ten usw. gehen, die sich in den Hallen befanden, und das Theater ebenso schnell
103 verlassen. Es gab kein Massengedränge. Masse in diesem Sinn gab es auch nicht
im Zuschauerraum. Er war konstruktiv unterteilt in Podium, drei Zonen und
die Galerie. Eine Sitzordnung teilte die Menge weiter auf und machte sie zu
einer überschaubaren Gemeinschaft. Sie gab dem Kaiser und dem Hof, den
Senatoren, Rittern und Beamten, Priestern und Diplomaten ihre Sitze und ord-
nete das Volk von Rom selbst im Amphitheater nach den Tribus. Männer und
Frauen saßen getrennt.

102. Rom. Das Kolosseum. Holzfußboden im Mittelgang unter der Arena, der bei den Ausgrabungen 1875 freigelegt wurde.

103. Rom. Das Kolosseum. Umgang im Erdgeschoß.

104. Sesterz, 80/81 n. Chr. Das Kolosseum in einer Ansicht leicht von oben. Im Innern des Bauwerkes erkennt man die vollbesetzten Zuschauertribünen, London, British Museum.

105. Aureus, 223 n. Chr. Dieser Aureus gehört zu einer Sonderemission, die vermutlich die Wiedereröffnung des Kolosseums feiert (nach dem Brand von 217 n. Chr.). Privatbesitz.

106. Medaillon (Bronze), 243 n. Chr. Im vollbesetzten Amphitheater kämpft in der Arena ein Elefantenreiter gegen einen Stier, London, British Museum.

Räumliche Imagination?

Die Architekten des Flavischen Amphitheaters bauten für eine «Theatergemeinde», die sozial vorgegeben war, die auch außerhalb des Theaterraums als geordnete Gesellschaft existierte. Wer heute einen vergleichbaren Bau plant, muß vom namenlosen Einzelnen der klassenlosen Gesellschaft ausgehen. Er ist es, der sich zum Ereignis einfindet, dem das Bauwerk dienen soll. Fremde stehen in ihm neben Fremden, keiner weiß vom anderen. Der Architekt versucht, mit Hilfe der raumbildenden und bindenden Kräfte der Architektur aus den vereinzelten Fremden eine Gemeinschaft zu bilden. Er hat diese neue, aktuelle Gemeinde dann so auf die Aktion hinzuordnen, daß jener Einklang mit den Spielern entsteht, in dem die Impulse hin und her gehen, das Spiel sich anläßt, Feuer fängt und am Ende in der Imagination aufgeht.
Der Seitenblick in die Architektur des 20. Jahrhunderts dürfte hilfreich sein. Er bewahrt uns vor falschen Vergleichen, er klärt den Stellenwert des Kolosseums in der Geschichte der Kunst. Seine Architekten waren nicht gezwungen, die erste Hälfte öffentlicher Architektur zu schaffen, die Gemeinde. Sie war in der Gesellschaft der Hauptstadt vorgegeben. Hat diese Situation sie befähigt, die zweite Aufgabe, die räumliche Imagination zu vollenden?
In den Spielen des Amphitheaters begegnet die sublimierte, historisch denkende Kultur der römischen Kaiserzeit dem «wilden Denken» der Vorzeit und dessen Kulten. In seinem Bauwerk dienten die hochentwickelte Konstruktion und die große Form einer Grundfigur aus der Bronzezeit. Unsere Architekturerfahrung, die ein Gebäude als Innenraum versteht, bemerkt im Amphitheater eine ungewöhnlich geringe Raumqualität. Es hat keinen Innenraum. Gleich dem Steinkreis von Stonehenge in England, dem heiligen Ring der Vorzeit, grenzt es einen Bezirk aus dem offenen Naturraum aus. Es umbaut ihn zwar bis zu einer ansehnlichen Höhe, überdeckt ihn aber nicht. Was entsteht, ist dem Typ nach ein Hof und in der Form eine große Schale. Die innere Ordnung und das äußere System aus Hallen und Treppen machen dieses Gefäß dann zu einem funktio-

nellen Gerät, das frei im Stadtraum steht. Die Tiefe der Schale, die großartigen Gewölbehallen und die schattenbildenden Arkaden zielen auf Raumbildung, es gelingt ihnen aber nicht, den Bannkreis der Vorzeit zu sprengen. Der Innenraum gelang erst im Gewölbebau der Betonarchitektur, vor allem in den Thermen.

Das Flächentragwerk des velum

Läßt diese Definition des Raumes nicht jene Anlage außer acht, mit der sich
das Kolosseum technisch vollendete, das *velum?* Das *velum* war ein bewegliches
Sonnendach. Sein Flächentragwerk hatte 240 senkrecht stehende Masten, die in
einem Abstand von 2,25 m die Mauer des vierten Stockwerkes überragten. Sie
101 trugen horizontal auskragende Stangen. Unter ihnen hing an Seilen ein raffbares
Zeltdach. Es war aus Leinenbahnen hergestellt, die in Gelb, Himmelblau, Rot, Rostrot und Purpur gefärbt waren. Sie wurden aber nicht zu einer durchgehenden Plane zusammengenäht. Das *velum* setzte sich aus Teilstücken zusammen. Wahrscheinlich konnte es den ganzen Zuschauerraum überspannen. In der Mitte blieb eine runde Öffnung; man wird an das Pantheon erinnert. Die Arena lag daher im Sonnenlicht. Die komplizierte Anlage erinnert an das Takelwerk der Segelschiffe. Es dürfte kein Zufall gewesen sein, daß Matrosen und Offiziere der Kriegsflotte aus Misenum das *velum* des Kolosseums aufspannten und einzogen. Entwurfsprinzipien des Schiffbaus lagen nahe; er war die fortschrittlichste Technik der Zeit. Wir beobachten beim Velumdach, was wir am Bauwerk erfahren haben. Auch bei ihm dient eine hochentwickelte, gleichsam moderne Konstruktion einem Urbild aus der frühen Zeit der Wanderer, dem Zelt. Die Römer nannten den Zuschauerraum des Amphitheaters *cavea,* Höhle. Im ganzen gesehen erinnert er tatsächlich an diesen frühesten Raum des Menschen. Beim Bau des Kolosseums verkörperte sich Tradition in überraschender Weise. Auf dem Grundriß des heiligen Rings der Vorzeit wurden Höhlung und Zelt integriert und mit den damals möglichen Mitteln in einen Großbau auf der Höhe der Zeit verwandelt.

Das Velumdach steigerte die Raumqualität der *cavea.* Die «Höhlung» näherte sich einem geschlossenen Innenraum an. Die in ihr vorgegebenen Ansätze zu einer räumlichen Imagination wurden wirksam: die Konstruktion des einhelligen Ganzen mit Plätzen, die optisch und akustisch gleichwertig waren, die gesellschaftlich vorgebildete «Theatergemeinde», zusammengeschlossen in einem fast konzentrischen Raum, der kultische Zusammenklang auf Grund gemeinsamer Herkunft von Gladiatorenspiel und Architektur.

Das *velum* diente nicht nur als Notdach. Lukrez rühmt ihm nach, es habe das Publikum «dem Tageslicht entrissen und mit Heiterkeit übergossen». Er meinte das gefilterte Licht, das in den warmen Farben der Leinwände den Raum erfüllte. Es gab ihm am Ende jene lösenden Gemütswerte, in denen die Imagina-

107. Rom. Das Kolosseum. Die Konstruktion der Bogen der zweiten Ordnung und der *cavea*.

tion beginnen konnte. Räumliche Imagination gibt dem Menschen ein Gleichnis seines inneren Zustandes und damit Zugang zu sich selbst. Sie bestärkt die Gemeinschaft, in der er sich reicher und glücklicher empfindet denn als Einzelgänger. Er wird über sich selbst hinausgewiesen. Die Welt erschließt sich ihm neu. Er erhält Zugang zu einer höheren Wirklichkeit.
Wer das bedenkt, versteht, was mit dem mißtrauischen Alypius, dem Freund des hl. Augustinus, geschah, als er zum erstenmal ein Gladiatorenspiel im Amphitheater erlebte.

Drehbühne oder heiliger Ring?

Die Herkunft des Amphitheaters ist umstritten. Sueton berichtet, daß Curio der Jüngere, ein Parteifreund Cäsars, während des Wahlkampfes von 53–52 v. Chr. zwei der üblichen, auf einem offenen Halbkreis stehenden Theater derart errichten ließ, daß sie Rücken an Rücken standen. Sie waren aus Holz gezim-

mert und drehbar. Bei Bedarf schob man die Halbrunde der Theater mit den Schnittseiten zusammen und gewann so ein Amphitheater.
Was immer es mit diesem Kunststück auf sich gehabt haben mag, der Typ des Amphitheaters dürfte anderer und älterer Herkunft sein. Der heilige Ring war die früheste Form kultischer Feiern. (Wir sprachen schon vom Stonehenge.) Um einen Altarstein scharte sich die Gemeinde in einer Rundform, das heißt im Kreis oder im Oval. Bei politischen Anlässen gruppierte sich die Gemeinschaft der Vorzeit ebenso im Kreis um den Häuptling, der die gemeinsame Mitte darstellte. Das galt auch für *munera*, wir wir sie später im römischen Amphitheater antreffen. Man suchte für sie eine geeignete Erdmulde, man umgrenzte eine «Arena» mit Erdwällen.
In Rom fanden die Gladiatorenspiele noch zur Zeit Cäsars in der einfachsten Gruppierung statt. Man wählte einen freien Platz auf dem Forum; das Volk versammelte sich in Kreisform um die Akteure. Bestenfalls errichtete man Brettergerüste als Tribünen, die am nächsten Tag wieder abgerissen wurden. Das erste feste Amphitheater in Rom baute C. Statilius Taurus, ein Verwandter des Kaisers Augustus, im Jahre 29 v. Chr. Es war ein Holzbau, der auf Fundamenten aus Stein stand. Nicht verwunderlich, daß es im Jahre 64 n. Chr. ein Opfer der großen Feuersbrunst wurde. Diese Anlage gab dem Typ den lateinischen Namen *amphitheatrum* (Juvenal), hergeleitet vom griechischen *amphiteatron*. Im Hinblick auf die Konstruktion erscheint das Wort zwei-deutig. Man kann es mit Doppeltheater, aber ebenso gut mit Allseitstheater übersetzen.

108. Rom. Modell des Marcellus-Theaters.

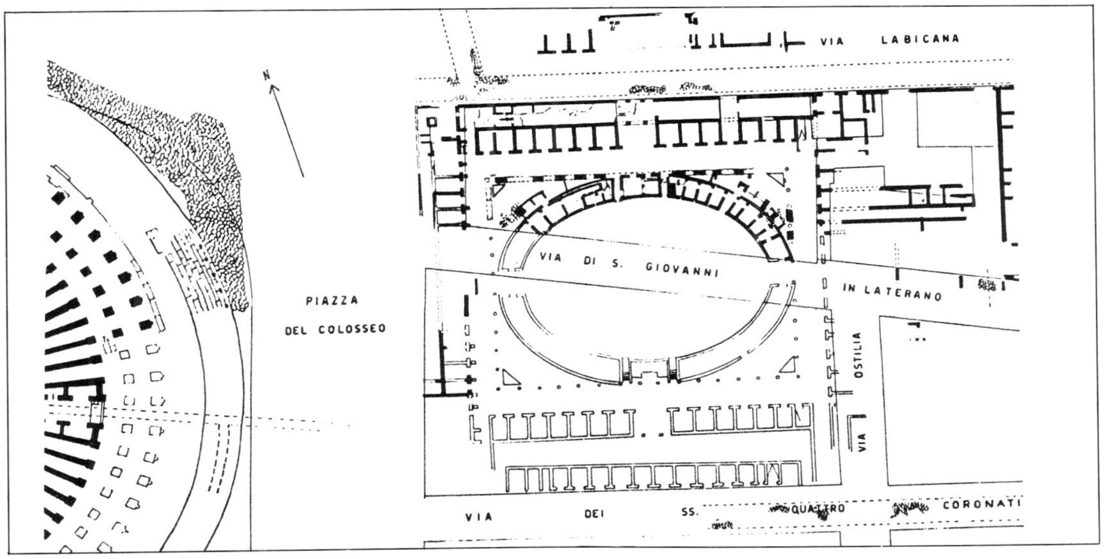

109. Rom. Lageplan des Ludus Magnus.

110. Rom. Der Ludus Magnus nach den Ausgrabungen von 1960/61.

Die Architekten des Amphitheaters übernahmen Konstruktselemente des hergebrachten Theaters, vor allem die ansteigenden Bankreihen des Zuschauerraumes. Das Kolosseum ist auch im Außenbau einem vorangehenden Theater verpflichtet. Die römische Ordnung seines Arkadenrunds war im Marcellustheater 108
(17–13 v. Chr.) vorgebildet. Was aber die namenlosen Baumeister der römischen Kaiserzeit aus diesen und anderen Elementen und Ideen machten, gehört zu den singulären Taten der Weltkunst. Bewundernswert schon das genau geplante Arbeitsprogramm. Man wählte einen heimatlichen Stein, der schnell heranzubringen war, den Travertin von Tivoli (Tibur). Eine eigens angelegte Transportstraße verband die Steinbrüche in Albulae mit der Baustelle. Auf ihr wurden schätzungsweise hunderttausend Kubikmeter Travertin herangeschafft. Die Baustelle wurde in vier Segmente unterteilt. In jedem arbeitete eine höchstmögliche Zahl von Werkleuten. Sie wurden in Trupps eingesetzt, die auf

ein bestimmtes Baumaterial spezialisiert waren. Dank einer einzigartigen Organisation gelang es innerhalb eines Jahrzehnts, den ersten großen Ingenieurbau der Welt zu schaffen. Ebenso großartig, wie man ihn mit der monumentalen Baukunst römischer Klassik zu einem höheren Ganzen integrierte. Sozusagen im ersten Anlauf gelang es, den Typ derart zu vollenden, daß er im Imperium Romanum mustergültig bis zum Ende seiner Jahre blieb. Östlich neben dem
109 Kolosseum lag der *Ludus Magnus,* die zentrale Kaserne der Gladiatoren. Da sie
110 Unterkunft wie Kampfschule war, befand sich in ihrer Mitte ein kleines
Amphitheater.

Die Herkunft des Amphitheaters als Bautypus

Die Diskussion um die Herkunft des Amphitheaters kann die römische Leistung nicht in Frage stellen. Es gibt eine (alte) Hypothese, die Kampanien als Wiege des festen Amphitheaters vertritt. Sie führt als Beispiel das Amphitheater von Pompeji ins Feld. Eine andere sucht den ersten Musterbau in Etrurien; sie meint, ihn in Sutri gefunden zu haben. Im Amphitheater von Pompeji liegt der Zuschauerraum zum großen Teil in der Erde, in Sutri ist er so tief in den Tuff gegraben, daß keine Konstruktion den Erdboden überragt. Es führt aber in einem wie im anderen Fall in die Irre, wenn man aus diesem Baubefund auf ein hohes Alter der Anlagen schließt. Tiefbauten und Erdanlagen blieben neben den monumentalen Hochbauten üblich. Das Amphitheater in Trier entstand in einer Bauweise, die gegenüber denen in Pompeji und Sutri fast vorzeitlich wirkt. Die Ostseite seiner *cavea* schnitt man in den Hang des Petrisberges, für die Westseite schüttete man Erdwälle auf. Das aber geschah im Jahre 100 n. Chr. Amphitheater zu datieren erweist sich immer wieder als schwierig. Die Baudaten sind nur in wenigen Fällen durch Urkunden bekannt. Ich habe den Eindruck, daß allgemein gesehen die Bauten des ersten Jahrhunderts zu früh angesetzt werden. Das gilt vor allem für den Begriff «augusteisch». Mir scheint, daß man in diesen Fällen eher «flavisch» sagen könnte. J. B. Ward-Perkins[227] dürfte Recht haben: «Die großen aus Stein erbauten Amphitheater sind später (als die Theater), keines davon beweisbar früher als das Kolosseum, das ihnen als Vorbild gedient haben mag.»

Der Versuch, eine Baugeschichte des Amphitheaters im Grundriß darzustellen, kann sich zudem nur auf unsichere Materialien stützen. Wir wissen, daß jede größere Stadt im Westen des Römischen Reiches ein Amphitheater hatte; im Osten war man zurückhaltend. Unversehrt erhalten blieb aber kein einziges Bauwerk. Wir sind darauf angewiesen, Ruinen zu betrachten und zu erörtern. Ihr Zustand ist so unterschiedlich wie ihr urkundlicher Wert. Wir stehen stets vor Bruchstücken eines sehr viel größeren Ganzen. In der (spärlichen) Literatur aber stimmen nicht einmal die Maße überein. Es empfiehlt sich daher, vorsichtig und nur mit Vorbehalt zu urteilen und zu deuten.

Wie immer die Diskussion um die Entstehungszeit von Amphitheatern vom Typus derer von Pompeji und Sutri ausgehen mag, sie sind so gut römische Bauwerke wie das Kolosseum. Es gab selbstverständlich «Vorgängerbauten», sie finden sich aber nicht nur in Kampanien und Etrurien. Im Gegensatz zum Kolosseum sind die frühen Amphitheater jedoch nach innen gerichtete Bauten.

Pompeji

Die samnitische Gemeinde Pompeji erhielt im Jahre 80 v. Chr. eine römische
Kolonie von Veteranen Sullas, die Colonia Cornelia Veneria. Kurz darauf
errichteten C. Quintius Valgus und M. Porcius, in den Bürgerkriegen reich
geworden, das Amphitheater. Die Anlage mißt in der Längsachse 135,6 m, in
der Querachse 104 m. Der untere Teil der *cavea* ist in den Boden gegraben, der 111
obere ruht auf einem aufgeschütteten Erdwall, der außen von einer Stützmauer 112
umschlossen wird, die einen breiten Umgang hat. Eine Flügelrampe führte zu
ihm empor. Er war der Zugang zur *cavea.* Von der Höhe des Umgangs stiegen
die Zuschauer auf Treppen zu ihren Sitzplätzen hinab. Die Naturmulde der 114
Vorzeit wirkte weiter. Das erfahren wir auch in der Arena. Sie liegt auf dem
gewachsenen Erdboden; sie ist noch der Sandplatz des Ursprungs (*arena* =
Sand). Fünfunddreißig Bankreihen, die in 6 keilförmige Segmente unterteilt
sind, umkränzten sie.

Das Amphitheater in Pompeji hatte bereits ein *velum,* ein Sonnendach aus Zeltbahnen. Es wird in einer pompejanischen Wandmalerei aus dem Jahre 59 n. Chr. 115
anschaulich dargestellt. Sie bestätigt die schriftlichen Quellen, in denen das Velumdach als Tragwerk aus Masten und horizontalen Stangen beschrieben wird,
an denen die gerafften Zeltbahnen mit Seilen befestigt waren.

Der Innenraum dieses Amphitheaters besitzt schon viele Elemente des Typs. Das 113
Bild ändert sich aber, wenn wir den Außenbau betrachten, der nur ein Erdge- 124
schoß hat. Er legt offenbar keinen Wert auf Repräsentation. Die schmalen
Arkaden wurden aus kleinen Lavasteinen gemauert. Sie sind im Prinzip Strebepfeiler, die zur konstruktiven Verstärkung dienen. Wir finden ähnliche Konstruktionen am Tempel der Fortuna in Palestrina. Das Amphitheater von Pompeji ist ein nach innen gerichteter Zweckbau. Er spielt keine Rolle im Stadtbild. Man wies ihm nicht ohne Grund als Bauplatz einen verlorenen Winkel neben der Stadtmauer an.

111. Pompeji. Querschnitt durch das Amphitheater.

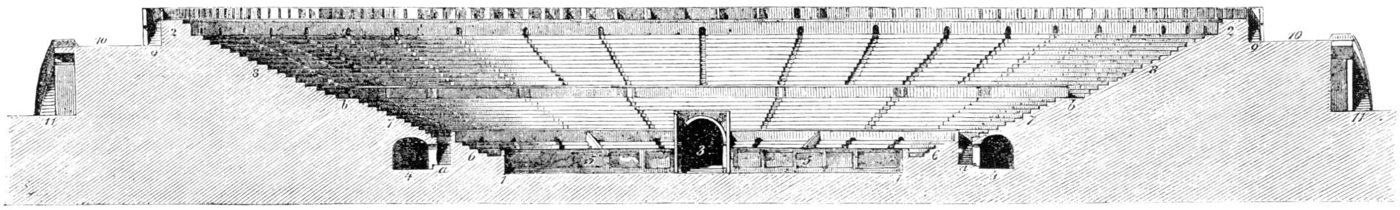

114. Pompeji. Umfassungsmauer des Amphitheaters.

115. Pompeji. Das Amphitheater mit ausgespanntem *velum*. Wandgemälde, 59 n. Chr. Neapel, Museo Nazionale.

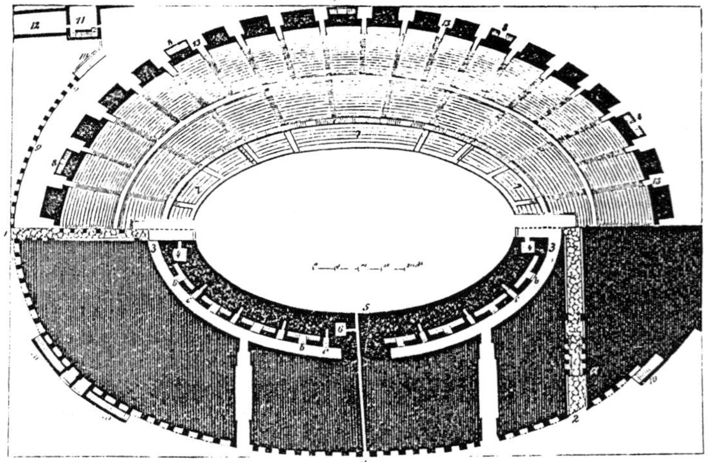

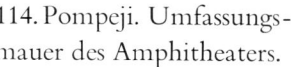

112. Pompeji. Grundriß des Amphitheaters.

113. Pompeji. Luftaufnahme des Amphitheaters.

Pozzuoli I

Das Amphitheater von Pompeji hat in Kampanien Schule gemacht. Das *erste* Amphitheater von Pozzuoli (Puteoli) steht ihm nahe. Die Maße von 130×95 m und die zehn erhaltenen Arkaden entsprechen seinem Muster. Es hatte keine Unterbauten. Wahrscheinlich war das Amphitheater von Grotte di Nocera Superiore ein Bau desselben Typs. Von ihm ließen sich aber nur die Maße von 125×102 m feststellen.

Paestum

Ob das Amphitheater von Paestum tatsächlich erst in der ersten Hälfte des 1. Jahrhunderts n. Chr. gebaut wurde? Es maß 100×65 m und besaß ein *velum*. Um die sehr große Arena legte sich ein schmaler Streifen von Stufen. Es dürfte dem heiligen Ring des vorzeitlichen Spielfeldes näher stehen als der imperialen Theaterarchitektur der Jahre des Augustus.

Sutri

116 Ähnliches gilt für das kleine Amphitheater von Sutri (Sutrium) in Etrurien. Es mißt nur 55×45 m. Die *cavea* ist ganz in den Tuff geschnitten, die kleine Arena nähert sich dem Kreis. Sie hat zwei Zugänge. Ein Podium trennt sie vom Zuschauerraum. Er ist in drei Stufen unterteilt. Sechs Treppen dienen dem Zugang. Ziersäulen und Nischen bekrönten den Aufbau. Die vorzeitliche Erdmulde und die in Pompeji entwickelte *cavea* integrieren sich in einfacher Weise. Es ist daher schwer, die Anlage zu datieren. Früher hielt man sie für einen etruskischen Kultbau, heute vermuten die einen, daß sie im Jahre 53 v. Chr. vollendet wurde, andere halten sie dagegen für ein Bauwerk aus der Zeit des Kaisers Augustus.

Merida

Falls die Inschrift an der Tribüne des Amphitheaters von Merida das Gründungsjahr meint, haben die vorflavischen Bauten sich nicht auf Kampanien und Etrurien beschränkt. Nach ihrer Aussage hätte die römische Kolonie Augusta Emerita in Spanien 8 v. Chr. ihrem Circus und ihrem Theater ein ansehnliches Amphitheater hinzugefügt. Die Maße des Außenbaus waren 126,30×102,65 m, die der Arena 64,50×41,14 m. Der Zuschauerraum hatte 16 Sektoren und vier Tribünen. Die Arena erhielt, wie bei allen bisher betrachteten Anlagen, keinen Unterbau, die Diensträume lagen zwischen den radialen Stützmauern der *cavea*. Das Amphitheater von Merida fällt allerdings durch eine sehr genaue Geometrie des Bauplanes aus dem üblichen Rahmen.

116. Das Amphitheater von Sutri (Latium).

117. Das Amphitheater von Luni (Toskana).

Die Sternstunde des Amphitheaters

Das letzte Drittel des 1. Jahrhunderts n. Chr. war die Sternstunde des Amphitheaters. Der römische Baugedanke ist niemals zuvor und niemals hernach so oft und so großartig verwirklicht worden. Öffentliche Monumentalarchitektur setzt günstige politische, wirtschaftliche und gesellschaftliche Konstellationen voraus. Sie bestimmten das ausgehende 1. Jahrhundert n. Chr. Es waren die Jahre der Flavier. Kaiser Vespasian hatte das Imperium Romanum neu aufgebaut. Es wurde vorzüglich verwaltet, es war diplomatisch wie militärisch gesichert. In der Welt herrschte die *Pax Romana*. Landwirtschaft, Industrie und Handel blühten; Wagemut und Energie brachten ihren Erfolg. Nicht verwunderlich, daß die großen Amphitheater in der Provinz sozusagen Stadttheater waren. Es machte den Kommunen nichts aus, für den Bau ebenso wie für die Spiele aufzukommen.

Gewiß, das Reich unter Vespasian war ein Einheitsstaat, gelenkt von der Zentralgewalt in Rom. Das wirkte sich selbstverständlich auch (oder vor allem) in der Architektur aus. Es geht weder auf Zufall noch ästhetischen Einfluß zurück, daß alle großen Amphitheater im Prinzip dem Kolosseum in Rom entsprachen, mochten sie im nahen Pozzuoli oder im fernen Sevilla erbaut sein. Die römische Architektur war grundsätzlich eine Reichskunst und daher so einheitlich wie der Staat. Wir haben aber den Eindruck, daß sie in der Praxis eine Vielfalt in der Einheit darstellte. Selbst ihr konservativer Bautyp, das Amphitheater, nahm regionale Abwandlungen in Form wie Material an.

Zur Zeit der Flavier begann eine «Revolution in der römischen Architektur»: der «Betonbau» setzte sich durch und führte zu neuen Bautypen, vor allem zu Gewölbebauten wie den Thermen, den kaiserlichen Palästen und dem Pantheon. Das Amphitheater aber folgte, von ein oder zwei Ausnahmen abgesehen, bis in das letzte Jahrhundert seiner Verwirklichung dem Gesetz des Kolosseums: Skelett und Außenbau wurden dem Haustein vorbehalten, der «Beton» hatte sich mit den Gewölben und der *cavea* zu begnügen. In Grundriß und Außenbau verhielt man sich ebenso; das Muster des Kolosseums blieb gültig.

Pozzuoli II

119 Das *zweite*, das große Amphitheater in Pozzuoli (Puteoli) liegt heute in einem
126 ebenen Gelände. Die Längsachse ist 149 m lang, die Querachse 116 m. Die Arena
mißt 74,8×42 m. Das Amphitheater konnte 40 000 Zuschauer aufnehmen. Pozzuoli war die größte Hafenstadt Italiens, Stützpunkt der ägyptischen Getreideflotte.

Die Kellerräume der leicht in den Boden eingesenkten Arena verdienen
118 besonderes Interesse. Sie haben zwei Stockwerke. Beide bestehen aus zwei Gän-
120 gen, die sich kreuzen, und aus einem gebogenen Gang, der dem Oval der Arena
folgt. An ihnen lagen gewölbte Gelasse, die für die Einschliessung der wilden Tiere dienten. Im Boden der Arena befanden sich Falltüren, durch die man die Tiere während der Kämpfe mit einer Art von Aufzug in die Arena brachte.

Das Innere blieb einigermaßen erhalten, vom Außenbau stehen dagegen nur noch geringe Reste. Fundstücke von 1933 lassen darauf schließen, daß eine Säulenloggia aus importiertem Marmor ihn beschloß. Es kamen auch Bruchstücke von Marmorstatuen ans Licht. Sie könnten die römischen Münzen bestätigen, die berichten, daß sich in den oberen Arkaden des Kolosseums Standbilder befanden.

Die Bautechnik entspricht der des Kolosseums. Das tragende Gerüst und der Außenbau wurden in den heimischen Steinarten von Trachit und Tuff ausgeführt, der Ingenieurbau dagegen in der besten Qualität römischen Betons, dem *opus caementicum*. Das Treppensystem wandelt das Prinzip des Kolosseums ab. Das Amphitheater hatte von vornherein ein *velum*. Man fand durchlochte Steinblöcke, die als Konsolen für die Masten des Tragwerks dienten.

Interessant sind spätere Funktionen. Umgänge unter der *cavea* wurden zu Büroräumen der Korporationen umgebaut. Eine fragmentarische Inschrift berichtet von einer *schola orgiophantorum*. Das läßt auf eine Kultstätte des Dionysos schließen.

Das Amphitheater von Pozzuoli ist nächst dem Kolosseum das erste, das sich datieren läßt. Verschiedene Inschriften besagen, daß es während der Regierungszeit des Kaisers Vespasian auf Kosten der römischen Kolonie errichtet

118. Pozzuoli II. Die Arena des Amphitheaters.

119. Pozzuoli II. Haupteingang des Amphitheaters.

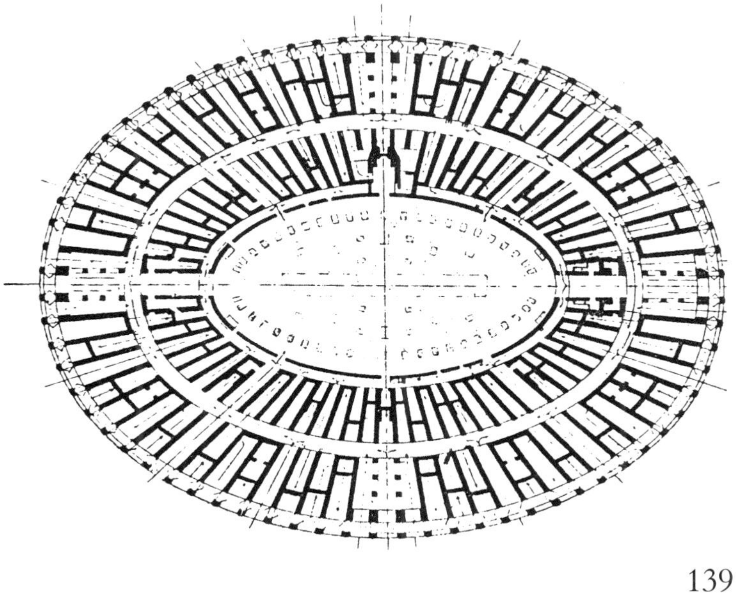

120. Pozzuoli II. Grundriß des Amphitheaters.

wurde. Vespasian aber war der erste Bauherr des Kolosseums. Wir begegnen einem Problem, das uns auch an anderen Orten beschäftigen wird. Das Kolosseum ist, wie Ward-Perkins meint, durchaus vorbildlich für die großen und vielen Amphitheater des letzten Drittels des ersten Jahrhunderts n. Chr. gewesen. Es geht aber nicht nur um Nachfolge, einige Bauten dürften gleichzeitig verwirklicht worden sein.

122. Verona. Außenansicht (Ausschnitt) des Amphitheaters.

Capua

127 Das Amphitheater von Capua (Sta. Maria Capua Vetere) ist heute eine weitläufige Trümmerstätte. Mit den Maßen von 169,9×139,6 m war es nach dem Kolosseum das größte Amphitheater des Reiches. Es hatte unterirdische Diensträume und ein *velum*. Falls die Ruinen nicht trügen, dürfte es dem Kolosseum auch nahe verwandt gewesen sein. Mit 80 Arkaden und drei Stockwerken hätte es dessen erste Konzeption wiederholt. Das spräche für einen Bau, der ebenfalls in der Regierungszeit des Kaisers Vespasian errichtet oder doch begonnen wurde.

121. Luftaufnahme des Amphitheaters von Syrakus.

Verona

122 Das Amphitheater von Verona, einem Knotenpunkt des Straßennetzes der
128 Antike, ist zwar besser erhalten, aber nicht so gut, wie es auf den ersten Blick aussieht. Es wurde wahrscheinlich gleichzeitig mit dem Kolosseum in Rom oder kurz nach dessen Weihe vor den Toren der römischen Stadt erbaut. Der Außenbau maß 152,19×103,24 m. Er war auf einer genauen Elipse errichtet. Die Arena wiederholte diese Grundfigur mit den Maßen von 73,68×44,43 m. Sie hatte die üblichen Unterbauten, vor allem ein vorzügliches Kanalisationssystem. Die *cavea* dürfte im Aufbau dem Kolosseum entsprochen haben. Sie konnte etwa 25 000 Zuschauer aufnehmen.

Der die *cavea* tragende Baukörper hatte vier konzentrische Ringmauern. Sie gaben den drei Gallerien Raum. Die zwei ersten hatten Tonnengewölbe. Sie teilten das Treppenhaus in drei eigenständige Raumeinheiten, die konstruktive Meisterwerke aus Stütze und Gegenstütze waren. Auf 64 Treppen führten sie die Zuschauer in die *cavea*. Die erste Galerie war 3 m breit und 3,60 m hoch, die zweite 3,30 m breit und 9,10 m hoch. Die dritte Galerie, deren Arkaden die Rundfassade bildeten, war 4,30 m breit. Die Fassade hatte drei Stockwerke, die mit der Höhe niedriger wurden (7,10 m; 6,30 m; 4,40 m). Sie waren in der toskanischen Ordnung dekoriert.

Die äußere dritte Galerie wurde zerstört. Mit ihr ging die dreigeschossige Fassade verloren. Von ihr blieb nur das «*ala*» (= Flügel) genannte Bruchstück erhalten, d.h. vier Arkaden der drei Stockwerke. Der geschlossene Ring der zweigeschossigen Arkadenstellung, die in rötlich schimmerndem Haustein vor uns steht, vermittelte ursprünglich zwischen der zweiten und der dritten Galerie. Im zweiten Stockwerk ist jede achte Arkade höher als die anderen. Die Monumentalität und sorgfältige Steinmetzarbeit der Rustikablöcke dieser Innenarchitektur spricht für ein architektonisches Denken, das nicht nur auf äußere Repräsentation bedacht war.

Die Innenausstattung der *cavea* ging ebenfalls verloren. Die Zuschauersitze, die heute den sommerlichen Opernfestspielen dienen, sind neu.

Exkurs mit Goethe, Däubler, Scheffler

Die Wanderer aus dem Norden erleben Verona als Tor Italiens. In der ersten Begegnung mit dem Land ihrer Sehnsucht versuchten sie, ihr Italienbild zu bestätigen oder zu revidieren. Mit drei Beispielen sei zur Sprache gebracht, wie Dichter und Denker auf das große Fragment des Amphitheaters reagierten.

Goethe, der in Verona auf die Idee einer Entwicklungsgeschichte des Theaters kam, schrieb nach dem Besuch in der Ruine: «Das Amphitheater ist also das erste bedeutende Monument der alten Zeit, das ich sehe, und so gut erhalten! Als ich hineintrat, mehr noch aber, als ich oben auf dem Rande umherging,

123. Pompeji. Blick vom Theater auf die Gladiatorenkaserne.

124. Pompeji. Das Amphitheater.

125. Luftaufnahme des Amphitheaters von Sutri (Latium).

126. Luftaufnahme des Amphitheaters von Pozzuoli.

127. Luftaufnahme des Amphitheaters von Capua.

128. Luftaufnahme des Amphitheaters von Verona.

schien es mir seltsam, etwas großes und doch eigentlich nichts zu sehen. Auch will es leer nicht gesehen sein, sondern ganz voll von Menschen... Nur in der frühesten Zeit tat es seine ganze Wirkung, da das Volk noch mehr Volk war, als es jetzt ist. Denn eigentlich ist so ein Amphitheater recht gemacht, dem Volk mit sich selbst zu imponieren.»
Theodor Däubler sah die Arena 150 Jahre später expressionistisch[229]:

Der Römer hat im Aquädukt Unsterblichkeit ertürmt.
Doch keine Steile, eigne Ferne tapfer angestürmt!
Dann schloß er der Arena steingefügten Knoten,
In dem sich Stockwerke gerade Reihen aufwärts runden.
Als im Theater bald die Leidenschaften wuthaft lohten,
Hat Rom den Feuerkern mit Wasserstrahlen kühn verbunden.
Und seinen eigenen Stern dem Weltgebäude angeboten.
So ward von Römerherzen wirklich ein Gestirn erfunden!
Das Steingerippe sah ich, und Du spürst die starken Kunden.
Es bleibt nun die Arena ewigen Römertums Nabel:
Die Angebundenheit an uns; sein Daseinsknoten.
Kein offner Mund; doch Eingang zu den Toten:
Der Sieg von Kain, gewitterhafte Wiederkunft von Abel.
Die Sicherheit des Römergeistes, beim Einbruche der Goten;
Ein stiller Ernst: doch auch Versuch zu urerstuftem Babel.

Karl Scheffler, kunstkritisch denkend, interpretierte objektiv[230]: «Wie mit einem Schlage sinkt die neue Architektur bei diesem Anblick zurück. Dieses antike Bauwerk siegt nicht eigentlich durch höhere architektonische Schönheiten, denn es sind ja kaum solche erhalten; man erblickt nur eine große von außen ruinenhafte, im Innern schmucklose Baumasse. Unwiderstehlich sieghaft wirkt aber die ungeheuere Sachlichkeit und zweckvolle Schlichtheit, die grandios erscheinende Vernunft, die Wucht des Wollens und die Selbstverständlichkeit des Gestaltens... Der Renaissancearchitekt dachte von Vorbildern aus, der Baumeister dieser Arena ging von der Sache, vom monumental erfaßten Bedürfnis aus. Jener wollte Schönheit, dieser suchte seinen Stil aus der Notwendigkeit zu entwickeln. Die Schönheit der Arena ist, wenigstens jetzt, wo nur noch das Skelett des Bauwerks dasteht, eine Art genialer Ingenieurschönheit.»

Arles und Nîmes

Die Reisewege des Jahres 1911, in dem Scheffler sein italienisches Tagebuch schrieb, führten noch nicht nach Arles und Nîmes in der Provence. Wer fuhr schon das Rhonetal bis zum Delta hinunter, das bei Arles beginnt, wer ging ins Hinterland bis Nîmes? Es hätte sich indessen gelohnt. Was Karl Scheffler in Verona mehr ahnte als sah, hätte er dort bestätigt gefunden. In den beiden kleinen

129. Colonia Ulpia Traiana bei Xanten. Das Amphitheater.

130. Luftaufnahme des Amphitheaters von Trier.

Städten der französischen Provinz stehen die zwei am besten erhaltenen Amphitheater des Imperium Romanum.

131 Die Amphitheater von Arles (Arelate) und Nîmes (Nemausus) sehen einander
zum Verwechseln ähnlich. Man hat nicht ohne Grund vermutet, daß sie von der Hand desselben Architekten stammen. Die Maße der Rundbauten weichen zwar voneinander ab – 136×107 m in Arles, 132,2×101,4 m in Nîmes –, die der Arenen aber stimmen mit 69×38,34 m überein. Es empfielt sich, den Bau in Nîmes des näheren zu betrachten.

132 Das Amphitheater von Nemausus in der Gallia Narbonensis lag am Rande der
133 Stadt. Sechzig Arkaden reihen sich in zwei Stockwerken um die *cavea*. Ihre
160 Blöcke sind sorgfältig aus dem weißen Kalkstein der nahen Brüche gemeißelt
161 und ohne Mörtel versetzt. Im Erdgeschoß treten quadratische Pilaster vor die
Arkadenpfeiler, im Obergeschoß stellen sich dorische Säulen auf vierkantige Postamente. Brüstung und Podium beschließen den Aufbau.

Im Gegensatz zum Amphitheater von Verona blieb der ganze die *cavea* tragende Baukörper erhalten. Im Erdgeschoß führte jede zweite Arkade in eine äußere Rundhalle; aus ihr führten dreißig offene Bogenstellungen in die innere Galerie. Sie bot unmittelbaren Zugang zu den Ehrenplätzen, das heißt zu den ersten vier Ringstufen des Zuschauerraumes. Korridore und Treppen führten dagegen zum ersten und zweiten Sektor. Jede dritte Arkade der unteren Galerie hatte Treppen, die in das Obergeschoß führten. Aus ihm gingen die Gäste zum dritten und vierten Sektor. Kurze Treppen führten zu einem Rundgang des Podiums empor, mit dem die Umfassungsmauer bekrönt wurde. Die Anlage war funktionell bis ins einzelne bedacht. Die zweiläufigen Treppen wurden zum Beispiel im unteren Teil breiter. Wie schon im Kolosseum zu beobachten: alles war darauf angelegt, den Andrang der Zuschauer schnell zu bewältigen und die ausströmende Menge vor Panik und Unglück zu bewahren.

Die *cavea* blieb so gut erhalten wie der sie tragende Baukörper. Sie hat vier Sektoren, waagerecht durch gleichlaufende Umgänge, senkrecht durch Treppen gegliedert, die den Zuschauerraum in Keile teilen. Die Sitze reichen an den oberen Rand der Umfassungsmauer heran.

Der Bau in Nîmes ist eine Fundgrube für Forscher, die sich mit dem *velum* befassen. Die Bauteile, die Aufschluß über seine Anlage geben können, blieben weitgehend erhalten. Man findet die meisten der 120 Halterungen für die Masten, die Ringkonsolen und Pfannenlöcher im Gurtgesims noch an ursprünglicher Stelle. Die Masten standen in einem Abstand von 246 bis 275 cm. Die Ringlöcher haben einen Durchmesser von 31–32,5 cm, die Pfannenlöcher 26,5–30 cm. Beide sind 12–16 cm tief. Die solide Konstruktion war offensichtlich so berechnet, daß sie dem Mistral, dem wilden Sturmwind der Provence, widerstehen konnte.

Bemerkenswert, daß in der Architektur der Amphitheater von Nîmes und Arles

131. Arles. Luftaufnahme des Theaters und Amphitheaters.

132. Luftaufnahme des Amphitheaters von Nîmes.

133. Nîmes. Außenansicht des Amphitheaters.

kein Gefälle und auch keine Stilverspätung gegenüber Rom zu beobachten ist. Die zwei Amphitheater stehen dem Kolosseum nicht nur in Grundriß und Aufbau nahe. Gleich ihm sind sie imperiale Architektur auf der Höhe des Jahrhunderts.

Wie ähnlich die Amphitheater von Nîmes und Arles einander auch sein mögen, der Stellenwert, den sie im Stadtbild haben, unterscheidet sie. In Arles stößt eine Felsnase in das Stadtgebiet vor. Sozusagen selbstverständlich, daß man ihren Hang für den Bau des Theaters nützte. Warum aber legte man das Amphithea-

ter auf die Felsplatte? Gewiß, Theater und Amphitheater wurden oft einander zugeordnet. Manche Stadtplaner dürften so etwas wie ein Theaterviertel im Sinn gehabt haben. In Arles aber wollte man offensichtlich auch andere Baugedanken erproben.
Seit den Jahren Sullas liebte es die römische Architektur, Großbauten am Berg anzulegen und Stadt und Land auf sie zu beziehen. Die Stadtkrone erhielt eine höhere Qualität, sie wurde zugleich Landschaftskrone. Es sei an den Tempel der Fortuna Primigenia in Praeneste (Palestrina) und an den Tempel des Jupiter Anxur oberhalb von Terracina erinnert. Es wäre verwunderlich, wenn die Architekten des Amphitheaters nicht versucht hätten, ihren Bautyp in ähnlicher Weise zu erhöhen. Im Amphitheater von Arles, das weit über die Stadt und das Rhonetal blickt, wurde der Wunsch zum Ereignis.

Pula (Pola)

Was in Arles begann, vollendete sich jenseits der Adria im Amphitheater der 134
Hafenstadt Pula (Pola, Colonia Pietas Julia). Als Bauplatz wählte man ein 135
ansteigendes Gelände am Meer. Das Amphitheater hatte am Strand ein Untergeschoß, in dem Kaufläden lagen. An der anderen Seite wurde dagegen der Hang angeschnitten. Trotzdem ergab sich eine gestufte Anlage. Der Rundbau (132,5×105 m) hat an der Meerseite zwei Geschosse mit 72 Arkaden. Das dritte Stockwerk ist dagegen eine Wand, die sich oberhalb jeder Arkade in einem rechteckigen Fenster öffnet. Vor den Arkadenpfeilern stehen doppelte Pilaster. Gesimse begrenzen die Geschosse. Am Hang ließ sich nur ein Erdgeschoß aus Arkaden anlegen, über dem die Rundwand verläuft. Breite Freitreppen überspielen die Höhenstufen. Als Baumaterial wählte man den Kalkstein der Halbinsel Istrien. Die Blöcke wurden ohne Mörtel versetzt.
Das Amphitheater in Arles blieb trotz seines erhöhten Standortes in das Stadtbild eingefügt. In Pula gewinnt der Großbau dagegen Atemfreiheit. Von seiner Funktion her und als Bauwerk gehört er noch zur Stadt, er wächst aber über sie hinaus. Der Mauerkranz leuchtet noch heute großartig über das Gemeinwesen, über die See und das Land, Stadt - und Landschaftskrone in einem, ein Wahrzeichen der Stadt am Meer.
Eine regionale Verwandlung läßt sich auch im zusätzlichen Baugedanken beobachten. Angebaut an den Rundbau stehen vier «Türme». Sie enthielten ursprünglich hölzerne Treppen, die zur oberen Galerie des Zuschauerraumes führten. Rechteckig aus dem Rund vorkragend, gliedern sie es und bringen ein wehrhaftes Element in die festliche Monumentalarchitektur.
Der Bau von Verona hatte offensichtlich kein *velum*. Wer vermutet, daß diese Einrichtung in Amphitheatern Norditaliens nicht üblich gewesen wäre, erfährt in Pula anderes. Man findet dort noch 70 komplizierte Halterungen für die

Masten und andere Fragmente, die auf ein großes Flächentragwerk schließen lassen.

Die innere Architektur ging fast ganz verloren. Wir wissen nur noch, daß die Arena 67,9×41,6 m groß war. Sie hatte die üblichen unterirdischen Diensträume. Das Abwässersystem wurde als perfekt gelobt. Die *cavea* konnte 23 000 Zuschauer aufnehmen.

Das Heiligtum fehlte nicht. Es war beziehungsvoll: Man fand ein Nemeseum,

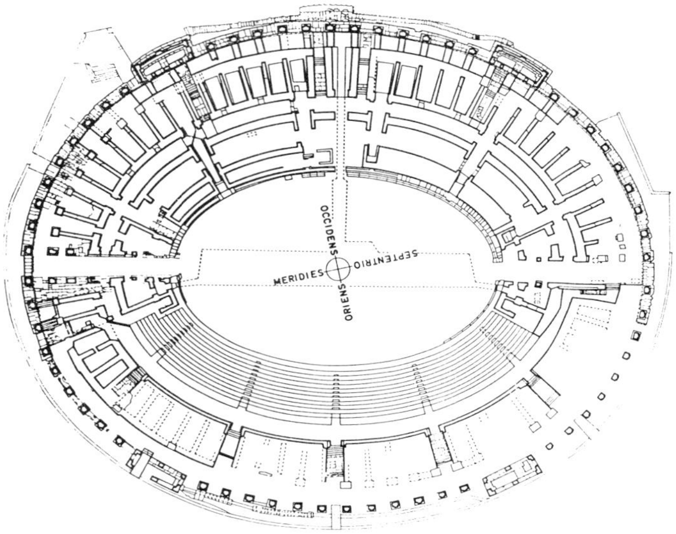

134. Pula (Yugoslawien). Grundriß des Amphitheaters.

135. Pula (Yugoslawien). Das Amphitheater.

eine Kultstätte der Göttin Nemesis, der Patronin der Gladiatoren.
Es gab selbstverständlich in Europa und Afrika eine Reihe anderer großer Amphitheater, die dem Kolosseum nahestanden. Wir finden ihre Ruinen in Arezzo und Rimini, Lecce und Lucera, in Taragona, Sevilla (Italica) sowie in 136
Leptis Magna – um einige namentlich anzuführen. Grundformen und Zustände tragen aber nichts zur Geschichte des Bautyps bei. Sie könnten allenfalls die Gegensätze bei der Wahl des Standortes bestätigen, die wir etwa im Vergleich zwischen Nîmes und Verona beobachten. Die einen gaben dem Amphitheater einen beziehungsvollen Ehrenplatz im Stadtplan, die anderen verzichteten auf die urbanistischen Möglichkeiten des Typs und verwirklichten ihn am Rande oder sogar vor den Toren der Stadt. Es klärt die Situation nicht, wenn wir sehen, daß man im zweiten Fall keineswegs auf die repräsentative Rundfassade aus Arkadenstellungen verzichtete. Die Bauherren hatten keine introvertierten Zweckbauten nach dem Muster von Pompeji im Sinn.

136. Das Amphitheater von Italica bei Santiponce (Spanien).

Die Entwicklungsgeschichte des römischen Amphitheaters verlief nicht geradlinig. A. Grenier vermutet, daß man sich in Gallien aufgrund der eigenen Geschichte dem Einheitstyp nach Art des Kolosseums widersetzt habe. Er könnte Recht haben. In den gallischen und germanischen Provinzen dürfte das Amphitheater als Naturanlage nicht auf kampanische Vorbilder zurückgehen. Die Musterbauten lagen näher, die Kelten, die Ureinwohner dieser Regionen, waren bereits Meister des Erdbaus.

Bei dieser Baumethode dürften auch finanzielle Überlegungen im Spiel gewesen sein. Bruchstein war nicht an jedem Ort zur Stelle. Der Transport kostete gutes Geld. Zudem war der Hochbau komplizierter, langwieriger und damit kostspieliger als Erdbau und Holzkonstruktion.

Es versteht sich, daß dieser Erscheinungstyp des Amphitheaters sich als Bestandteil der Lagerarchitektur geradezu anbot. Eindeutig ist die Situation am Niederrhein. Das Amphitheater des Legionslagers Vetera war Bestandteil der Lagerarchitektur. In der nachfolgenden Colonia Ulpia Trajana (bei Xanten) wurde sein Erscheinungstyp dagegen zum integrierenden Element der neugegründeten Kolonie. Die Stadtplaner übernahmen ihn so souverän, wie sie das Muster einer hellenistischen Gründungsstadt ihrem Stadtplan zugrunde gelegt hatten.

Die Naturanlagen sind selbstverständlich noch schlechter erhalten als die Hochbauten. Von vielen wissen wir nur, daß sie existiert haben, etwa von solchen in Lyon oder Reims.

Fréjus

Das Amphitheater in Fréjus (Forum Juli) blieb immerhin soweit erhalten, daß wir die Abwandlung der großen Form beobachten können. Man baute nur noch ein Erdgeschoß aus Arkaden. An einer Seite wurde der Hang eines Hügels nicht nur als Stützwerk benutzt, er trat gleichsam in die *cavea* ein.

Trier

130 Das Amphitheater von Trier (Augusta Treverorum), das rund 140 × 120 m
mißt, dürfte kurz vor dem Jahr 100 n. Chr. erbaut sein. Bauherr und Architekt
verzichteten von vornherein auf einen reinen Steinbau. Als Bauplatz wählte
man ein Gelände am Petrisberg, der östlich vor der Stadt lag, Man schnitt seinen
137 Hang an, um die Ostseite der dreistufigen *cavea* zu gewinnen. Für die Ränge
138 des Westteils schüttete man dagegen Erdwälle auf. Die Arena hatte ein Keller-
139 geschoß mit den üblichen Diensträumen. Seine zwei Eingänge lagen unter den
Zugängen zur *cavea*. An den Korridoren fallen jeweils acht halbrunde Nischenräume auf.

137. Trier. Rekonstruierte Ansicht des Amphitheaters von Südosten auf die Eingangsfront der Südseite.

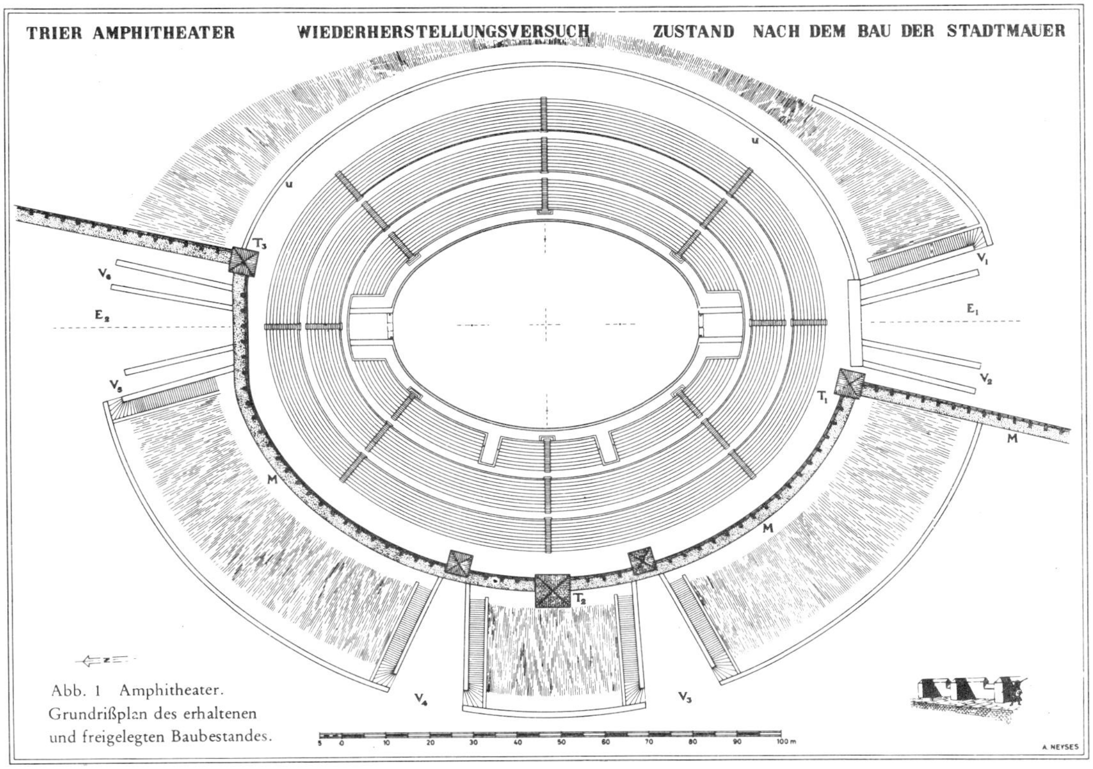

138. Trier. Grundriß des Amphitheaters.

139. Trier. Blick in die Arena des Amphitheaters.

Diese Bauweise beruhte nicht auf Zufall oder Unkenntnis. Der Architekt kannte den römischen Steinbau, er wandte seine Elemente souverän dort an, wo der Erdbau nicht mehr weiterführte; bei den Unterbauten der Arena und ihrer Brüstung, für die Durchgänge unter der Westseite der *cavea* und für die zwei Tore, die wie Triumphbögen errichtet wurden.
In Fréjus fand man Bruchstücke von Mastkonsolen, die auf ein *velum* schließen lassen. In Trier wurden dagegen keine Hinweise auf ein Zeltdach entdeckt. Verständlich, daß dieses Amphitheater als Naturanlage außerhalb der Stadt des Jahres 100 n. Chr. lag.

Castra Vetera und Colonia Ulpia Traiana

Auf dem Fürstenberg bei Xanten, dem gegenüber die Lippe in den Rhein mündet, lag das römische Legionslager Castra Vetera. Es gehörte zu den Stützpunkten für die Feldzüge in Germanien; die Garnison war etwa 10000 Mann
129 stark. Nicht überraschend ist es deshalb, daß man dem Lager ein Amphitheater beigab. Die Arena von 52×42 m wurde in den Erdboden eingetieft, dann umgab man sie mit einer *cavea* (98×84 m) aus aufgeschütteter Erde und Holzkonstruktionen.
Um 100 n. Chr. wurde die Colonia Ulpia Traiana (bei Xanten) gegründet. Sie war mit 83 Hektar Grundfläche nur 13 Hektar kleiner als das römische Köln. Sie erhielt ebenfalls ein Amphitheater. Man baute wie in Vetera. Ein Erdwall umschloß die Arena. Das heimische Baumaterial Holz vollendete die *cavea*. Sie konnte etwa 12000 Zuschauer aufnehmen.
Das fast regelmäßige Oval war rund 100 m lang und 87 m breit. In der Längsachse führten zwei Rampen in die Arena. Sie scheint keine Unterbauten gehabt zu haben. Hinter der Arenamauer in dem Steinbau, der am Ende des 2. Jahrhunderts den Urbau ersetzte, lag noch immer ein überdachter Bedienungsweg, der zu den Räumen der Gladiatoren und den Käfigen der wilden Tiere ging.
Bemerkenswert ist, wie die Stadtplaner das Amphitheater plazierten. Sie hatten selbstverständlich keine Ursache, die Anlage vor die Tore der Stadt zu verbannen. Warum aber hatten sie für den Großbau nur einen verlorenen Winkel an der Stadtmauer übrig? Man könnte an die Situation in Pompeji denken. Der Vergleich trügt jedoch. Als in der Stadt am Vesuv ein Amphitheater zur Diskussion stand, war sie eine geschichtliche Siedlung; der Urbanist mußte sehen, wie er das Amphitheater im alten Stadtplan unterbringen konnte. Die Colonia Ulpia Traiana war dagegen eine Neugründung auf freiem Feld. Die Stadtplaner erarbeiteten den Grundriß genau und wohlbedacht auf dem Reißbrett. Im Netz der annähernd rechtwinklig verlaufenden Straßen und in den Gevierten der Plätze hätten sie dem Amphitheater jeden beliebigen Standort geben können. Der Raum im Süd-Ost-Winkel der Stadtmauer wurde offensichtlich bewußt

und aus gutem Grund gewählt. Der Platz war einem reinen Zweckbau angemessen, der keine Rolle im Stadtbild spielte. Möglich, daß man auf diese Weise auch die Lärmbelästigung verringern wollte.

Carnuntum

Unsere Vermutung wird durch ein Beispiel in einer ganz anderen Region gestützt, in Pannonien. Das Amphitheater der Zivilstadt Carnuntum 140
(Petronel) gehört den Abmessungen nach zu den größten seiner Art. Die Arena war 72,2×44,3 m groß, die *cavea* hatte aber nur 3000 Sitzplätze aus Stein. Das Mißverhältnis läßt sich nicht eindeutig erklären. Wahrscheinlich hatte man den 141
größeren Teil der *cavea* aus Holz gebaut. Wir wissen aber nicht, ob es sich um 142
feste Sitzreihen oder um mobile Sitze handelte, die jeweils nach Bedarf aufgestellt wurden. Das eine wie das andere hat römische Vorbilder.

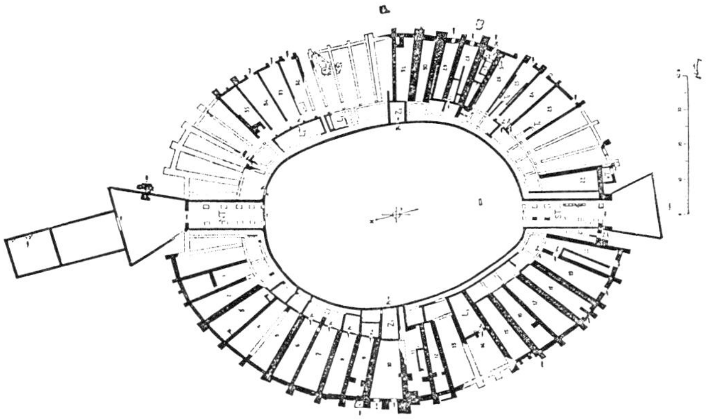

140. Carnuntum. Grundriß des Amphitheaters der Zivilsiedlung.

141. Carnuntum. Luftaufnahme des Lager-Amphitheaters.

142. Carnuntum. Modell des Lager-Amphitheaters.

Amphitheater aus dem 3. Jahrhundert n. Chr.

Im Verlauf des 2. Jahrhunderts erlahmte das Interesse am Amphitheater als Bauaufgabe. Wir finden keine Neubauten von Rang mehr. Wirtschaftliche Gründe waren nicht im Spiel. Landwirtschaft, Industrie und Handel blühten nach wie vor, der Friede dauerte an. Es lag auch nicht an den neuen Techniken und Raumgedanken der erfolgreichen Betonarchitektur.
Eine vernünftige öffentliche Bauplanung folgt dem Gesetz von Angebot und Nachfrage. Im ersten Viertel des 2. Jahrhunderts war der Bedarf an Amphitheatern gedeckt. Die Bauherren wandten sich anderen Aufgaben zu. Der erste Kaiser, der es im neuen Jahrhundert den Flaviern gleichtat, war Hadrian (117–138 n. Chr.). Als Reichsarchitektur baute er in Rom den Tempel des zu göttlichen Ehren erhobenen Vorgängers Trajan; ein neues kaiserliches Mausoleum, heute Engelsburg genannt; den monumentalen Doppeltempel der Venus und Roma, den er beziehungsvoll zwischen das Forum Romanun und das Kolosseum stellte, und das Meisterwerk des Betonkuppelbaus, das Pantheon. Er vollendete dieses einzigartige Bauprogramm schließlich in der weitläufigen Sommerresidenz, die er zu Füßen der Abruzzen vor Tivoli anlegte, der jetzigen Villa Adriana. Den neuen zukunftsvollen Bedarfsbau der Thermen hatte schon Trajan auf dem *mons oppius* in großartiger Betonarchitektur verwirklicht.
Mit diesen Staatsbauten hatte die Revolution der römischen Baukunst ihre Höhe erreicht. Sie waren grundlegende programmatische Architektur: Jahrhunderte folgten ihren Vorbildern, in Rom wie in der Provinz.

143. Vindonissa (Schweiz). Luftaufnahme des Amphitheaters.

144. Avenches (Schweiz). Luftaufnahme des Amphitheaters.

Ist es erstaunlich, daß dann im 3. Jahrhundert der konservative Bautyp des Amphitheaters aufs neue verwirklicht wurde? Keineswegs, wir haben vielmehr den Eindruck, daß es gute Gründe gab. Die Städte waren gewachsen, ihre Bevölkerung ließ das Theater mit seinen Dramen und Komödien links liegen. Die Masse drängte zu den Gladiatorenspielen, die sich in erstaunlicher Weise ausbreiteten. Die bestehenden Amphitheater konnten den Andrang der Zuschauer nicht mehr bewältigen. Provinzregierungen und Magistrate begannen, die alten Theater behelfsweise für das Gladiatorenspiel einzurichten oder umzubauen.

Was hätte näher gelegen, als den Städten neue Amphitheater zu geben. Gewiß, der Typ wurde in Großbauten verwirklicht, die es mit dem Kolosseum aufnehmen wollten. Soweit wir sehen, hat aber keiner der Neubauten in Rom, wie an anderen Plätzen, dem Stadtvolk gedient.

Wie groß der Bedarf auch sein mochte, der einzelne Bürger wie die Kommunen waren kaum mehr in der Lage, den Großbau eines Amphitheaters zu finanzieren. Im 3. Jahrhundert gab es in Handel und Industrie, Handwerk und Ackerbau ungute Veränderungen und Krisen. Die Kaiser aber hatten andere Sorgen, sie waren Soldatenkaiser, die vom Heer nach Belieben eingesetzt oder ermordet wurden. Sie hatten alle Ursache, die Soldaten bei guter Laune zu halten, die sich in der Friedenszeit langweilten und mehr denn je nach *circenses* riefen. Die neuen Amphitheater des 3. Jahrhunderts waren darum zumeist Militärarchitektur.

145. Rom. Das Amphitheatrum Castrense, nach einem Stich von Stefano Du Pérac 1575.

Amphitheatrum Castrense in Rom

145 Das *amphitheatrum castrense* in Rom scheint dem zu widersprechen. Es gehörte zum kaiserlichen Stadtpalast Sessorianum, am Anfang des 3. Jahrhunderts von den Soldatenkaisern Elagabal und Alexander Severus erbaut. Es gilt als Hoftheater.

Die Reste des Amphitheaters liegen heute zwischen der Kirche Sta. Croce in Gerusalemme und der Aurelianischen Stadtmauer, in die es einbezogen wurde. Es handelt sich um ein Bruchstück des Erdgeschosses. Wir sind aber trotzdem imstande, das Bauwerk einigermaßen zu rekonstruieren. Im 16. Jahrhundert standen noch drei Joche der Rundfassade in voller Höhe. Stefano du Péraces hat sie 1575 in einem Stich dargestellt. Interessanter, daß Andrea Palladio sich schon während seiner römischen Studienjahre von 1540–41 mit der Ruine beschäftigte. In seinen grundlegenden Studien der Antike hat er sie vermessen und eine Außenansicht und einen Schnitt des Treppenhauses angefertigt, die erhalten blieben.

Die Rekonstruktion zeigt, wie man in diesem Amphitheater dem Vorbild des Kolosseums folgte und es zugleich verkleinerte. Die kaiserlichen Baumeister entwarfen einen Rundbau, der zwei Geschosse aus Pfeilerarkaden hatte. Im Erdgeschoss standen korinthische Halbsäulen vor den Pfeilern, im Obergeschoß Lisenen. Eine feste Wand beschloß den Aufbau. Sie öffnete sich über jeder Arkade in einem rechteckigen Fenster. Die Ellipse des Grundrisses maß 88 × 75,80 m. Der Zuschauerraum hatte ein *velum,* die Zeichung Palladios zeigt eine Reihe von Pfannenkonsolen.

Das *amphitheatrum castrense* ist von großer Bedeutung in der Geschichte der römischen «Beton»-Architektur. In ihm setzte sie sich im traditionellen Bautyp des Amphitheaters durch: der Großbau wurde in Beton und Backsteinmauerwerk errichtet. Das erhaltene Fragment gilt als eines der vollkommensten Beispiele römischer Ziegelbautechnik.

Der Sessorianische Stadtpalast war eine Nebenresidenz. Unwahrscheinlich, daß der engere Hof eines derartigen Amphitheaters bedurfte. Zum erweiterten Hof aber gehörten auch die Leibgarden des Kaisers. Die Kaserne lehnte sich im Norden an den Palast, das *castra praetoria,* die Garnison der Praetorianer lag nahe. Diese Soldaten dürften die *cavea* aufgefüllt haben.

Ein architektonischer Befund bestätigt diese Ansicht. Teile eines bedeckten Ganges blieben erhalten, der 300 m lang und 14,50 m breit war. Er verband den Palast und die Kaserne mit dem Amphitheater wie mit dem verschwundenen Circus Varianus, der ebenfalls zur Residenz gehörte.

Catania

Ob dieser Sachverhalt helfen könnte, den Fall des Amphitheaters von Catania zu klären? Es ist nicht nur schwierig, dieses Amphitheater zu datieren, einige Befunde werfen auch die Frage auf, für wen es denn bestimmt gewesen sein mag. Genau gefragt: War es ein Stadttheater hergebrachter Zweckbestimmung oder ein Soldatentheater?

Im Amphitheater der Hafenstadt Catania (Catana) entsprachen Grundriß und Aufbau dem üblichen Muster. Beachtenswert dürfte dagegen die Bautechnik sein. Die Mauern wurden im *opus incertum* errichtet, das heißt aus einem Gemisch von unregelmäßigen Lavasteinen und Kalk. Als Verblendung diente ebenfalls Lavastein. Ziegel waren kostbar. Sie blieben den Rundbögen vorbehalten.

Diese Bauweise spricht für eine Anlage des 3. Jahrhunderts. Sie war größer als das Amphitheater in Verona. Die Rundfassade hatte einen Umfang von 309 m, die Arena von 192 m. Die *cavea* wies etwa 15 000 Sitzplätze auf, die in Kalkstein gefertigt waren. Bewegliche Holzaufbauten konnten die Sitzplätze bei Bedarf verdoppeln.

Ungewöhnlich ist ein Zugangssystem. Neben dem Amphitheater fand man eine runde Plattform, die 6 m Durchmesser hat. Von ihr führen Treppen in einen unterirdischen Gang, von dem noch 193 m erhalten sind. Die Frage nach Sinn und Zweck dieser Anlage blieb in allen Diskussionen offen. Gewiß, das Amphitheater, das außerhalb der Stadt lag, lehnte sich an einen Hügel. Ob man aber die Niveauunterschiede im Baugelände auf eine derart komplizierte Weise überwinden mußte? Führte der Gang zu einer Gladiatorenschule? Eine derartige Einrichtung gab es am Kolosseum in Rom. Aber in Catania? Sollte die Lösung im Vergleich mit dem Gang am *amphitheatrum castrense* in Rom zu finden sein, diente der unterirdische Korridor in Catania auch dem Zugang von Soldaten?

Albano Laziale

In Albano Laziale (Castra Albana) erübrigen sich derartige Fragen. Das Amphitheater gehörte zum Legionslager, das Kaiser Septimius Severus (193–211) für die II. Legion gründete. Es war von vornherein ein Soldatentheater. Die Arena ruhte auf dem gewachsenen Boden, das Treppenhaus stand zum Teil auf einer künstlichen Terrasse. Die Arena maß 67,50 × 45 m. Die zwei Haupteingänge lagen an deren Schmalseiten. An der südlichen Längsseite stand die Tribüne für den Kaiser. Man schätzt, daß die *cavea* 30 Sitzreihen hatte. Sie dürfte für etwa 15 000 Zuschauer berechnet gewesen sein.

Die Ruinen besagen nicht mehr viel über die Architektur. Allgemein fallen unregelmäßige Formen und vielerlei wahllos gewählte Konstruktionen und Baumaterialien auf. Die Ziegelsteine tragen die Stempel der II. Legion.

El Djem

163 Das Amphitheater von Thysdrus war das größte im römischen Nordafrika. Das
147 Oval seines Grundrisses mißt 149 × 124 m. Die Arena ist 65 m lang. Sie hatte Unterbauten. Garderoben der Spieler, Käfige und Aufzugsschächte blieben erhalten. Die *cavea* war im üblichen Muster angelegt. Sie dürfte etwa 40 000 Sitzplätze gehabt haben. Ein *velum* überdachte den Bau. Die Rundfassade des Treppenhauses war 40 m hoch. Sie hatte drei Geschosse, jeweils aus 68 Arkaden gebildet. (Fotos täuschen heute. Die Arkaden des Erdgeschosses sind nicht niedriger als die der anderen. Das antike Gehniveau ist beträchtlich tiefer als das

146. Thysdrus (El Djem). Ansicht des Amphitheaters von Süden.

147. Thysdrus (El Djem). Teilansicht der Arena des Amphitheaters.

heutige.) Die Pfeiler der Arkaden sind ungewöhnlich breit. Vor ihnen stehen Halbsäulen, die im Erdgeschoß und im mittleren Stockwerk flache Kompositkapitelle tragen. Im obersten Geschoß verwandte man dagegen vereinfachte 147
korinthische Halbkapitelle. Eine Attika beschloß den Aufbau. Pilaster gliederten 148
ihre Rundwand; zwischen ihnen standen quadratische Fenster. Kräftige hohe 149
Gesimse umfassen den Rundbau. Im Gegensatz zum *amphitheatrum castrense* und zum Lageramphitheater Albano wurde er mit einem grau-roten Haustein gebaut, dessen Blöcke sorgfältig gearbeitet sind. Beton und Ziegelstein durften allein den inneren Konstruktionen dienen.

Auf der Fahrt von Sfax nach El Djem wähnt der unbefangene Reisende nach einiger Zeit, das Opfer einer Fata Morgana zu sein. Am Horizont steht das römi-

148. Thysdrus (El Djem). Teilansicht des Innenraumes des Amphitheaters.

149. Thysdrus (El Djem). Teil des äußeren Mauerrings des Amphitheaters.

sche Kolosseum. Das Bild ändert sich auch in der Nahsicht nicht. Ohne Zweifel, im afrikanischen Thysdrus, unweit der südlichsten Grenze des Reiches, haben unbekannte Architekten im 3. Jahrhundert das römische Kolosseum wiederholt und abgewandelt.

Thysdrus war eine römische Gründung, Zentrum einer blühenden Landwirtschaft, die vor allem den Olivenbaum pflegte. In der Fülle der römischen Mosai-

150. Kyrene (Cyrenaica). Luftaufnahme des Amphitheaters.

ken, die wir vor allem im Museum Bardo in Tunis finden, sehen wir, daß die Provinz *Africa Proconsularis* – im Gegensatz zum jetzigen Tunesien – ein Land wohlhabender Grossgrundbesitzer war. Es gab Flüsse und Quellen, Olivenwälder und endlose Weizenfelder, Weinkulturen und Forste voll von Wild. Es versteht sich, daß in dieser Region eine Stadt wie Thysdrus, in der die Bauern verkauften und einkauften, zu ihrem Recht kam. Das Amphitheater von Thysdrus ist wahrscheinlich ein Bauwerk aus der Zeit des Septimius Severus. Dieser, selbst

ein Afrikaner aus Leptis Magna, förderte die afrikanischen Provinzen nach Leibeskräften. Nach seinem Tode und dem Ende seiner Dynastie blieb der Bau unvollendet. Das Amphitheater kam den Bedürfnissen der unermesslich reichen Grundbesitzer in der Ebene um Thysdrus und deren Landarbeiterscharen entgegen. Es erlebte seine historische Schicksalsstunde, als sich ebendiese Landbesitzer im Jahre 238 n. Chr. im Amphitheater versammelten, um den Provinzstatthalter Gordian zum Kaiser auszurufen.

Exkurs über griechische Spiele, griechische Kunst und das Stadion

Im Hintergrund der Diskussion über die römischen Spiele als Architektur steht die alte Frage nach dem Verhältnis der römischen zur griechischen Kunst. Wir schicken uns jetzt an, Bautypen zu betrachten, die mehr oder weniger griechischer Abkunft sind. Mir scheint, daß daher ein kleiner Exkurs über griechische Spiele und griechische Kunst am Platz wäre.

Die Erforschung der archaischen Kulturen nahm den Griechen den Ruhm, die Väter der Kampfspiele zu sein. Sie waren ursprünglich ein Teil des Kults; wir treffen in der Frühgeschichte aller Völker auf ihre Spuren. Den Griechen bleibt jedoch das hohe Verdienst, den Kampfspielen eine Form und einen Sinn gegeben zu haben, die noch heute fortwirken. Sie pflegten die ursprüngliche Freude des Mannes an der Tat und der Leistung als Antrieb. Sie gaben den Wettkämpfen, die sich aus dem kultischen Vorgang lösten, die Regeln und auch eine überörtliche Organisation. Sie sicherten den emanzipierten Kampfspielen eine Rückbindung zum Kult. Dem Kampf der Athleten, im Laufe der Zeit vom Virtuosentum des Schaukampfes, vom Geld und von der Sensationsgier der Menge bedroht, stellten sie das Gymnasium als sportliche Bildungsstätte entgegen. In ihm wuchs eine Jugend heran, deren Adel ein maßvolles Gleichgewicht zwischen Körper und Geist war. Der Wettkampf galt als ein Element der griechischen Bildung. Das freie Spiel und die Gymnastik fanden ihre erhöhende Mitte in der Olympiade. Ihre Wettkämpfe erschöpften sich nicht in den vielfältigen Körperübungen; der Wettstreit in den schönen Künsten, den Wissenschaften und der Philosophie galt nicht weniger als sie. In Olympia trug Herodot ein Kapitel aus seinem Geschichtswerk vor. Die Kunstausstellungen der Olympiade bereiteten manchem Künstler den Weg in die Welt der griechischen Stämme und Kolonien. Der Wettstreit des Körpers und des Geistes endete im Kult, der Tempel des Zeus war das sinngebende Zentrum der weitläufigen Anlagen von Olympia, mochte das Stadion in archaischer Zeit unmittelbar am Altar des Zeus liegen oder im 4. Jahrhundert außerhalt des heiligen Bezirks angelegt werden.

Die griechischen Wettkämpfe und Spiele waren ein Element des öffentlichen Lebens, der geistigen und politischen Existenz der hellenischen Stadtstaaten. Sie gehörten daher auch zu den bevorzugten Themen der griechischen Kunst. Das Interesse ihrer Maler und Bildhauer an diesem Motiv dürfte einzigartig in der Kunstgeschichte sein.

Der Bildhauer beschränkte sich nicht auf die Standbilder der Sieger in den großen Wettkämpfen, die man in ihrer Heimatstadt oder in Olympia aufstellte. Der übende und kämpfende Athlet und Gymnast waren ein stetes und unausschöpfbares Thema. Junge Künstler übten an ihm ihren Meißel, die Meister reiften daran. Griechische Vasenmalerien zeigen, daß auch die Zeichner und Maler

151. Leptis Magna (Tripolitanien). Teilansicht des Amphitheaters.

152. Lambaesis (Algerien). Luftaufnahme des Amphitheaters.

in diesem Bannkreis wirkten. Sie schmückten nicht allein die Gefäße, die den Kämpfern dienten oder Weihegaben waren. Gefäße aller möglichen Zwecke wurden unter ihren Händen zu einem Bilderbuch aus dem Leben der Stadien und der Gymnasien. In Vasenmalereien des 6. Jahrhunderts v. Chr. erscheinen muskelstrotzende, realistisch dargestellte Athleten, untersetzte Kolosse, die roh miteinander ringen. Dann tritt der knabenhafte Athlet auf. Für Jahrhunderte huldigen die hellenischen Künstler dem Wunschbild eines Kämpfers, der ephebenhaft in Bronze und Marmor einherkommt. Der Wille zum Jungsein und die Verehrung des jugendlichen Menschen und Wesens nehmen im Kunstwerk ideale Gestalt an. Wir sehen, daß der Wettstreit nicht nur eine körperliche Betätigung ist. Der Geist bleibt belebt und diszipliniert die Siegerstatuen, Schwermut und Tragik verdunkeln manches schöne Jünglingsbild. Diskuswerfer, Läufer und Springer stehen als verletzliche Geschöpfe da, metaphysischen Ereignissen geöffnet, jäh vom Blitzstrahl des Zeus getroffen. Wer ihre Gesichter und Leiber betrachtet, begreift, wie nahe die griechischen Spiele und Wettkämpfe auch in ihrer späteren Zeit dem Kult blieben.

Eine profane Architektur, die diesen Bildern gleichkam, kannte Hellas nicht. Das läßt sich nicht auf einen Mangel an Bedarf zurückführen. In Olympia wurden schon früh Rennen mit Pferd und Wagen veranstaltet. Später führte man andere Wettkämpfe ein, den Stadionlauf, den Stadion-Doppellauf, den Waffenlauf, den Lauf- und Ringkampf, das Pankration, einen gemischten Ring- und Faustkampf und den Fünfkampf, den Sprung und schließlich den Wurf mit Diskus und Speer. In den Gymnasien übte man außerdem Gehen und Laufen, Ringen, Heben und Stemmen, an den Küsten Schwimmen und Rudern. Dieses Programm hätte Bauherren und Baumeister zu einer großen Architektur der Spiele ermuntern können. Sie begnügten sich jedoch mit schlichten Anlagen. Selbst das Theater blieb behelfsmäßige Innenarchitektur. Repräsentativer Hochbau war sogar in Olympia nur der Tempel des Zeus. Griechenland schenkte der europäischen Kultur das Bild, Rom die Architektur. Dieser vereinfachende, am Ende aber zutreffende Leitsatz der alten Kunstgeschichten gilt auch in der Geschichte der Wettkämpfe und ihrer Baukunst. Die griechische Architektur schuf keine bedeutende Architektur der Spiele, römische Malerei und Plastik haben dagegen keine Bilder aufzuweisen, die den Meisterwerken Griechenlands gleichkommen. Die Römer halfen sich mit dem Import griechischer Plastik aus Hellas oder den griechischen Kolonien in Süditalien. Kopien traten an die Seite der Originale. Bildnerische Hilfe kam auch von den Etruskern, deren Malerei das Bild der Wettspiele nicht fremd war. Die Standbilder und Mosaiken der Kaiserzeit, die in Rom entstanden, stellen Athleten und Gladiatoren dar, die eher der Kraft als dem Geist vertrauen. Wer sie mit ihren Brüdern aus Hellas vergleicht, bemerkt Niedergang und Verfall. Er sieht richtig, aber doch nur die eine Hälfte des Vorgangs. In der zweiten wirken und rüsten sich Kräfte, mit denen Rom seinen weltgeschichtlichen Beitrag zum Thema Spiel und Kunst schuf. Der Römer profanierte die Bildkunst. Er mochte im Bild des Menschen kein Ideal aufstellen, ihn leitete der Wille, ihn lebenstreu mit allen körperlichen Eigenarten und auch Schwächen zu vergegenwärtigen. Der Welt-Mann im ursprünglichen Sinne des Begriffs betrat die Bühne der Geschichte; der Mensch legte der Erde das Gesetz seiner Ordnung und seiner Notwendigkeit auf. Ihm verdanken wir auch eine neue Architektur. Der Römer schuf die ersten großen Ingenieurbauten der europäischen Architektur. Sein Profanbau war bedeutender als der Tempelbau. In ihm fanden die *circenses* jenes Interesse, das ihm in Griechenland die Malerei und die Plastik geschenkt hatten. Circus und Amphitheate gehörten zu jeder größeren Stadt des Imperiums. Nehmen wir die schriftlichen Urkunden zu den Ruinen hinzu, so gewahren wir eine einzigartige geschichtliche Erscheinung, wir sehen, daß die römische Architektur sich vor allem in Großbauten für Gladiatorenkämpfe und Circusspiele vollendet hat.

153. Rom. Das Stadion des Domitian (heute Piazza Navona). Modell.

Rom verehrte indessen nicht das Bild des griechischen Wettkämpfers. Es gab immer wieder Versuche, auch die griechischen Spiele einzuführen. Kaiser Augustus gründete im Jahre 28 v. Chr. die *Attiaca*, hellenische Spiele, die alle vier Jahre in Actium gefeiert werden sollten. Diese Gegenolympiade hatte jedoch kein Glück. Kaiser Nero sah sich veranlaßt, einen neuen Start in Rom zu wagen. Er stiftete die *Neroniana*, bei denen neben den Leibesübungen vor allem Poesie und Gesang geübt wurden. Auch dieses Unternehmen mißlang. Erst Domitian begriff, daß die griechischen Spiele einer angemessenen Heimstatt in Rom bedurften. Als er im Jahre 86 n. Chr. den *Agon Capitolinus* gründete, begann er
zugleich mit dem Bau eines Stadions. Es wurde auf dem Marsfeld errichtet. Sei- 153
nen Umriß bewahrt bis heute die Piazza Navona. Als Grundriß diente ein 168
gestrecktes Rechteck, dessen nördliche Schmalseite sich nach außen rundete. Die Sitzreihen an den Längsseiten und in der Rundseite boten Platz für etwa 30000

166 Zuschauer. Soweit entsprach die Anlage dem griechischen Typ des Stadions. Die Griechen hatten den Bau in den Schoß der Erde gebettet, die Naturform von Mulde und Tal dabei architektonisch klärend und die Sitzbänke an die Böschung lehnend. Im Stadion des Domitian erhielt die gerade Schmalseite einen Gebäuderiegel, der die Übungsräume der Athleten aufnahm und seine Mitte mit einem triumphalen Tor öffnete. Wichtiger war, daß der Architekt das ganze Stadion aus der Erde hob; aus dem Tiefbau wurde ein Hochbau. Querwände mit ansteigenden Gewölben stützten die umlaufenden Sitzbänke, Wände und Gewölbe bildeten zwei Geschosse. Die Außenwand, in Travertin ausgeführt, öffnete jedes Stockwerk in rundbogige Arkaden, die im Erdgeschoß als Eingänge dienten. Aus der Gewölbehalle führten Gänge zu den Sitzen des unteren und Treppen in die Halle des Obergeschosses, das Zugang zum zweiten Rang bot. Der hergebrachte griechische Zwecktyp hatte in Rom einen neuen Erscheinungstyp des Stadions (275 m lang, 106,10 m breit) gefunden.

Ob ein Kaiser, der in dieser Art und Weise für die griechischen Spiele eintrat und ihnen ein mustergültiges Bauwerk widmete, nicht auch in seiner Residenz
167 ein Stadion haben wollte? Es geht um das sogenannte Stadion des Domitian auf dem Palatin, einem der Erweiterungsbauten des Kaisers. Es liegt unmittelbar längs der Ostwand der *Domus Augustana* und ist im Norden von einer Reihe von Räumen, im Süden von einer halbrunden Mauer geschlossen. Die Längsachse misst 160 m. Den offenen Mittelraum umgab eine Portikus, dessen Pfeilern Halbsäulen vorgelegt waren. Eine große Exedra an der östlichen Langseite, von einer Halbkuppel überwölbt, diente als Loge für den Kaiser und seinen Hof. Man neigt heute zu der Ansicht, daß diese Architektur keine Sportarena ist, sondern eine Gartenanlage vom Typ des sogenannten Hippodrom-Gartens.

Sprechen aber die Vorliebe des Kaisers für griechische sportliche und musische Übungen und der architektonische Befund nicht eher für ein Hofstadion? Andere Typen der Architektur der Spiele haben sich doch ebenfalls in dieser Zweckform verwirklicht.

Wie das auch gewesen sein mag, Domitians neuer Erscheinungstyp des römischen Stadions hatte so wenig Zukunft wie sein *Agon Capitolinus* (*Certamen Capitolinum*). Die römischen Spiele und ihre Architektur suchten, wie schon erörtert, andere Wege und Formen.

Mehrzwecktheater

Das griechische Theater stellte das Urbild des Bautyps dar. Es bestand aus dem halbrunden Zuschauerraum mit ansteigenden Sitzreihen, die sich üblicherweise in einen Berghang stellten, aus der *orchestra,* das war ein kreisrunder Tanzplatz, und der *skene,* dem Bühnenbau, der sich auf der Schnittlinie des Halbkreises erhob. Die Römer übernahmen den Bautyp und wandelten ihn ab. Ihre *orchestra* begnügte sich mit einem Halbkreis, das Bühnenhaus aber wuchs kräftig zur Höhe des Zuschauerraumes auf und riegelte ihn ab. Das Theater wurde zu einer geschlossenen Halbschale. Die Römer lehnten ihre Theater auch hin und wieder an einen Berghang, sie zogen aber freistehende halbrunde Treppenhäuser vor. Das gab ihnen die Möglichkeit, ihre Arkadenarchitektur großartig zu entfalten. Der Hochbau des Theaters wurde so gut von den Römern erdacht wie das Amphitheater.
Das Amphitheater hat Elemente des römischen Theatergebäudes übernommen und weiterentwickelt, es hatte aber am Ende in Form wie Funktion nichts mit ihm zu tun. Kaum denkbar, daß Bauherren und Architekten auf die Idee kommen würden, aus den zwei gegensätzlichen Bautypen einen neuen dritten zu formulieren. Im 2. und 3. Jahrhundert treffen wir aber auf derartige Mischformen, auf tatsächliche Mehrzwecktheater. Sie verwirklichten sich sogar in verschiedenen Varianten; es kam zu landschaftlichen Sonderbildungen. Merkwürdigerweise finden wir den Typ fast nur in den gallischen und germanischen Provinzen.
Die Mehrzwecktheater reduzieren das Bühnenhaus. An die Stelle der *ochestra* tritt eine Arena. Das erfordert einen Zuschauerraum, der sie umschließt und an allen Seiten den Blick auf die Spiele freigibt. Trotzdem wird keine geschlossene *cavea* gebildet. Man behilft sich mit Kompromißlösungen. Wir können zwei Grundmuster erkennen. Das eine geht eher vom Amphitheater aus, das andere mehr vom Theater. Im ersten Fall baute man eine Art von Amphitheater und fügte ein Bühnenhaus hinzu.

Paris

Das Mehrzwecktheater von Paris (Lutetia) lag am östlichen Rande der römi- 154
schen Stadt. Es hatte eine Arena, die nahezu kreisförmig war. Man bildete ihren Grundriß, indem man zwei unvollendete Kreisbögen ineinander integrierte, die weder denselben Mittelpunkt noch denselben Radius haben. Der westliche Bogen wurde etwas abgeflacht (52,50 × 46,80 m).
Beim Bau folgte man der in Gallien üblichen sparsamen Methode. Das abfallende Gelände wurde genützt, die Arena in den Hang geschnitten und das gewonnene Erdreich für die *cavea* verwendet. Ihr äußerer Ring ruhte allerdings auf 35 Substruktionsgewölben.

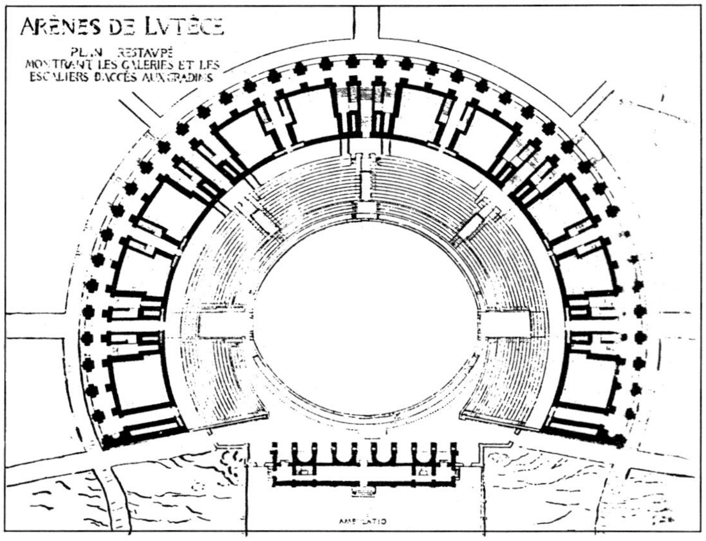

154. Paris. Grundriß des römischen Theaters (Arènes de Lutéce).

Die Arena hatte die üblichen Unterbauten, u. a. fünf geräumige Gelasse für die wilden Tiere. Sie maßen 3 × 4 m. Auf dem umlaufenden Podium erhob sich an der östlichen Längsseite das Bühnenhaus. Es war 41,20 m breit. Sein *Antependium* öffnete sich in neun großen Nischen. Fünf waren halbe Quadrate, vier rundförmig. Sie dürften Statuen enthalten haben.
Die *cavea* entsprach dem üblichen Aufbau, schloss aber das Bühnenhaus ein. Interessant, daß man an den Resten mancher Sitzstufen Familiennamen fand. Es muss sich um Stammsitze handeln.
Die Rundfassade maß 130 × 100 m. Sie bestand, wie in Fréjus, aus einem Arkadengeschoß. Gleich der *cavea* wurde es im Osten von dem Bühnenhaus unterbrochen. Die gefundenen durchbohrten Konsolen weisen auf die Existenz eines *velum* hin.
Die Baugeschichte konnte bisher nicht geklärt werden. Manches spricht für ein Mehrzwecktheater *ab ovo*. Widerspräche diese Annahme aber nicht der bisher üblichen Datierung aus dem 1 .Jahrhundert n. Chr.? In der zweiten Hälfte des 3. Jahrhunderts wurde das römische Theater von Paris zerstört. Sollte man daraufhin ein bestehendes Amphitheater als Mehrzweckraum eingerichtet haben? Oder entschloß man sich zum Neubau eines Mehrzwecktheaters?
Auf den Ruinen steht heute an einer Seite der *cavea* eine Häuserzeile. Der größere Teil aber bildet mit der Arena, einem Stück der *cavea* und dem Skelett des Bühnenhauses das restaurierte Freilichttheater Arènes de Lutèce.

Lillebonne

Der Mehrzweckbau in Lillebonne (Juliobona) an der unteren Seine dürfte einem Umbau zu verdanken sein. Der Großbau hat einen Durchmesser von

155. Lillebonne (Frankreich). Grundriß des römischen Theaters.

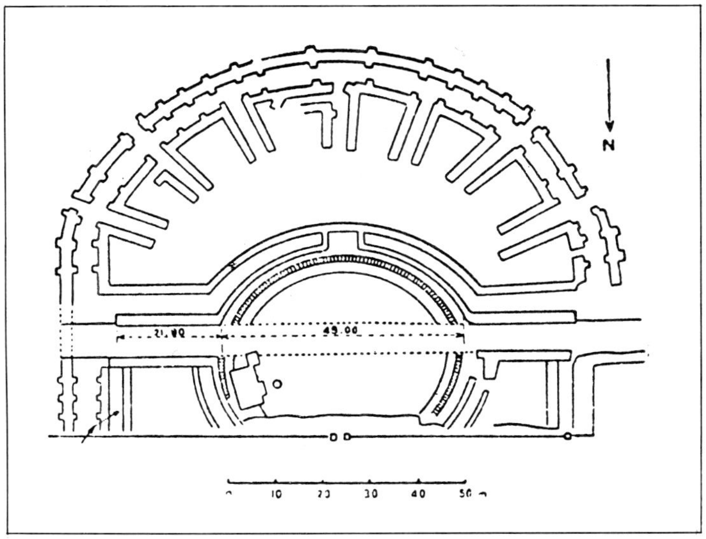

148 m. Der Zuschauerraum entspricht mit seinem halbkreisförmigen Grundriß 155
einem Theater, die Arena (48 m) kommt dagegen dem Amphitheater nahe. Sie ist ein offenes Queroval, das vom Bühnenhaus geschlossen wurde. Die Bauforschung geht von einem Amphitheater des 1. Jahrhunderts aus, sie vermutet, daß es im 2. Jahrhundert zum Mehrzwecktheater umgebaut wurde.

Es scheint, daß dieses Bauwerk nicht nur als Theater und Amphitheater gedient hat. Man fand Reste einer kleinen Thermenanlage. Manches deutet auch darauf hin, daß der Mehrzweckbau in späterer Zeit zu einem Fort in der Stadtbefestigung umgebaut wurde. Das wäre nicht ungewöhnlich, wie Beispiele in anderen Städten (Tours) zeigen.

Die Bauten von Paris und Lillebonne zeigen die Muster und Absichten der Gallischen Mehrzwecktheater, die eher vom Amphitheater ausgingen. Andere Anlagen, wie wir sie etwa in Senlis oder Grand im Dép. Vosges antreffen, zeigen die weite Verbreitung des Typus.

Beim Entwurf des zweiten Typs der gallischen Mehrzwecktheater diskutierte man dann gleichsam auf der Grundlage des Theaters. Sein Zuschauerraum überschreitet den hergebrachten Halbkreis. Die *orchestra* nähert sich einer Arena an, das Bühnenhaus wird reduziert.

Diese zweiten Grundmuster eines Mehrzwecktheaters finden wir vor allem in der Mitte und im Norden Galliens.

Drevant

Das Mehrzwecktheater von Drevant (Derventum) ist gut erhalten und ebenso gut datierbar. Es wurde im Übergang vom 1. zum 2. Jahrhundert n. Chr.

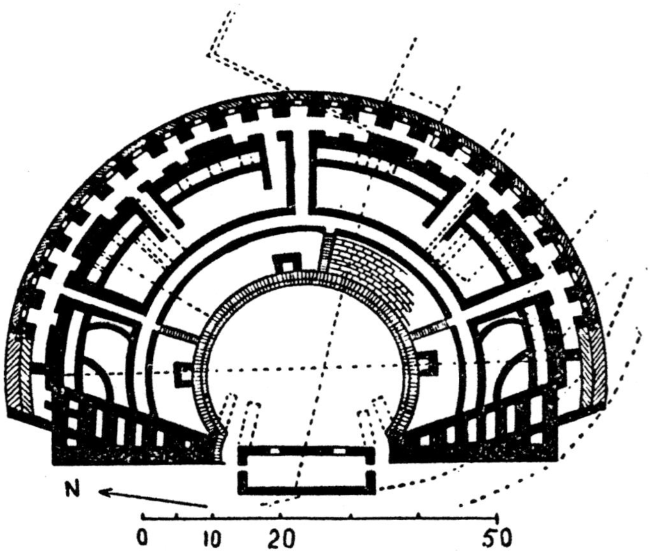

156. Drévant (Frankreich). Grundriß des römischen Theaters.

156 errichtet. Das Gebäude hat ein merkwürdiges Verhältnis zur Natur. Der Hügel, an den es sich lehnt, wird nur zum Teil benützt. Eine halbrunde Mauer aus 24 Arkaden erhöht den Gipfel. Kompromiß also auch im Außenbau, die griechische und die römische Konzeption des Theaters durchdringen einander. Der *orchestra* liegt ein Kreis zugrunde, der einen Durchmesser von 27 m hat. Der Zuschauerraum überschreitet aber die Schnittlinie, der Kreis verwirklicht sich zu etwa drei Vierteln. Es bildet sich ein offener Ring. Unmittelbar in seiner Öffnung steht ein reduziertes Bühnenhaus. Die *orchestra* oder, wenn man will Arena, hatte keine Unterbauten. Die Gelasse für die wilden Tiere finden sich unter den Sitzreihen des Zuschauerraumes.

Die Theatergebäude der Gruppe Paris/Lillebonne dürften durch späteren Umbau zu Mehrzwecktheatern geworden sein. In Drevant aber stehen wir vor einem Bauwerk, das gleichsam aus einem Guß ist. Von einem Umbau kann keine Rede sein. Trotzdem stellte Neppi Modona[231] mit Recht fest, daß jedes Element dem Amphitheater entspreche. Aus dem Rahmen falle allein das Bühnenhaus. Ohne Zweifel, Drevant steht dem Amphitheater näher als das von ihm abgeleitete Mehrzwecktheater in Lillebonne.

Der Typ des Mehrzwecktheaters wird hier aus gutem Grund behandelt. Er dürfte einen Platz in der Geschichte des Amphitheaters verdient haben. Wenn wir seine Bauwerke betrachten, erhalten wir gleichsam Einblick in die Werkstatt des architektonischen Geistes der Römerzeit. Zwischen dem Theater und dem Amphitheater lag vor allem in den gallischen Provinzen von Anfang an eine Grauzone, in der die zwei Bautypen sich in einer Art und Weise begegneten, die nicht immer zu durchschauen ist. Der Kombinationstypus des Mehrzwecktheaters dürfte auch aus rein ökonomischen Gründen entstanden sein. Nicht jedes Gemeinwesen konnte sich die stolze Dreizahl der Schaugebäude (Theater, Amphitheater und Circus) leisten.

Die Baugeschichte des Theaters von Augst (Colonia Augusta Raurica) legt dar, 157
wie komplex der Prozeß verlaufen konnte. In Augst errichtete man auf ein und demselben Platz in verhältnismäßig kurzen Zeitabschnitten mindestens zwei Theatergebäude. Vermutlich zur Zeit des Augustus erbaute man ein Theater, das sich an das griechische Urbild hielt. Im letzten Viertel des 1. Jh. n. Chr. erfolgte ein Umbau, der mehr oder weniger ein Amphitheater anstrebte. Ein dritter Bauvorgang zerstörte dann um die Mitte des 2. Jh. n. Chr. das Mehrzwecktheater. An seine Stelle trat wieder ein Theater. Gleichzeitig wurde aber am Stadtrand ein grosses Amphitheater gebaut, dessen *cavea* in eine natürliche Senke eingepasst wurde.

Die Geschichte der Mehrzwecktheater in Gallien deutet darauf hin, daß Mimen und Gladiatoren, Theater und Amphitheater in keinem Jahrhundert ein eindeutiges Verhältnis zueinander hatten.

Wie aber war es anderswo? Gibt es in anderen Regionen Theatergebäude, die eine derartige geschichtliche Schlußfolgerung bestärken könnten?

Der Befund fast aller Ruinen römischer Theater spricht für einen Einzug der Gladiatoren, der im 2. Jahrhundert begann. Wir finden ihre Spuren so gut in Taormina auf Sizilien wie im nordafrikanischen Cyrene und nicht zuletzt im griechischen Stammland bei den Theatern in Philippi und Stobi. Für die neuen Zwecke wurde die *orchestra* erweitert und das Publikum gesichert. In das Bühnenhaus zog die Göttin Nemesis ein, die Patronin der Gladiatoren. Im Prinzip aber änderte sich nichts. Die neue Funktion führte zu keiner nennenswerten neuen Form. Wir können in keinem Grundriß dieser umfunktionierten römischen Theater etwa von jener schöpferischen Unruhe beobachten, die auf den Bauplätzen Galliens Bauherren und Architekten bewegte. Das Mehrzwecktheater dürfte tatsächlich ihr Geschöpf gewesen sein.

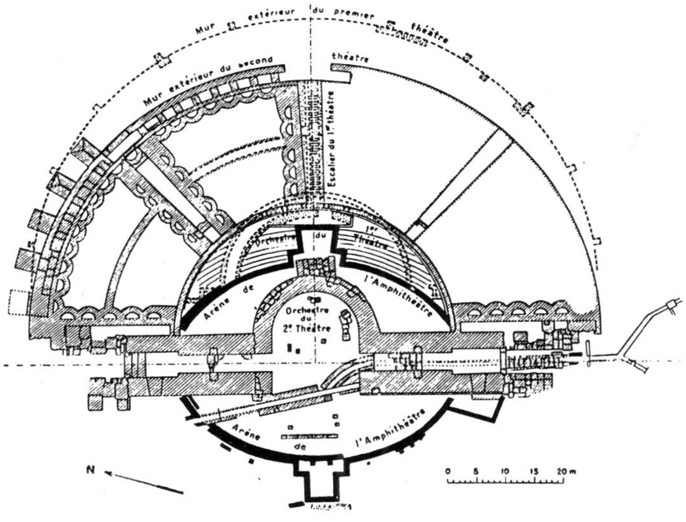

157. Augst (Colonia Augusta Raurica). Grundriß der römischen Theater.

Die mögliche Ausnahme sei nicht verschwiegen. Es handelt sich um das soge-
158 nannte Teatro Maritimo der Villa Adriana bei Tivoli (später als 125 n. Chr.).
159 Den Umriß der Anlage bildete ein Kreis. Auf ihm erhob sich eine Ringmauer. Hinter ihr verlief ein kreisrunder gewölbter Gang. Auf ihn folgte ein ebenfalls kreisrunder Wasserstreifen. Zwischen ihnen vermittelte der das Gewölbe stützende Säulenkranz. Auf der künstlichen Insel inmitten dieser Anlage standen verschiedenartige bewegte Architekturen, die nicht nur im Grundriß kompliziert waren. Sie hatten eine Fülle von Perspektiven. Der Betrachter konnte elf verschiedene Raumschichten, die in Licht und Schatten wechselten, von einem einzigen Standort durchblicken.

Die Diskussion um Sinn und Zweck dieser Architektur geht hin und her. Die einen hielten sie, wie der alte Name sagt, für ein Hoftheater. Andere meinten, daß Kaiser Hadrian mit einer Phantasiearchitektur an Platons Insel Atlantis habe erinnern wollen. Die dritten deuteten die kleine «Meervilla» schließlich als Nymphäum. Heute treten wieder Verfechter der ersten Theorie auf.

Im Prinzip hätte die merkwürdige Anlage ursprünglich Theater und zugleich Amphitheater sein können. Eine kreisrunde *orchestra* oder Arena, umkränzt von einem kreisrunden Zuschauerraum, den ein Wassergraben schützte: das wäre eine ideale Verwirklichung der Mehrzwecktheaters in intimen Maßen gewesen und als Hoftheater eine bedenkenswerte Variante dazu.

158. Villa Adriana (Tivoli). Luftaufnahme des «Teatro Maritimo».

159. Villa Adriana (Tivoli). Teilansicht der Ringporticus des «Teatro Maritimo».

160. Nîmes. Teilansicht der Außenfassade des Amphitheaters.

161. Nîmes. Das Amphitheater, nach einem Stich aus dem Jahre 1794. Musée du Vieux Nîmes.

162. Das mittelalterliche Lucca, dessen Zentrum vom Grundriß des überbauten römischen Amphitheaters bestimmt ist.

163. Thysdrus (El Djem). Luftaufnahme des Amphitheaters.

164. Tebessa (Algerien). Das Amphitheater.

165. Rom. Luftaufnahme des Circus des Maxentius.

166. Das Stadion von Aphrodisias (Kleinasien).

CIRCUS

Einleitung

Wenn wir von Großbauten für römischen Spiele sprechen, denken wir an das Flavische Amphitheater, Kolosseum genannt. Es gilt als Inbegriff der Größe. Man staunt über seine Maße und Volumen und nicht zuletzt über die großen Zahlen. Fünfzigtausend Zuschauer, das imponiert selbst den Kindern des zweiten Zeitalters der Masse im 20. Jahrhundert.
Das Kolosseum sonnt sich heute in einem Ruhm des Zufalls, das geschichtliche Bewußtsein der Welt erweist sich wieder einmal als trügerisch. Rom hatte einen Bauwerk für Spiele, das bedeutender und größer war, den Circus Maximus. Er geriet in den Schatten des Amphitheaters, weil er beim Untergang der antiken Bausubstanz schlechter davongekommen ist.
Es dürfte müßig sein, wieder einmal der Frage nachzugehen, ob der Circus eine Erfindung der Griechen gewesen sei, die von den Etruskern an die Römer vermittelt wurde. Pferdespiele und Wagenrennen gehörten zu den Kulten des Mittelmeerraumes. Die Grundfigur des ihnen dienenden Circus, griechisch Hippodrom genannt, war allgemein so vorgegeben wie die des Amphitheaters.

Die Bauten

Circus Maximus

Der römische Circus Maximus geht auf die Zeit des Überganges vom Mythos zur Geschichte zurück. Die Vallis Murcia, das Tal zwischen Palatin und Aventin, war seit Menschengedenken ein Spielfeld der Jugend zu Pferde. Es hatte Wagenrennen gesehen, die zu Ehren des Gottes Consus, der das gespeicherte Getreide schützte, veranstaltet wurden. Bei ihnen soll es eines Tages zu dem berühmten Raub der Sabinerinnen gekommen sein. König Tarquinius Priscus dürfte im 6. Jahrhundert v. Chr. einen ersten planmäßigen Circus angelegt haben. Fortan wurde er bis zum Ende der Kaiserzeit immer wieder verbessert, erweitert und nach Bränden wiederaufgebaut. Er dürfte am Ende des 4. Jh. n. Chr. seine letzte und endgültige Gestalt gefunden haben.
Der römische Circus war eine längliche Anlage, die an einer Schmalseite in einen 169
Halbkreis, an der anderen in einer flacheren Rundlinie schloß. Er hatte eine umlaufende Bahn, die vor allem den Pferde- und Wagenrennen diente. Zwischen die zwei Langseiten der Rennbahn schob sich als Schranke eine Erdaufschüttung, *spina,* das heißt Rückgrat, genannt.

167. Rom. Luftaufnahme des Palatins mit dem Stadion des Domitian.

168. Rom. Luftaufnahme der Piazza Navona.

169. Rom. Der Circus Maximus im heutigen Zustand.

Der Circus Maximus war im 4. Jh. n. Chr. 600 m lang und 200 m breit. Zeitge-
170 nössische Quellen besagen, daß er Platz für 385 000 Zuschauer hatte. Die riesige
Anlage wurde unter den Händen der Römer so gut zu einem Kunstwerk des
Hochbaus wie das Amphitheater. Seine dreistöckige *cavea* entsprach dem System
des Kolosseums. In ihr trat an der Seite des Palatins ein gestaffelter, zweistöckiger
Säulenbau vor, *pulvinar* genannt. Er diente als Ehrenpavillon für Kaiser und Hof.
Ein riesiges dreistöckiges Bauwerk trug die *cavea.* Es hatte ein Erdgeschoß aus
171 Arkadenstellungen; Mauerzonen, in denen sich rechteckige Fenster öffneten,
172 umschlossen dagegen die zwei Obergeschosse. Die Querseiten waren reicher
gegliedert. Das abgeflachte Rund des Nordens hatte zwei Stockwerke aus Arkaden; vierkantige Ecktürme rahmten sie. Die Anlage wurde *oppidum* genannt. In
ihr lagen die Diensträume, vor allem die Pferdeställe und die Remisen für die
Rennwagen. Der Halbkreis der Südseite öffnete sich dagegen in einem monumentalen Triumphbogen.

Die *spina* war ursprünglich funktionell gedacht, sie bildete die ordnende Mitte
der langgezogenen Rennbahn. Zur Orientierung der Rennfahrer stellte man
dann an ihren Enden *metae,* Wendesäulen, auf. Das aber genügte den
Anschauungen und dem Selbstverständnis späterer Jahrhunderte nicht, die *spina*
wurde zur repräsentativen und imaginären Mitte des großen Aufwands der
Architektur und der Spiele. Kaiser Augustus, Erbe der Pharaonen, erhöhte sie
schon 10 v. Chr. mit einem ägyptischen Obelisken, den einst Ramses II. in
174 Heliopolis hatte aufstellen lassen. (Heute auf der Piazza del Popolo.) Ein einzi-

170. Sesterz, 103/111 n. Chr. Darstellung des Circus Maximus.

171. Rom. Circus Maximus. Substruktionen der nördlichen Hälfte der östlichen Rundung (Ausgrabungen 1936).

172. Rom. Circus Maximus. Unterbauten der Sitzreihen am Nordostende.

ger Obelisk, das war für den späten Kaiser Konstantin II. zu wenig. Er übertrumpfte ihn im Jahr 357 n. Chr. mit einem zweiten und größeren. Diesen hatte einst Thutmosis III. für Theben gestiftet. (Heute bei S. Giovanni in Laterano.) 173
Die Weihegaben anderer Kaiser fielen bescheidener aus, waren aber ebenso beziehungsvoll. Neben kleinen Heiligtümern für Gottheiten der Spiele standen zum Beispiel ein Gestell, auf dem Eier als Symbole der Dioskuren zum Zählen der gefahrenen Runden verwendet wurden. Auf einem anderen lagen Plastiken von Delphinen, den heiligen Tieren des Neptun, der auch als ein Gott der Pferde verehrt wurde. Sie dienten denselben Zwecken wie die Eier.

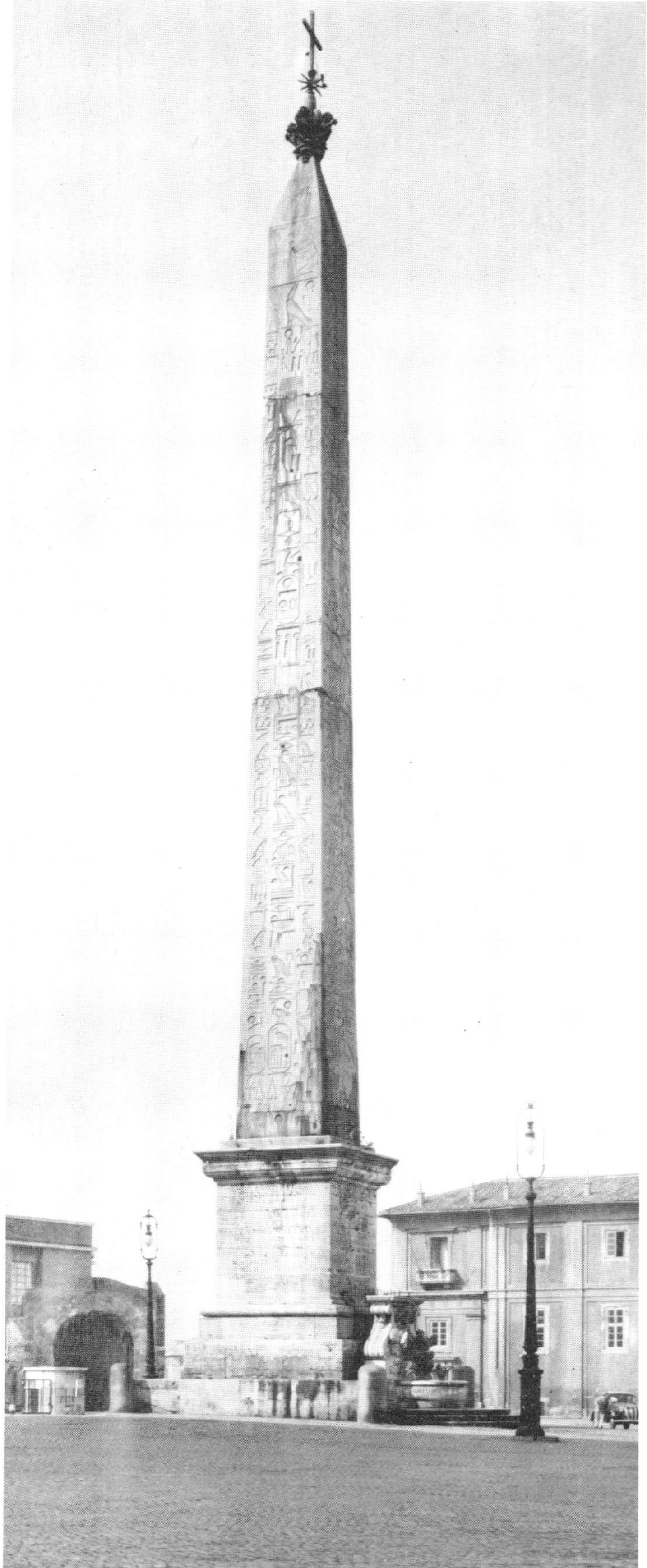

AVGVSTVS

173. Obelisk aus dem Circus Maximus, heute auf dem Lateranplatz in Rom.

174. Obelisk des Augustus aus dem Circus Maximus auf der Piazza del Popolo in Rom.

Obgleich der Circus Maximus die größte aller Sportanlagen der Welt war, hatte er ein *velum*. Falls die Quellen nicht trügen, erhielt er sein erstes Zeltdach schon im Jahre 186 v. Chr. Ohne Zweifel besaß der obere Sektor der *cavea* im 3. Jahrhundert n. Chr. ein festes Dach aus Stoffbahnen.
Gleich dem Flavischen Amphitheater war der Circus Maximus ein Zentrum des öffentlichen Lebens und eine Architektur der Staatsräson. Seine aufwendige Kaiserloge spricht sogar für eine zentrale politische Bedeutung. Die Spiele wurden daher immer aufwendiger, sie führten im Laufe der Jahrhunderte zu den ersten Massenversammlungen der Geschichte.

Circus Flaminius

Der zweite Circus in Rom bestätigt die politische Bedeutung des Bautyps. Es handelt sich um den Circus Flaminius, der zu Füßen des Kapitols am Tiber lag (nördlich des Marcellustheaters). Der Censor Gaius Flaminius Nepos gründete ihn im Jahre 221 v. Chr. Er war Führer der Opposition, der Plebejer. Ihnen, ihren Kulten und Festen sollte der Circus dienen. Große Architektur wurde zum Mittel parteipolitischer Selbstdarstellung und Demonstration.

Circus Neronis

Wer immer den Circus Vaticanus gebaut haben mag, für die Plebejer war er 175
nicht bestimmt. Als Bauherren werden die Kaiser Caligula und Nero genannt. Er hatte viele Namen: Circus Vaticanus, Gaianus, Neronis. Man nannte die Anlage auch Frigianum, hergeleitet von einem benachbarten Heiligtum der Magna Mater Frigia. Nehmen wir die Legenden über Christen hinzu, die in diesem Circus den Märtyrertod gestorben sein sollen, so verstehen wir, daß die

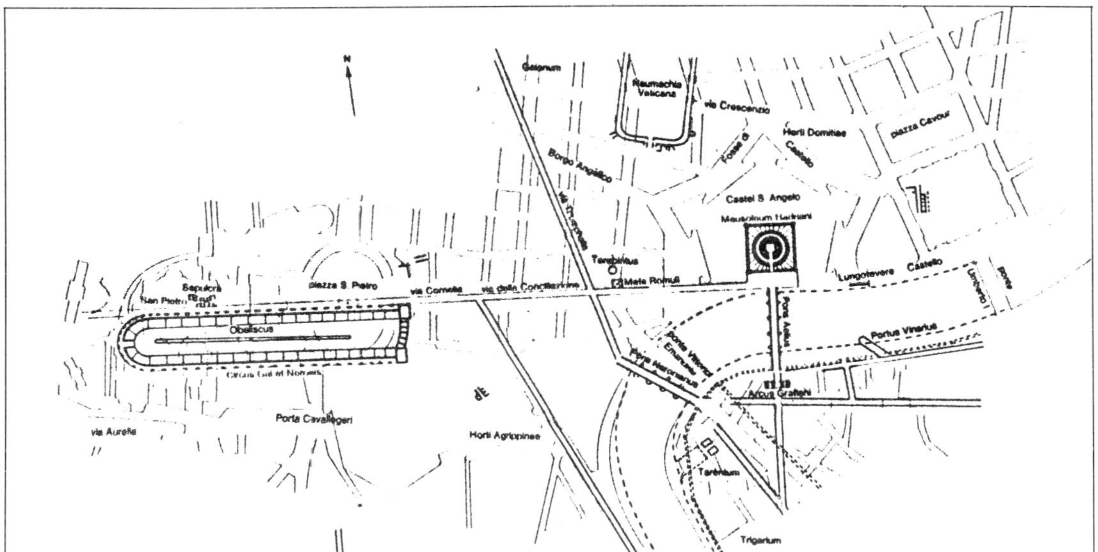

175. Rom. Das Vatikangelände mit der Lage des Circus Neronis.

176. Der Obelisk des G. C. Gallus auf dem Petersplatz vom Circus Neronis.

rekonstruierende Phantasie des Mittelalters wie der Neuzeit sich gerade dieses Bauwerkes annahm. Man schlug unwahrscheinliche Lösungen vor. In Wirklichkeit entsprach der Circus des Nero dem Muster, das im Circus Maximus und im Circus Flaminius entwickelt worden war. Filippo Coarelli u. a. lokalisierten ihn unter der Peterskirche und dem Petersplatz. Etwa die südliche Hälfte der Kirche und des Platzes sollten über seinen Grundmauern stehen. Grabungen, die 1980 in den südlichen Grotten von St. Peter durchgeführt wurden, scheinen dieser Theorie allerdings zu widersprechen. Die Grundmauern der konstantinischen Basilika stehen – jedenfalls an dieser Stelle – auf dem gewachsenen Erdboden.

Die Zweckbestimmung des Circus Neronis ist ebenso umstritten. Stand er dem Volk von Rom offen? War er identisch mit dem *Circus privatus,* der am 2. Januar bei den *Fasti Silivius* genannt wird? Wir wissen, wie sehr Nero ihn liebte. Möglich, daß ein Kaiser seiner Art sich die Anlage auf dem Vatikanischen Hügel als Hof-Circus vorbehielt.

Domenico Fontana stellte den Obelisk des Circus Neronis in die Mitte des Petersplatzes. Er stand bis 1586 an seinem ursprünglichen Platz auf der *spina,* 176
das heißt an der Südwand der Peterskirche. In den Grotten der Peterskirche blieb der «Brunnen des Nero» erhalten (ein 15 m tiefer Schacht).

Arles und Vienne

Den Circusanlagen in den Provinzen erging es wie den römischen Vorbildern, wenn etwas verschont wurde, so waren es die geheimnisvollen Obelisken. Der Circus von Arles (Arelate) kann im 1. oder auch im 3. Jahrhundert n. Chr. gebaut worden sein. Etwas sicherer sind die Maße mit 95 × 366 m überliefert. Der Obelisk aber steht heute unversehrt und unvergänglich im Herzen der Stadt auf der Place de la République.

In Vienne (Vienna) hat sich eine Variation der Ägyptenmode erhalten, der man seit den Zeiten des Kaisers Augustus frönte. Auf der *spina* des Circus, der 118 × 455 m groß war, errichtete man eine kleine steile Pyramide. Auch sie galt in späteren Jahrhunderten als unantastbar. Auf einen kleinen Quadrifrons geho- 177
ben, steht sie heute wie ein Denkmal am Ufer der Rhone.

Der Circus war der erste römische Baugedanke, der dem Spiel und dem Sport galt, er war bemerkenswerterweise auch der letzte. Im 4. Jahrhundert dachte im Imperium Romanum niemand mehr daran, neue Großbauten von Amphitheatern zu wagen, der Circus aber vollendete sich in gigantischen Architekturen. Man hat den Eindruck, daß er das Erbe aller Bauwerke der Spiele antrat: der Theater, der Amphitheater und der Stadien.

Alle diese Bautypen waren öffentliche Architektur. Wir haben aber beobachtet,

177. Vienne (Frankreich). Der Obelisk «L'Aiguille» aus dem ehemaligen Circus.

daß der Circus von vornherein eine höhere politische Funktion hatte. Der Circus Maximus war das Feld der Könige und der Kaiser, später nicht zufällig durch einen eindrucksvollen Pavillon des Hofes ausgezeichnet, der mit den kaiserlichen Palästen auf dem Palatin verbunden war. Die Gegendemonstration des Circus Flaminius erweist sich sogar als ein parteipolitisches Ereignis, während der Circus des Nero sich gleichsam politisch-reaktionär als Hofcircus dem Volk verschloß.

Wenn wir die spätere Entwicklung ins Auge fassen, kommt uns die Idee Neros nicht mehr ungewöhnlich vor. Soweit wir heute sehen, waren alle nachfolgenden Circusbauten in Rom integrierende Beiträge zu einer kaiserlichen Residenz.

Circus Varianus

Als erster wäre der Circus Varianus zu nennen. Er gehörte gleich dem Amphi- 178
theatrum Castrense zum Stadtpalast Sessorium. Kaiser Elagabal, der die Anlage
vollendete, hieß von Haus her Varianus. Ausserhalb von Porta Maggiore sind
1959 Reste dieses Circus innerhalb der Aurelianischen Mauer östlich von S.
Croce in Gerusalemme gefunden worden. Die Auffindung der nördlichen und
südlichen Umfassungsmauer am Westende ergibt für den Circus Varianus eine
Länge von 565 m bei einer Breite von 125 m.

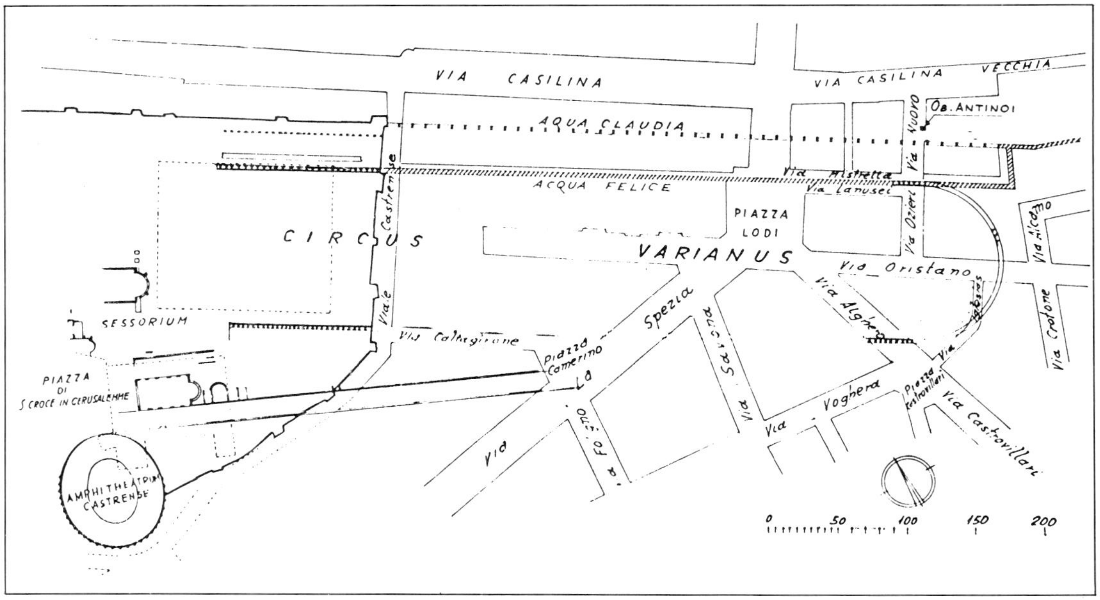

178. Rom. Lage des Circus Varianus zwischen dem Sessorium (S. Croce in Gerusalemme) und der Via Alcamo.

Circus des Maxentius

Wir kennen vom Circus Varianus nur den Namen. Der Circus des Maxentius 165
stellt sich dagegen noch in ansehnlichen Ruinen dar. Er gehörte zu einer Resi- 179
denz, die Kaiser Maxentius (306–313), der Gegenspieler Konstantins I., vor den 180
Toren der Stadt erbaute. Der Anlaß dürfte einzigartig sein. Romulus, der Lieb-
lingssohn des Kaisers, war sehr jung im Tiber ertrunken. Der untröstliche Vater
errichtete für den zum Gott Erhobenen an der Gräberstraße Via Appia im Jahre 181
311 ein Mausoleum, das es mit dem Pantheon aufnehmen sollte. Nicht nur das, er wollte dem göttlichen Sohn auch nahe sein; er erbaute daher hinter dem Mausoleum einen Residenzpalast. Private Pietät aber genügte nicht. Der Kaiser hatte schon bei der Wahl des Namens Romulus eine typisch spätzeitliche Rezeption geübt. In der Trauer um den Frühvollendeten führte er sie zu Ende. Leichenspiele, wie sie in der Frühzeit üblich gewesen waren, sollten Jahr um Jahr den Romulus feiern und ehren. Maxentius gab ihnen einen imperialen Spielraum. Er baute einen Circus.

179. Rom. Circus des Maxentius. Darstellung von P. A. Donati und F. Nardini aus dem Jahre 1689.

180. Rom. Circus des Maxentius. Darstellung von Stefano Du Pérac aus dem Jahre 1575.

181. Rom. Lageplan des Circus Maxentius.

182. Rom. Circus des Maxentius. Gesamtansicht.

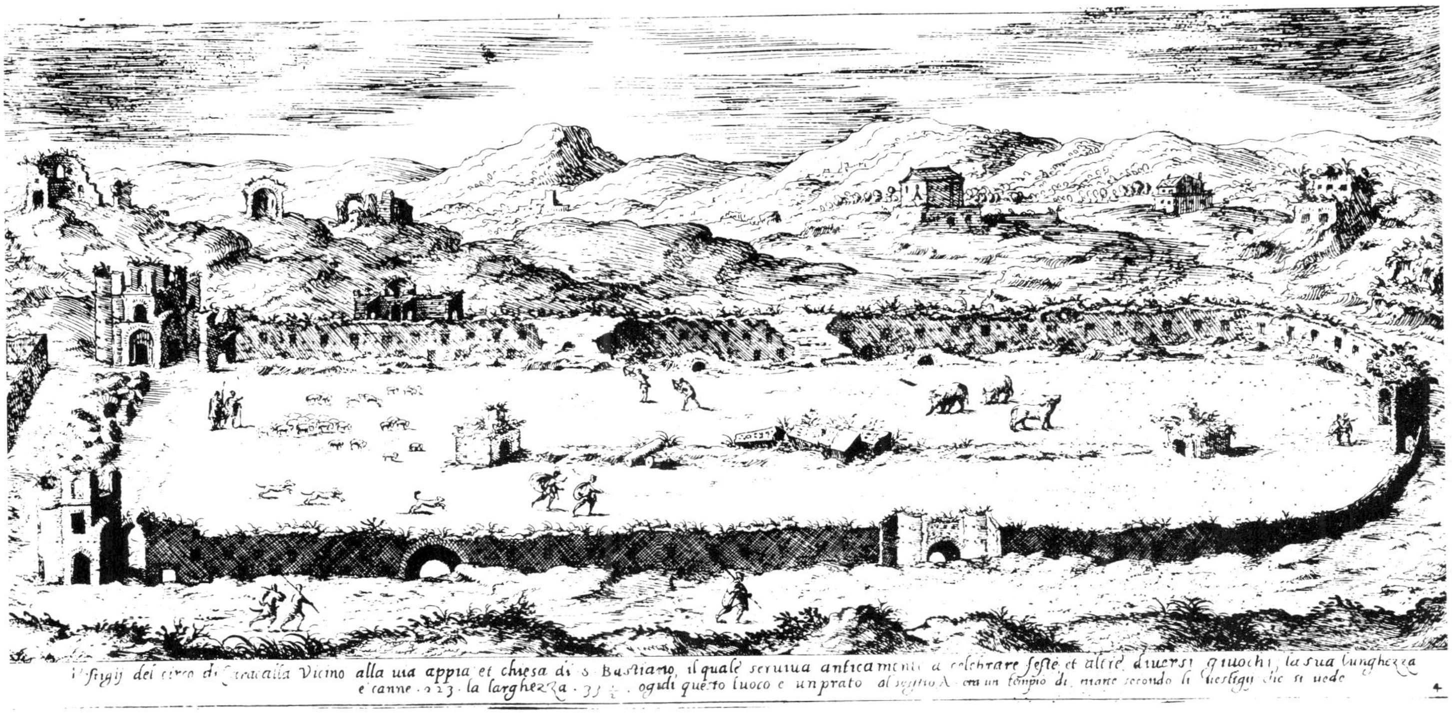
Vestigij dei circo di Caracalla Vicino alla uia appia et chiesa di s. Bastiano, il quale seruiua anticamente a celebrare feste et altre diuersi giuochi, la sua lunghezza
e canne . 223 . la larghezza . 33 ½ . ogidi questo luoco e un prato al segnio A era un tempio di marte secondo li uestigij che si uede
4

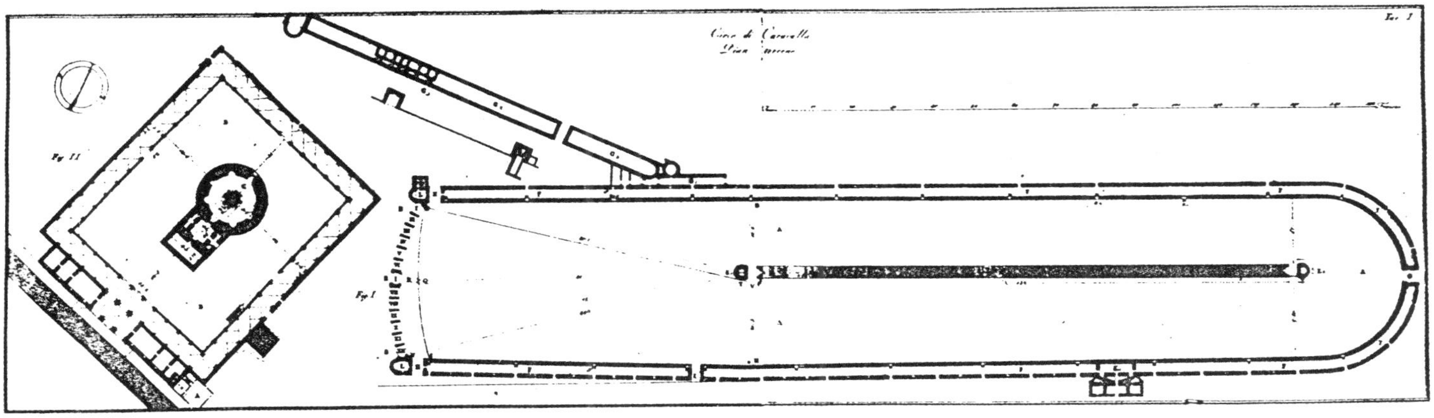

183. Rom. Circus des Maxentius. Teilansicht mit den Ecktürmen und den *carceres* für den Start der Pferde. Im Hintergrund die Reste der Kaiserloge *(pulvinar)*.

184. Rom. Circus des Maxentius. Die *Porta triumphalis*.

185. Rom. Circus des Maxentius. Die Kaiserloge *(pulvinar)*. Rekonstruktionszeichnung.

Wer meint, daß dieser *circus privatus* sich in entsprechenden Maßen gehalten
hätte, mißversteht die römischen Kaiser der Endzeit. Was immer sie unternah-
men, es konnte nicht groß genug ausfallen. Der Circus des Maxentius hat eine
Grundfläche von 47 800 qm. Er ist 520 m lang und 92 m breit, er hat den üblichen 182
Grundriß. Der Großbau liegt nicht zufällig etwas verquer im Gelände: man
wollte ihn genau in die Ost-West-Richtung legen. Das ergab für zwei Stunden
ein ideales Verhältnis zum Stand der Sonne: von 9 bis 10 und von 15 bis 16 Uhr.
Auf der *spina,* die 283 m lang war, stand ein bemerkenswerter Obelisk. Er kam
nicht aus Ägypten, er war zur Zeit des Kaiser Domitian in Rom gefertigt worden. Bezeichnend, daß Maxentius ihn kurzerhand von einem Monument auf
dem Marsfeld entfernte und als Spolie in seinen Circus entführte. (Der Obelisk 186
steht heute auf der Piazza Navona.) Unter den Gottheiten, die auf der *spina*
verweilten, war auch die Magna Mater.

Die *cavea* entsprach den Funktionen eines Hofcircus. Eine lange Mauer umschloß die Piste. Auf sie folgten zwei Sitzreihen, die für den Hof bestimmt waren. Getrennt von ihnen stuften sich dann die Sitze empor, auf denen das eingeladene Publikum Platz fand. Die *cavea* konnte höchstens 10 000 Zuschauer aufnehmen.

Im Süden neben dem Triumphbogen lagen die Sitze für das *Tribunal iudicum,* 184
für die Kampfrichter. Das *Pulvinar,* der kaiserliche Pavillon, erhob sich im Nor- 185
den; er war, wie üblich, mit dem Palast verbunden.

Der Circus des Maxentius wurde im roten Ziegelmauerwerk und Beton gebaut. Die erhaltenen Ruinen geben Einblick in die Bautechnik. In den Unterbauten der *cavea* finden wir z. B. jene großen hohlen Tontöpfe, die man in den Gußbeton einließ, um das Gewicht der Konstruktionen zu verringern. Das stehende Mauerwerk gibt aber vor allem noch einen Begriff vom Ganzen des Circus. Von der *spina,* der Piste und der *cavea* blieben Teile erhalten.

186. Obelisk aus dem Circus des Maxentius über dem Brunnen der «Vier Weltteile» auf der Piazza Navona.

Der Circus, den Kaiser Theodosius I. (379–395 n. Chr.) seiner Residenzstadt Konstantinopel schenkte, fiel den Wechselfällen der Geschichte zum Opfer. Sei- 188
nen Platz, neben dem heute die Sultan-Ahmed-Moschee mit ihren sechs Minaretten steht, markiert aber noch immer At-Meidan (Pferdeplatz) mit jenem Obelisken, den Theodosius I. sich im Jahre 390 selbst zum Denkmal setzte. Der
ägyptische Pharao Thutmosis III. (1504–1450 v. Chr.) hatte ihn einst anfertigen 187
lassen. Theodosius gab ihm einen neuen Sockel mit Reliefs. Auf der Südostseite erscheint der Kaiser inmitten seines Gefolges bei einem der Wagenrennen, die im Circus stattfanden. Er steht zwischen seinen Söhnen in der Loggia, den Lorbeerkranz in der rechten Hand, den er bald dem Sieger aufs Haupt setzen wird. Weitere Reliefs zeigen den Betrieb im Circus mit der Wasserorgel und dem

187. Konstantinopel. Der Obelisk des Theodosius aus dem Hippodrom.

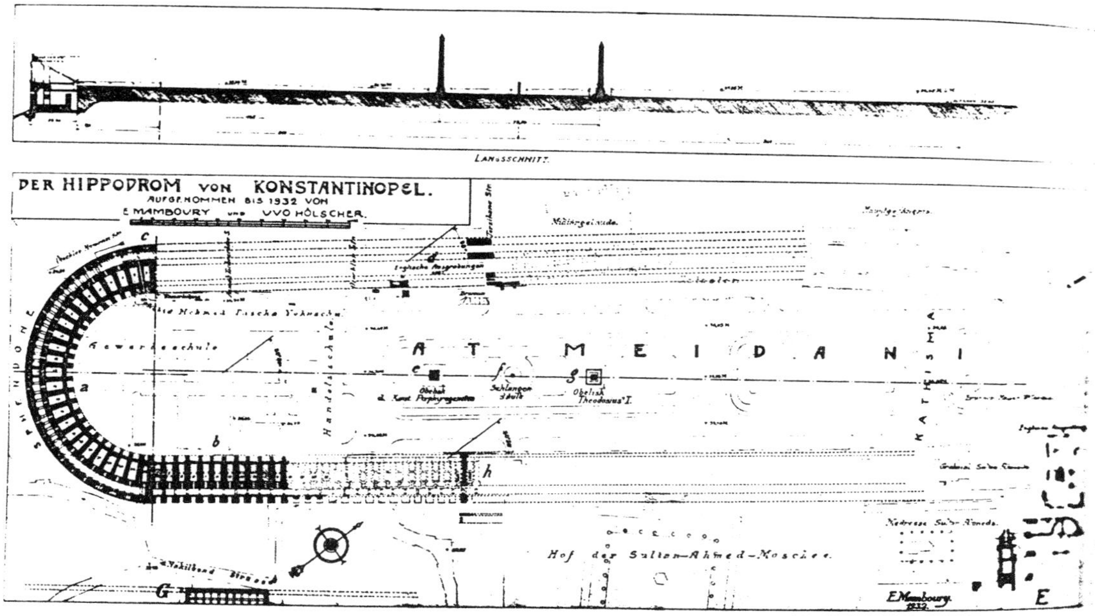

188. Lageplan des Hippodroms von Konstantinopel.

Orchester.
Dieser denkwürdige Obelisk stand auf der *spina* des letzten Circus der römischen Geschichte. Er stand im neuen Rom, in Konstantinopel; er wiederholte gleichsam den Circus Maximus des ersten Rom, mochte er auch nach griechischem Brauch Hippodrom genannt werden.
Rekonstruktionsversuche von Mamboury und Wiegand[232] ergaben eine Länge von 450 m, eine Breite von 117,50 m. Aus Beschreibungen des 16. Jahrhunderts konnte Graefe[233] auf ein *velum* schließen. Es hing an einer Reihe von Masten, die im Zuschauerraum standen. Die Mauerkronen hatten eiserne Ringe, an denen das Zeltdach aufgehängt wurde.

Bemerkungen zum Sportbau im 20. Jahrhundert

Die römischen *circenses* waren im Prinzip das, was wir heute als Sport bezeichnen. Mir scheint, daß ein Seitenblick auf den modernen Sport und seine Bauwerke dazu beitragen könnte, die römischen Spiele als Architektur besser zu verstehen.

Es gibt keinen Grund, den modernen Sport nicht als Spiel in römischen Sinne des Begriffs gelten zu lassen. Er vollzieht sich nicht anders als der antike Sport. Neben den olympischen Übungen bestehen die Pferdetourniere weiter. Das Spiel mit dem Fußball und Handball ersetzte die Gladiatorenkämpfe, die Wagenrennen mechanisierten sich mit Auto, Motorrad und Fahrrad. Neben den Amateuren stehen wir in alter Zeit die Berufsathleten. An die Stelle antiker Meßgeräte traten unsere Apparate. Die Erscheinungsformen der Sportspiele haben sich geändert, ihr Wesen blieb unberührt.

Ziehen wir die Geschichte des antiken Sports zu Rate, so treffen wir jedoch bald auf einen Unterschied, der diese Deutung zu erschüttern scheint. Sport und Spiel der antiken Welt waren kultischer Herkunft und sie blieben dem Kulte nahe, der moderne Sport dagegen hat keine direkten Bezüge zu Kult und Religion. Das sieht nach Verlust der Mitte aus, ist jedoch kein Makel, sondern Logik der Geschichte. Als das Christentum in die Welt kam, entschwanden die Götter aus Quelle und Hain, Bild und Spiel. Die christliche Religion bedurfte dieser Orte und Erscheinungen nicht, ihr Kult vollzog sich allein im unsichtbaren Opfer des Altares. Bild und Spiel wurden dadurch aber nicht wertlos. Sie waren dem Menschen anheimgegeben, damit er sie in Freiheit zu seinem Heil verwende. Wir können diesen Bedeutungswandel schon in den spätantiken Jahrhunderten beobachten. Für ihn spricht nicht nur der Bau des Circus in Ostrom unter Theodosius I., dem Kaiser des ersten Konzils von Konstantinopel.

Spiele drängen noch heute zum Schauspiel. Wettkämpfe wollen vor Zuschauern ausgetragen sein. Diese Tendenz gibt dem Sport die zweite Hälfte seiner Existenz. Den wenigen, die als Einzelkämpfer und in der Mannschaft Sport ausüben, treten die vielen gegenüber, die zuschauen.

Einen Sport, der den Körper durch Training und Spiel ausbildet und sich zum Wettspiel vor Zuschauern versteht, finden wir nur in der antiken Welt und in unserem Zeitalter; das Mittelalter und die ihm folgenden Jahrhunderte der Neuzeit übten keinen Sport dieser Art. Die Geschichte des Sportbaus entspricht dieser historischen Situation und bestätigt sie zugleich. Im 4. Jahrhundert n. Chr. werden noch Stadien und Amphitheater in Europa errichtet und unterhalten. Dann verfallen sie. Erst im 19. Jahrhundert wird der Sportbau wieder zu einem ernsthaften Thema der Architektur. Erstaunlicherweise verwirklicht er sich in den Grundtypen, die im antiken Rom ausgebildet wurden, im Amphitheater und im Circus. Nicht nur das, wie im Altertum vollendet sich im 20. Jahrhundert der Profanbau in diesen beiden Typen.

Das Sportstadion des 20. Jahrhunderts, das dem Grundmuster des römischen Circus entspricht, steht vor dem alten Problem der Raumbildung. Es ist auch den Gefahren der Gigantomachie ausgesetzt, die wir im Circus Maximus in Rom beobachteten. Wer es in der rechten Weise bauen will, hat unter freiem Himmel einen wirksamen Innenraum zu gestalten. Eine zweite Schwierigkeit kommt hinzu. Der Bauherr verlangt vom Architekten, daß er im Stadion zehntausend, ja sogar hunderttausend Zuschauer unterbringe. Das verführt ihn beim Entwurf, Maß und Proportion zu vergessen und die Angst vor dem allzu großen Raum zu überspielen, die in allen Großbauten heute spürbar ist. Die Sportarchitektur gebiert dann wahre Ungeheuer des Massenbaus. Wir nennen sie nicht Massenbau, weil eine latente Masse sich in ihnen versammelt; sie erzeugen vielmehr eine Masse, da von keinem Sektor aus das ganze Spiel zu erfassen ist und Zuschauer und Spieler gehindert werden, zur Gemeinschaft zu kommen. Wer derartige Bauten, die nichts mehr mit Architektur zu tun haben, veranlasst und errichtet, verstößt gegen die Moral der Dinge und gegen das ungeschriebene sittliche Gesetz des Menschen, Maß zu halten und die Grenzen zu achten.

Der große und offene Raum ist Gefahr aber auch Glück des Stadionbaus. Wer Maß hält und sich mit den Mitteln der modernen Architektur bemüht, unter freiem Himmel gleichsam einen Innenraum zu bauen, wird reich belohnt. Ihm gelingen jene neuen Stadien, die wie bewegte und schöne Gebilde moderner Plastik aussehen, aber Spieler und Zuschauer in reinster Weise zueinander führen und die Menge ordnen und beglücken.

Auch im schönsten und kühnsten Stadion hindert die offene Bauweise den Architekten naturgemäß, die volle Intensität des modernen Gemeinschaftsraumes zu gewinnen. Das gelingt ihm nur im zweiten Typ des neuen Sportbaus, in der kuppelbedeckten Rundhalle. In ihr vollendet sich das Amphitheater. Es gehört zu den Glücksfällen der Architekturgeschichte, daß wir diesen Prozeß
189 am Ort des Kolosseums am reinsten beobachten können, im Palazzo dello Sport in Rom, den einer der großen alten Männer des neuen Bauens, Pier Luigi Nervi, für die Olympiade von 1960 gebaut hat.

Der Bauauftrag enthielt ein Bündel verschiedener Funktionen: er verlangte Raum für Hallensport vor Zuschauern, für großes Theaterspiel und Konzert, für Massenversammlungen von etwa 16 000 Menschen und schließlich Platz für Ausstellungen bildender Kunst. Das Programm hätte den Architekten verlokken können, jedem der Zwecke einen geschlossenen Raum unter dem übergreifenden Notdach einer großen Halle zu geben. Nervi erlag dieser Versuchung nicht, er entsprach allen Funktionen mit dem fließenden und doch geteilten Großraum einer Rundhalle. Jeder ward ihr Teil: der Sport, das Spiel der Musen

189. Rom. Der «Palazzo dello Sport».

und die Versammlung erhielt ein Amphitheater, die Werke der bildenden Kunst eine Galerie in dem umlaufenden Treppenhaus.

Im Grundriß herrscht unangefochten und rein der Kreis, konzentrisch die Arena, den Zuschauerraum und die Galerie umschreibend. Er wirkt auch im Raum und gibt den drei Rängen des Amphitheaters und dem freien Raum der Kuppel und ihrer Laterne den horizontalen Umriß. Sich vorzustellen, daß er auch im Querschnitt Macht erhalten und den Kugelraum gebildet hätte, von dem die Architektur seit dem Bau des Pantheons träumt, ist ein reizvolles und kühnes Spiel der Phantasie. Nervi ging nicht so weit; sein Querschnitt antwortet dem horizontal herrschenden Kreis mit gebrochenen Rundformen, gebildet aus der Schale des Amphitheaters, die ihren platten Boden mit einer dreimal gestuften Schrägwand umschließt, und aus dem gelassenen Segment der sphärischen Kuppel.

In der Konstruktion wird die Einheit von Gegenwart und Geschichte im neuen Bauen anschaulich. Sie verdankt der römischen Architektur der Kaiserzeit nicht nur die Figur des Amphitheaters, wie bei frühen Bauten dieses Typs liegt der untere Rang des Zuschauerraums in der Erde. Der zweite Rang ruht mit der unteren Kante seiner Schrägbalken im Niveau des Erdbodens auf seinem Fundament, vertikale Betonpfeiler stützen die obere Kante. Das Instrumentarium der modernen Konstruktion wird erst für den dritten Rang und die Kuppel aufgeboten; es bildet dabei das große Treppenhaus. Die Bankelemente des dritten Ranges lehnen sich gegen Betonstützen, die sich unter ihrer Last zu krümmen scheinen und Halt suchen bei Strebepfeilern, die ihnen schräg zu Hilfe eilen.

Sie nehmen auch den Druck der großen Kuppel auf und stützen die Decke des Treppenhauses, deren Betonträger wie der Balken einer Waage auf einem kurzen, trapezförmigen Pfeiler im Gleichgewicht schwebt. Dieses tragende Skelett bekleidete der Architekt mit vorfabrizierten Elementen. Aus ihnen montierte er die Sitzringe des Amphitheaters. Selbst das *velum* kehrt verwandelt wieder. Es wird zu einem perforierten Faltgewölbe, das einen Radius von 50 m hat, es ist auch nach dem im alten Rom erfundenen System des räumlichen Tragwerkes gebildet. Bei der Montage wird ein Baugerüst aus Stahlrohren über den Raum gespannt. Auf ihm legt man die Fertigelemente aneinander. Sie haben einen wellenförmigen Querschnitt und versteifte Kanten; ihre Seitenwände bestehen aus schmalen Querstegen, zwischen denen offene Rechtecke liegen. Sobald die 2,5 m breiten und 4,5 m langen Elemente aneinandergefügt waren, wurden auf die Kämme und in die Täler der laufenden Welle leichte Rippen aus armiertem Beton gelegt. Die Rippen trockneten schnell; man konnte das Gerüst aus Stahlrohren entfernen; und die riesige durchbrochene Kuppel trug in sich, obwohl sie nirgends dicker als 9 cm ist. Sie konnte auch noch das Asphaltdach auf sich nehmen, das Nervi über sie stülpte.

Das Geheimnis dieser erstaunlichen Konstruktion liegt nicht in den schmächtigen Betonrippen, sondern in der Struktur ihrer Fertigelemente. Da sie gewellt sind, können sie dünn sein und ihre Seitenwände aufbrechen. Sie verlieren dabei an Gewicht. Das beeinträchtigt nicht die Festigkeit. Der Verlust an Eigengewicht steigert vielmehr die Widerstandskraft. Das Strukturprinzip bewährt sich und trifft auf eine elementare Erfahrung des Spiels mit den Materialien. Wer sich an plastischen Verformungen aus der Fläche versucht und etwa einen Papierbogen in regelmäßigen Abständen faltet, findet bastelnd das Prinzip, das der Kuppel des Sportpalastes, einem der kühnsten Gewölbe unserer Zeit, zugrunde liegt. Mit der konstruktiven Zweckmäßigkeit gehen technische Vorteile einher. Die Wellenform gibt dem Raum eine gute Akustik; die offenen Seitenwände nehmen die elektrische Beleuchtung auf.

Sachlich und kühl wurden alle Möglichkeiten der Funktion und der Konstruktion beim Bau dieser Kuppel bedacht, und am Ende ergab sich doch eine hohe Architekturform, weil zwei Anliegen des neuen Bauens, Wand und Decke als raumdurchlässiges Gitterwerk anzulegen und der Versuch, diaphan zu bauen, in ihr zu einem reinen Einklang kamen.

In dem Treppenhaus, das sich rund um den Zuschauerraum legt, triumphiert diese Bauweise. Ein Mantel aus durchsichtigem Glas, in großen Scheiben zwischen rechtwinklig gestellten Sprossen gesetzt, gibt ihm eine glatte und diaphane Außenwand. Die innere Wand bildet sich in zwei Geschossen als raumdurchlässiges Gitterwerk von riesigen Dimensionen. Das vorkragende halbe Tonnengewölbe des dritten Ranges überfängt einen Raum, der sich von dem Treppenhaus absetzt und doch in ihm bleibt. Wände aus Glas und Türen aus Spiegelglas vermitteln im Obergeschoß wie im Untergeschoß transparent zwischen dem hellen, sich in der äußeren Glaswand der Umwelt öffnenden Treppenhaus und dem introvertierten Zuschauerraum. Die großen Strebepfeiler gittern mit ihrer Ringreihe das Untergeschoss ab und öffnen es zugleich dem Hochraum des Treppenhauses. Eine Rampe unterteilt es auf halber Höhe. Treppen führen zu ihr und von ihr in das Obergeschoß, das die höchste Bankreihe des dritten Ranges umschließt. In ihm wiederholt sich die diaphane und raumhafte Gitterwand, verlagert sich aber in den Zuschauerraum. Keilförmige Pfeiler heben den Wangebalken hoch, auf dem die Decke liegt, die der Galerie und dem peripheren Ring des Zuschauerraumes dient. Zwischen dem Rand der frei über dem Amphitheater schwebenden Kuppel und den Strebepfeilern spannen sich die gebündelten Rippen, in energischen Dreiecken gerafft und einen dynamischen Gitterraum über den Köpfen der Zuschauer bildend. Sein plastischer Charakter wirkt wie ein verklingendes Echo des Lebens, das den diaphanen Gitterraum des Erdgeschosses erfüllt. Die Halbtonne, die der Raumeinheit ein offenes Gewölbe gibt, bildet mit ihren Fertigelementen ein einfaches Relief, die gekrümmten Betonstützen geben dem verhalten beginnenden plastischen Spiel Handlung, und die großen Strebepfeiler steigern es zum raumgreifenden Drama. Im kühlen Feuer des Strukturprinzips verformten sie sich in einer stereometrisch nicht mehr zu benennenden Weise; sie nahmen die organische Form von Muskeln des menschlichen Körpers an. Wir sehen den englischen Physiker George P. Thomson bestätigt, der schon vor langer Zeit den modernen Ingenieurkonstruktionen ansah, daß sie bald den biologischen Formen ähnlich sein würden. Er versprach sich von diesem bildnerischen Weg eine Umwelt, die ätherischer aussehe als die Welt der Gegenwart und der Vergangenheit, ein architektonisches Märchenland. Sollte die moderne Architektur uns dieses Märchenland weiter erschließen, so bildet nicht nur die organische Konstruktion den Schlüssel. Wegbahnend ist auch wie im Kolosseum das Licht. Dank des souverän verwandten Glases öffnen sich ihm alle Wege. Nervi handhabte es in seinem Sportpalast freudig. Stark füllt das Tageslicht aus der breiten Kuppellaterne auf die Arena der Rundhalle, gedämpft und aus zweiter Hand kommt es durch die gläsernen Lichtbänder herein, die den oberen Rang umkränzen. Das künstliche Licht ist wie das Tageslicht geführt; es strahlt hell aus der Laterne, gedämpft und strukturiert leuchtet es in dem breiten Reif der Lichtkrone, den die leuchtenden Teile der Wellenelemente in der Kuppel bilden, und indirekt, von der Galerie kommend, in den Glasbändern des dritten Ranges. Das Licht wirkt raumbildend; es füllt die Schale des Zuschauerraumes bis zum Rand und interpretiert die Konstruktion der Kuppel. Es wirkt funktionell. Der Zuschauer hat das Licht stets über seinem Kopf und im Rücken; es behindert seine Blickbahn nicht und führt seine Sinne auf das Spielfeld, sich und ihn auf das Ereignis konzentrierend. Die Oberflächen und die Farben des Amphitheaters bieten dem

Licht keine Möglichkeit, sein großes Spiel zu inszenieren, die Materialien des Treppenhauses ermuntern es dagegen, mit Glas, Schimmer und Spiegelglanz ein Fest zu feiern. Es fällt siegreich durch die riesige Glaswand des Rundmantels ein, es herrscht souverän in dem Hochraum und dämpft sich in dem Gitterwerk des Untergeschosses.

In Nervis Palazzo dello Sport vollendete sich der Innenraum, den die Architekten des Kolosseums vergeblich anstrebten. Im Außenbau bleibt er dagegen hinter dem Kolosseum zurück. Er ist ein introvertiertes Amphitheater. Seine äußere Erscheinung wirkt schlicht. Der große Glasmantel hängt über einem Sockel, der etwas zurücktritt und mit ockergelben Ziegelsteinen verblendet ist. Er enthält Zugänge zur Arena und den Diensträumen, während gelbe Marmortreppen die Brücken zum Treppenhaus schlagen. Die grüne Kuppel scheut sich, den Eindruck einer Halbkugel zu machen; sie bleibt flach und erhöht sich nur in einer niedrigen Laterne. Die Maße und Proportionen stimmen aber; das genügt, um die große gläserne Rundhalle leicht und schön zu machen und ihr doch jene Monumentalität zu lassen, die in der Fernsicht bestehen kann. Das ist wichtig, da sie auf einem beherrschenden Hügel liegt, der von der großen Ausfallstraße Cristoforo Colombo umfaßt wird, die aus dem Stadtviertel EUR nach Castel Fusano und ans Meer führt. Der hohe Ort und die große Architektur erheben den Palazzo am Ende doch zu einer Stadtkrone, die im Kranz der über Rom herrschenden alten und neuen Monumentalbauten einen legitimen Platz hat.

Katalog der wichtigsten Amphitheater und Circusanlagen

Ausführliche Beschreibungen der hier aufgeführten sowie weiterer Bauten siehe A. Neppi-Modona, *Gli edifici teatrali Greci e Romani,* 1961; A. Grenier, *Manuel d'Archéologie Gallo-Romaine,* vol. 3: *Ludi et Circenses,* Paris 1958.

ALBENGA (ALBINGAUNUM), Ligurien, Italien. 3. Jh. n. Chr. Arena: 70 × 50 m. Auf einer kleinen Anhöhe gelegen.

ALBANO LAZIALE (CASTRA ALBANA), Latium, Italien. 193–211 n. Chr. Arena: 67,50 × 45 m. Fassungsvermögen: 14 000–16 000 Zuschauer. Beschreibung Seite 162.

ANCONA, Italien. Um 120 n. Chr. Errechnete maximale Achsenmaße: 111 × 97 m. Heute noch sichtbarer Rest ist der sog. Arco Bonarelli.

AOSTA (AUGUSTA PRAETORIA), Italien. Aus augustäischer Zeit. Der große Bau erhob sich in der Nord-Ost-Ecke der Stadt unmittelbar beim römischen Theater.

AREZZO (ARRETIUM), Italien. Um 100 n. Chr. Achsenmaße: 121,40 × 92 m; Arena: 71,90 × 42,70 m. Noch sichtbare Baureste befinden sich beim Archäologischen Museum.

ARLES (ARELATE), Frankreich. Um 80 n. Chr. Beschreibung Seite 147.

AUGST (COLONIA AUGUSTA RAURICA), Schweiz. Um 150 n. Chr. Maße der Arena: 48 × 33 m.

AVENCHES (AVENTICUM), Schweiz. Ende 1. Jh. n. Chr. Achsenmaße: 115 × 87 m; Arena: 59 × 37 m. Fassungsvermögen ca. 8000 Zuschauer. Abb. 144.

BENEVAGIENNA (AUGUSTA BAGIENNORUM), Ligurien, Italien. 2. Hälfte 1. Jh. n. Chr.

BORDEAUX (BURDIGALA), Frankreich. 3. Jh. n. Chr. Achsenmaße: 132,30 × 110,60 m; Arena: 69,30 × 46,70 m. Heute noch sichtbare Reste: Das Nordtor und einige Arkaden.

BUDAPEST (AQUINCUM), Ungarn. 1. Kleiner Bau, um 160 n. Chr. Achsenmaße: 86,45 × 75,54 m. Fassungsvermögen ca. 8000 Zuschauer. 2. Großer Bau, aus antoninischer Zeit, Achsenmaße: 130 × 107 m.

CAGLIARI (CARALES), Sardinien. 2. Jh. n. Chr. Maße der Arena: 46,80 × 31,20 m. Fassungsvermögen ca. 30 000 Zuschauer. Erhalten sind noch 4 Vomitorien und ein Teil der *cavea.*

CASSINO (CASINUM), Latium, Italien. Letztes Viertel 1. Jh. n. Chr. Nahezu kreisförmig. Achse: 85 m. In unmittelbarer Nähe der Anlage befindet sich das Grab der Ummidia Quadratilla, die das Amphitheater errichten ließ.

CATANIA (CATANA), Sizilien. Um 240 n. Chr. Achsenlänge der Arena: 51 m. Fassungsvermögen ca. 10 000–15 000 Zuschauer. Auf der Piazza Stesicoro ist ein Teil des Korridors, der das Amphitheater vom Hügel trennt, und ein Teil der unteren Ordnung erhalten. Beschreibung Seite 161.

CIMIEZ (CEMENELUM), Frankreich. 1. Viertel 3. Jh. n. Chr. Achsenmaße: 65 × 54 m; Arena: 45 × 34 m, zwei Bauphasen. Ursprünglich ein Militärbau.

EL DJEM (THYSDRUS), Tunesien. Um 230 n. Chr. Beschreibung Seite 162 f.

FRASCATI (TUSCULUM), Latium, Italien. Mitte 2. Jh. n. Chr. Achsenmaße: 80 × 53 m; Arena: 47 × 29 m. Fassungsvermögen ca. 3000 Zuschauer. Erhalten sind Reste des Podiums, das die Arena einfaßte.

FRÉJUS (FORUM JULII), Frankreich. Um 100 n. Chr. Achsenmaße: 113,85 × 82,20 m; Arena: 67,70 × 39 m. Fassungsvermögen ca. 10 000 Zuschauer. Außerhalb der Stadtmauern gelegen, an den Stadthügel angelehnt. Die Außenmauern und die *cavea* sind relativ gut erhalten. Beschreibung Seite 154.

GROTTE DI NOCERA SUPERIORE (NUCERIA CONSTANTIA oder ALFATERNA), Kampanien, Italien. 2. Hälfte 1. Jh. n. Chr. Achsenmaße: 125 × 102 m. Gewölbereste sind in Innenhöfen der Häuser an Strassenzügen, die ein Oval bilden, sichtbar.

IMOLA (FORUM CORNELI), Emilia, Italien. Achsenmaße: 108 × 80 m; Arena: 67 × 40 m. Grundmauern der Anlage sind erhalten.

IVREA (EPOREDIA), Norditalien. Achsenmaße: 96 × 72 m; Arena: 67 × 42 m. Grundmauern der Anlage sind noch sichtbar.

KAPU DAĞ (CYZICUS), Kleinasien. Um 150 n.Chr. Außerhalb der Stadtmauern in nordöstlicher Richtung in einer Talebene gelegen. Bedeutende Reste sind noch erhalten.

KARTHAGO, Tunesien. 1. und 2. Jh. n.Chr. Achsenmaße: 156 × 128 m; Arena: 66 × 36 m.

LAMBAESIS, Algerien. Unter Marcus Aurelius durch Legio III Aug. erbaut. Abb. 152.

LARDENNE (ANTIPOLIS), Frankreich. 1. Jh. n.Chr. Achsenmaße: 109 × 99 m; Arena: 59 × 49 m. Fassungsvermögen ca. 10000 Zuschauer. Schlechter Erhaltungszustand. *Lit.* R. Chevallier, *Röm. Provence,* 1979, S. 197.

LECCE (LUPIAE), Apulien, Italien. 1. Jh. n.Chr. Achenmaße: 102 × 83,40 m; Arena: 50,70 × 37,90 m. Bedeutender Rest an der Piazza S. Oronzo.

LEPTIS MAGNA, Tripolitanien, Libyen. Neronisch. Achsenmaße ca. 100 × 80 m. Fassungsvermögen ca. 20000 Zuschauer. Abb. 151.

LIMOGES (AUGUSTORITUM), Frankreich. Beginn des 2. Jh. n.Chr. Achsenmaße: 138,20 × 116,40 m. Reste sind heute nicht mehr sichtbar.

LIXUS, Marokko. Aus claudischer Zeit. Theater und Amphitheater sind in einem Baukomplex zusammengefaßt.

LUCCA, Toskana, Italien. Arena: 80,10 × 53,40 m. Abb. 162.

LUCERA (LUCERIA), Apulien, Italien. Um 100 n.Chr. Achsenmaße: 133,20 × 99,20 m; Arena: 75,20 × 46,20 m. Fassungsvermögen ca. 16000–18000 Zuschauer. Die beiden Hauptportale sind erhalten.

LUNI (LUNA), Etrurien, Italien. Mitte 2. Jh. n.Chr. Fassungsvermögen ca. 6000 Zuschauer. Einziger noch sichtbarer Bau aus römischer Zeit. Abb. 117.

LYON (LUGDUNUM), Frankreich. Um 80 n.Chr. Achsenmaße: 140 × 117 m; Arena: 64 × 41 m. Das Areal ist heute vollständig überbaut.

MAILAND (MEDIOLANUM), Norditalien. Um 80 n.Chr. Achsenmaße: 155 × 125 m. Fassungsvermögen ca. 30000 Zuschauer. Heute sind keine Baureste mehr sichtbar.

MASSA D'ALBA (ALBA FUCENS), Italien. Um 70 n.Chr. Achsenmaße: 101 × 79 m; Arena: 64 × 37 m. Noch nicht systematisch ausgegraben.

MERIDA (AUGUSTA EMERITA), Spanien. 8 v.Chr. Achsenmaße: 126,30 × 102,65 m; Arena: 64,50 × 41,14 m. Es liegt unmittelbar neben dem Theater und dem Circus.

NIMES (NEMAUSUS), Frankreich. Um 80 n.Chr. Beschreibung Seite 147.

PADUA (PATAVIUM), Italien. Auf dem Gelände des Amphitheaters steht die Cappella degli Scrovegni. Ein Teil der Außenmauern ist erhalten.

PAESTUM, Süditalien. 1. Hälfte 1. Jh. n.Chr. Beschreibung Seite 134.

PÉRIGUEUX (VESUNNA), Frankreich. Anfang 1. Jh. n.Chr. Arena: 64,65 × 40 m. Nur noch wenige Reste sind sichtbar.

PETRONEL (CARNUNTUM), Österreich. Das Amphitheater der Zivilstadt entstand in hadrianischer Zeit. Arena: 68 × 50 m. Fassungsvermögen ca. 13000 Zuschauer. Abb. 140–142.

POITIERS (LEMONUM PICTONUM), Frankreich. Um 80 n.Chr. Das Aussehen des Bauwerks ist lediglich durch zwei Aquarelle aus der 1. Hälfte des 19. Jahrhunderts bekannt. Längsachse: ca. 155 m.

POMPEJI, Süditalien. Um 80 v.Chr. Beschreibung Seite 133.

POZZUOLI (PUTEOLI) I. Letztes Viertel 1. Jh. v.Chr. Beschreibung Seite 134.

POZZUOLI (PUTEOLI) II. Um 80 n.Chr. Beschreibung Seite 138.

PULA (POLA, COLONIA PIETAS JULIA), Istrien, Yugoslawien. 80–100 n.Chr. Beschreibung Seite 151.

RIMINI (ARIMINUM), Italien. Ende 1. Jh. n.Chr. Achsenmaße: 117,72 × 88 m; Arena: 73,76 × 44,50 m. Zwei der ehemals 60 Bögen sind heute noch an der Via Sabinia zu sehen.

ROM. Amphitheater des Statilius Taurus. 29 v.Chr. Auf dem Marsfeld gelegen.

ROM. Amphitheatrum Flavium (Kolosseum). 70–80 n.Chr. Beschreibung Seite 117 ff.

ROM. Amphitheatrum castrense. Anfang 3. Jh. n.Chr. Längsachse: 88,50 m; Querachse: 78 m. Beschreibung Seite 160.

SABRATHA, Tripolitanien, Libyen. Ende des 2. Jh. n.Chr. Fassungsvermögen ca. 10000 Zuschauer. Am westlichen Stadtrand gelegen.

SAINTES (MEDIOLANUM SANTONUM), Frankreich. Um 60 n.Chr. Achsenmaße: 126,25 × 102,12 m; Arena: 63,90 × 39,20 m. Fassungsvermögen ca. 15000 Zuschauer. Die imposanten Ruinen liegen außerhalb der Stadt im Westen.

Split (Salona), Dalmatien, Yogoslawien. Um 200 n. Chr. Achsenmaße: 100,25 × 124,75 m; Arena: 40,20 × 64,30 m. Fassungsvermögen ca. 15 000 Zuschauer.

Sta. Maria Capua Vetere (Capua), Kampanien, Italien. 70–80 n. Chr. Beschreibung Seite 140.

Santiponce (Italica), Spanien. Um 90 n. Chr. Längsachse: 156,50 m. Arena: 71,10 × 45,80 m. Seiner Größe nach rangiert dieser Bau nach jenen von Rom, Capua und Pozzuoli. Abb. 136.

Sbeitla (Sufetula), Tunesien. 2. Hälfte 1. Jh. n. Chr. *Lit.* N. Duval/F. Baratte, *Les ruines de Sufetula*, 1973.

Serravalle Scrivia (Libarna), Ligurien, Italien. Spätes 3. Jh. n. Chr. Arena: 77 × 47 m.

Silchester (Calleva Atrebatum), England. Um 100 n. Chr. *Lit.* J. A. Richmond, *Roman Britain*, 1955.

Spoleto (Spoletum), Umbrien, Italien. Anfang 2. Jh. n. Chr. Achsenmaße. 115 × 85 m. Baureste sind auf dem Gelände der jetzigen Kaserne Severo Minervio in der Via dell'Anfiteatro noch sichtbar.

Susa (Segusio), Norditalien. Anfang 3. Jh. n. Chr. Kleine Anlage mit einer maximalen Achsenlänge von 53 m.

Sutri (Sutrium), Norditalien. 53 v. Chr. vollendet. Beschreibung Seite 136.

Syrakus (Syracusae), Sizilien. Anfang 3. Jh. n. Chr. Achsenmaße: 141 × 118,50 m; Arena: 69,30 × 39,20 m. Abb. 121.

Tarragona (Tarraco), Spanien. Um 80 n. Chr. Arena: 62 × 67,25 m. Die Baureste liegen unter der Kirche S. Maria del Milagro.

Teramo (Interamnia), Italien. Um 100 n. Chr. Achsenmaße: 63,95 × 56,15 m.

Tebessa (Theveste), Algerien. 3. Jh. n. Chr. Abb. 164.

Termini Imprese (Thermae Himereae), Sizilien. Um 240 n. Chr. Achsenmaße: 87 × 58 m; Arena: 51 × 27 m. Fassungsvermögen ca. 4000 Zuschauer.

Tifech (Tipasa), Algerien. 3. Jh. n. Chr.

Trier (Augusta Treviorum), Deutschland. Um 100 n. Chr. Beschreibung Seite 154.

Velleia, Emilia, Italien. Achsenmaße: 54,85 × 44,10 m.

Venosa (Venusia), Apulien, Italien. Nur Teile der Substruktionen sind bisher freigelegt worden.

Verona, Italien. 70–80 n. Chr. Beschreibung Seite 142.

Windisch (Vindonissa), Schweiz. Um 300 n. Chr. Achsenmaße: 112 × 98 m. Fassungsvermögen ca. 10 000 Zuschauer. Die Zuschauerränge bestanden teilweise aus Holz. Abb. 143.

Xanten I (Castra Vetera), Deutschland. Um 10 v. Chr.

Xanten II (Colonia Ulpia Traiana), Deutschland. Um 100 n. Chr. Beschreibung Seite 156.

Mehrzwecktheater

Allean, Cher, Frankreich. Um 100 n. Chr.

Areines (bei Vendôme, Loire-et-Cher), Frankreich. 2. Hälfte 1. Jh. n. Chr.

Augst (Colonia Augusta Raurica), Schweiz.

Berthouville (Canetonum), Eure, Frankreich.

Chennevières, Loir, Frankreich. Um 200 n. Chr.

Drevant (Derventum), Cher, Frankreich. Um 100 n. Chr. Beschreibung Seite 173.

Grand, Dép. Vosges, Frankreich. 1. Jh. n. Chr.

Kyrene, Cyrenaica, Libyen. 2. Jh. n. Chr. Abb. 150.

Lillebonne (Juliobona), Frankreich. 1. u. 2. Jh. n. Chr. Beschreibung Seite 172.

Néris-Les Bains (Aquae Neri), Allier, Frankreich. Um 100 n. Chr.

Paris (Lutetia). 2. Hälfte 1. Jh. und 2. Hälfte 3. Jh. n. Chr. Beschreibung Seite 171.

Philippi, Makedonien. Aus flavischer Zeit.

St. Albans (Verulamium), England. Um 100 n. Chr.

Sanxay, Vienne, Frankreich. Um 100 n. Chr.

Senlis (Augustomagus), Belgien. Ende 3. Jh. n. Chr.

Stobi, Makedonien. 3. Jh. n. Chr.

Triguères, Loiret, Frankreich. Anfang 2. Jh. n. Chr.

Valognes (Alauna), Frankreich. Anfang 2. Jh. n. Chr.

Vieil-Evreux (Mediolanum Aulercorum), Eure, Frankreich. Um 100 n. Chr.

Circus und Stadion

Aphrodisias, Kleinasien. 1. Jh. n. Chr. Abb. 166.
Arles (Arelate), Frankreich. Um 200 n. Chr.
Gerasa, Jordanien. 2. Jh. n. Chr.
Karthago, Tunesien. Aus severischer Zeit.
Leptis Magna, Tripolitanien, Libyen. 4. Jh. n. Chr.
Merida, Spanien. 1. Jh. n. Chr.
Rom. Circus Flaminius. 221 v. Chr. Beschreibung Seite 187.
Rom. Circus Maximus. Anfänge im 6. Jh. v. Chr. Beschreibung Seite 183 ff.
Rom. Circus Vaticanus oder des Caligula oder des Nero. Um 40 n. Chr. Beschreibung Seite 187.
Rom. Circus Varianus. Um 220 n. Chr. Beschreibung Seite 191.
Rom. Circus des Maxentius. 309 n. Chr. Beschreibung Seite 191 ff.
Rom. Stadion des Domitian (Piazza Navona). 86 n. Chr. Abb. 168.
Rom. Stadion des Domitian (Palatin). 81–96 n. Chr. Abb. 167.
Saintes (Mediolanum Santonum), Frankreich. 1. Jh. n. Chr.
Trier (Augusta Treviorum), Deutschland. Um 300 n. Chr.
Vienne (Vienna), Frankreich. Anfang 2. Jh. n. Chr.

Bibliographie

(aufgenommen sind nur häufig zitierte Werke)

Bullettino della commissione communale, Rom 1949 ff.
F. Coarelli, *Guida archeologica di Pompei*, 1976;
Rom. Ein archäologischer Führer, 1975.
W. Helbig, *Führer durch die öffentlichen Sammlungen klassischer Altertümer*, 4 Bde., 1963–1972.
G. Lafaye, in Daremberg-Saglio, *Dictionaire des Antiquités Grecques et Romaines*, Bd. II, Sp. 1563 ff.: *Gladiateurs*.
E. Nash, *Pictorial Dictionnary of Ancient Rome* I, II, New York, 1961, 1962.
A. Piganiol, *Recherches sur les Jeux Romaines*, 1923.
L. Robert, *Les gladiateurs en Orient Grec*, 1923; Hellenica 1–10, 1940 ff.
K. Schneider, *RE*, Suppl. 3 (1918) Sp. 760 ff. s. v. Gladiatoren.
P. Sabbatini Tumolesi, *Gladiatorum Paria*, Rom 1980.
Studi Miscellani 10, Rom 1966.

B. Andreae, *Römische Kunst*, 1973.
H. Bengtson, *Die flavische Dynastie*, 1979.
M. Bieber, *The History of the Greek and Roman Theatre*, 1939.
J. Carcopino, *Rom. Leben und Kultur in der Kaiserzeit*, 1977.
R. Chevallier, *Römische Provence*, 1979.
F. Coarelli, *Guida archeologica di Roma*, 1974; deutsche Ausgabe 1975.
L. Cozzo, *Ludus Magnus*, 1962.
L. Cozzo, *Il Colosseo*, 1980.
R. Graefe, *Vela Erunt. Die Zeltdächer der römischen Theater und ähnlicher Anlagen*, 1979 (mit ausführlicher Bibliographie zu den Themen Theater, Amphitheater und Circus).
P. Grimal, *Das antike Italien*, 1979.
La residenza imperiale di Massenzio. Mostra Documentaria, 1980.
A. Neppi Modona, *Gli edifici teatrali Greci e Romani*, 1961.
A. G. McKay, *Römische Häuser, Villen und Paläste*, 1980.
F. B. Ward Perkins, *Architektur der Römer*. 1975.

Anmerkungen

1 Zitat bei M. Foucault, *Überwachen und Strafen,* Frankfurt 1977, S. 18.

2 Vgl. Foucault, *a. a. O.,* S. 44 ff.

3 Vgl. Foucault, *a. a. O.,* S. 76.

4 Zeitungsberichte in großer Zahl bei Foucault, *a. a. O.;* Tagebuch: Vgl. z.B. S. Pepys, *Tagebuch aus dem London des 17. Jahrhunderts,* Stuttgart 1980, S. 125 ff.

5 Vgl. Lafaye, *DS,* 1564 f.; K. Schneider, *RE,* 760 ff.; L. Malten, Leichenspiel und Totenkult, *Römische Mitteilungen* 38/39, 1923/24, S. 300 ff.; F. Schwenn, Die Menschenopfer bei Griechen und Römern, *Religionsgeschichtliche Vorarbeiten und Versuche* 15, 1914/15.

6 Vgl. Cicero, *Pro Sulla* und die auf den S. 13 ff. behandelten Stellen aus dem Geschichtswerk des Livius.

7 Livius, *Epitome* 16 = Valerius Maximus 2, 4, 7.

8 Livius 41, 28: «Gladiatorenkämpfe wurden in diesem Jahr (= 174 v. Chr.) mehrfach gegeben; im allgemeinen waren sie unbedeutend. Das eine *munus* aber, das T. Flaminius beim Tod seines Vaters gab, war bemerkenswert; es dauerte zusammen mit einer Fleischverteilung, mit einem öffentlichen Mahl und mit Bühnenspielen vier Tage. Der Höhepunkt dieses grossen *munus* war, daß 3 Tage lang 74 Menschen kämpften».

9 Das Cato-Zitat ist überliefert in dem Lexikon des nordafrikanischen Schriftstellers Nonius, 4. Jh. n. Chr.

10 Vgl. Valerius Maximus, 2, 13, 12; dazu grundlegend F. Bücheler, *Kleine Schriften,* Leipzig 1927, S. 497 ff.

11 Ennodius, *Preisrede auf Theodorich,* S. 15 f.; vgl. Bücheler, *a. a. O.,* S. 499.

12 Die Nachrichten über Spartacus bei Münzer, *RE* III A, 2, 1528 ff. (1929); über Spartacus' Herkunft und das Ziel seines Unternehmens vgl. K. Ziegler, *Hermes* 83, 1955, S. 248 f.

13 Zum Charakter der Sklavenkriege und des Spartacusaufstandes vgl. J. Vogt, *Struktur der antiken Sklavenkriege,* Akademie der Wissenschaften und der Literatur Mainz, Abhandlungen der geistes- und sozialwissenschaftlichen Klasse 1957, Nr. 1.

14 Der *Ludus Magnus,* die große Gladiatorenkaserne Roms, wurde erst unter Domitian erbaut. Über die Anlage vgl. A. Colini, L. Cozza, *Ludus Magnus,* Rom 1962.

15 Beschreibung des Umbaus in jedem ausführlichen Reiseführer zu Pompeji; jetzt F. Coarelli, *Pompei,* 1976, S. 152 ff.

16 Einzelheiten bei Overbeck-Mau, *Pompeji in seinen Gebäuden, Altertümern und Kunstwerken*[4], Leipzig 1884.

17 Vgl. z.B. Flavius Josephus, *Ant. Iud.,* 15, 6, 7; Cassius Dio 51, 7.

18 Vgl. J. Vogt, *a. a. O.,* (Anmerkung 13) S. 37 f.

19 Die Darstellung von Schneider, *RE* s.v., wird, da ganz undifferenziert, dem Spartacusaufstand nicht gerecht.

20 Ciceros Leben, in allen Einzelheiten exakt belegt bei Gelzer, Kroll, Büchner, Philippson, *RE* VII A, 1, 827-1274 (1939).

21 Vgl. Sueton, *Iul.* 10, 2; Cassius Dio 37, 81; Plutarch 5, 4.

22 Vgl. Cicero, *Quinct.* 69; *Opt. gen. orat.* 17; ein differenziertes Urteil über Gladiatoren auch bei Lucilius, *frg.* 152 (*optimus* gladiator); ebenso bei Seneca, *Dial.* 1, 3, 4; *De benef.* 2, 34, 3; vgl. auch Horaz, *Ep.* 1, 1, 4 f. über den Gladiator Veianus, der sich aus der Arena rechtzeitig zurückzieht.

23 Vgl. Seneca, *De Tranquillitate animi* 11, 4; *ep.* 70, 19; 30, 8; Plinius, *Panegyricus* 33, 1. Zum Thema: J. Vogt, Lo Schiavo Morente, *Studi Romani* XX, 1972, 317 ff. Illustration dieser Haltung auf Abb. 26 und 27. Das Relief auf 26 dürfte etwa gleichzeitig sein mit Ciceros Text.

24 Vgl. die auf den S. 13 ff. erwähnten Beispiele. Weitaus der prominenteste Editor ist Caesar, der dadurch längst einen Namen hatte, bevor er politische Leistungen vollbrachte. Vgl. Schneider, *RE* 763 f.

25 Zitat aus dem Aufsatz von C. Weickert, Gladiatorenrelief der Münchner Glyptothek, *Münchner Jahrbuch der Bildenden Kunst,* 1925, S. 1 ff.

26 So auch D. Faccenna, *Bullettino della Commissione Communale* 1973, S. 49 f.
27 Exakte Beschreibung des *Thraex* mit Belegen und mit Zeichnung bei Lafaye, *DS* 1387.
28 Vgl. G. Ville, *Colloques internationaux du Centre National de la Recherche Scientifique,* Paris 1965, S. 147 ff.
29 Auch Caligula war als *Thraex* ausgebildet: Sueton, *Caligula* 54; zur Ausbildung der jungen Römer in der Gladiatorendisziplin vgl. M. Rostovtzeff, *Röm. Mitt.* 1900, S. 222 ff.
30 Vgl. die Inschriften der Gladiatorenherberge in Pompeji, Reg. V, Ins. 5, Aed. 3 in *CIL* IV, bes. Nr. 4289, 4342, 4345, 4397.
31 Zur Problematik der exakten Typisierung schwerbewaffneter Gladiatoren vgl. Anhang.
32 Vgl. G.R. Watson, Theta Nigrum, *Journal of Roman Studies* 52, 1952, S. 56 ff. Gladiatoreninschriften erwähnt G. R. Watson nicht.
33 Vgl. Weickert, *a. a. O.,* und B. Bandinelli, *Studi Miscellani* 10, Rom 1966, S. 13 f.
34 Cicero, *Pro Sulla* 55: Cornelius, der Freigelassene des Angeklagten Sulla, war damit beauftragt, die «*ferramenta*» für die in Capua gekauften Gladiatoren zu besorgen.
35 Vgl. Abb. 8, 21, 27.
36 Nach Cicero, *De orat.* 2, 325, schwangen die Samniten vor Beginn des Kampfes Lanzen, die sie im Kampf gar nicht benützten. Zur Datierung des Reliefs vgl. L. Franchi, *Studi Miscellani* 10, S. 25 ff. Die beiden Gladiatoren werden von L. Franchi mit einem Hilfsbegriff einfach als *bustuarii* = Kämpfer bei einer Leichenfeier bezeichnet.
37 Vgl. Cassius Dio 55, 10, 7; Sueton, *Aug.* 43.
38 Darüber ausführlich S. 72 f.
39 Vgl. Cassius Dio, 44, 6, 2 und Schneider, *RE* 764.
40 Augustus nahm allerdings aus Klugheit seine eigene Person immer zurück. Vgl. etwa Mon. Anc. 20 mit Domitians Verhalten, Sueton, *Domitian* 5.
41 Darüber bestand schon zu Tiberius' Lebzeit eine Kontroverse; vgl. Tacitus, *Ann.* 1, 76 mit Sueton, *Tiberius* 34.
42 Über Augustus' finanzielle Bemühungen vgl. Sueton, *Augustus* 44 f.; Cassius Dio 55, 31, 4.
43 Sueton, *Claudius* 24; Tacitus, *Annalen* 11, 22; Tacitus sieht darin eine Entwertung des Quästorenamtes, weil wegen des *munus* der Bewerber vor allen Dingen Geld haben mußte.
44 Vgl. O. Hirschfeld, *Die kaiserlichen Verwaltungsbeamten bis auf Diokletian*², Berlin 1905, S. 285 ff.
45 Auch die Quästoren erhielten später kaiserliche Unterstützung zur Finanzierung des *munus.* Einzelheiten der Regelung vgl. bei Schneider, *RE* 766.
46 Sueton, *Claudius* 22, über Claudius' gelehrte Neigung, vor allem im sakralen Bereich längst Vergangenes wieder einzuführen.
47 Auf den nie ganz in Vergessenheit geratenen Zusammenhang von *munus* – Totenkult – Kaiserkult verweisen vor allem A. Piganiol, *Recherches sur les Jeux Romains,* Paris 1923; J. Colin, *Antiquitas* X, 1964, S. 126 ff.; ders. in *Mélanges;* A. Piganiol III, S. 1566 ff.
48 Vgl. Tacitus, *Annalen* 13, 31; vgl. auch die zeitgenössische Schilderung dieses Wunderwerkes in: *Hirtengedichte aus neronischer Zeit,* Nr. 7, ed. Korzeniewski, Darmstadt 1971.
49 Zu diesem Ergebnis kommt G. Schumann, *Hellenistische und griechische Elemente in der Regierung Neros,* Diss. Leipzig 1930. Zitat: ebd. S. 61. Allen Thesen des Verfassers kann man allerdings nicht zustimmen.
50 Außer Tacitus *a. a. O.* darüber Cicero, *Tusculum* 4, 70. Cicero zitiert hier den Vers des Ennius: «Der Anfang der Schamlosigkeit ist es, den Körper vor andern zu entblößen».
51 Vgl. dazu Verfasserin, *Olympia in der Politik der griechischen Staatenwelt,* Tübingen 1972.
52 Plinius, *NH* 35, 168, beklagt den Verlust geistiger Kräfte durch athletische Übungen; ebenso Seneca, *Ep.* 15, 1; 80, 2 f.
53 Sueton, *Tiberius* 35, Übers. v. A. Lambert, Hamburg 1966.
54 Inschriftliche und literarische Belege in großer Zahl, die zeigen, daß ein *munus* von den meisten Beteiligten überlebt wurde und überlebt werden sollte wegen des Preises der Gladiatoren bei L. Robert, *Gladiateurs dans l'Orient Grec,* Paris 1940, S. 267 ff., unten S. 60 f.
55 Die Fundamente der Tribüne wurden gefunden. Vgl. G. Carettoni, Le Gallerie ipogee del Foro Romano, *Bull. Comm. Com.* 19, 1956–58, S. 23 ff.
56 Die Hinrichtungen fanden gewöhnlich am 1. Tag des *munus* statt, wenn das *munus* mehrtägig

war; vgl. Th. Mommsen, *Römisches Strafrecht,* Leipzig 1899, S. 925 ff.

57 Dabei handelte es sich natürlich um eine Verurteilung *ad bestias,* nicht um einen wirklich vorgesehenen Kampf. Die sizilianischen Sklaven entzogen sich der Schau durch Selbstmord, vgl. Diod., *a. a. O.*

58 Belege über die mit äußerster Akribie abgefaßten Bestimmungen bei Mommsen, *a. a. O.*

59 Diesen Aspekt der Hinrichtung dieser Christen betont J. Vogt, *Antike Welt* 7, 1976, Heft 4, S. 49 ff.

60 Die ältere Literatur über Pompeji siehe bei F. Coarelli, *Pompeji,* S. 349 ff; wichtig für den Gladiatorenbetrieb von Pompeji P. Sabbatini Tumolesi, *Gladiatorum Paria,* Rom 1980. Bei den im Folgenden behandelten Inschriften von Pompeji wird stets die Numerierung nach Tumolesi angegeben.

61 Die pompeianischen Wandinschriften, besser Aufschriften, sind in *CIL* IV gesammelt. Sie sind an den Wänden der pompeianischen Häuser noch zu erkennen, aber stark ausgebleicht.

62 *CIL* IV 1190 = Tumolesi Nr. 22; vgl. ebd. S. 122 ff. über die Schreiber, bzw. Maler der Aufschriften.

63 Über Aulus Suettius Certus und die übrigen Editoren vgl. Tumolesi, S. 125 ff.

64 *CIL* IV 2508 = Tumolesi 32. Die Inschrift wurde nach dem *munus* auf die Wand geschrieben, da sie die Ergebnisse bringt. Sie ist in ihrer Art einmalig.

65 Vgl. Abb. 16–18; mit 21.

66 Vgl. G. Ville, Anm. 28.

67 Einige solcher Stadtgesetze sind erhalten, allerdings nicht aus Pompeji. Vgl. *CIL* II 6278; *CIL* II 5439.

68 Das in den Ankündigungen Versprochene schwankt beträchtlich; am häufigsten wird außer den Gladiatoren eine *venatio* in Aussicht gestellt.

69 Tumolesi 1 = *CIL* X 1074 d. In *CIL* X sind die in Stein überlieferten Inschriften aus Pompeji publiziert.

70 Eingehende Erörterung der archäologischen und epigraphischen Probleme des sog. Scaurus-Grabes bei V. Kockel, *Die Grabbauten vor dem Herkulaner Tor;* die Arbeit ist z. Zt. noch im Druck. Ich danke dem Verfasser dafür, daß er mich in das Manuskript Einsicht nehmen ließ.

71 So auch Coarelli, *Pompei,* S. 333; anders Tumolesi S. 63 ff., die allerdings archäologische Probleme außer Acht läßt.

72 Die geschraubte Erklärung für zweierlei Namen auf einem Grabbau bei Tumolesi S. 65 f. ist damit gegenstandslos. N. Festius Ampliatus ist *editor muneris,* Angehöriger der pompeianischen Oberschicht, nicht *lanista.*

73 Vgl. Abb. 8; 9, 33 a–c.

74 Vgl. Anm. 15.

75 Vgl. Cicero, *Pro Sulla,* Anm. 34; vermutlich konnte man die für ein *munus* nötigen Waffen und Rüstungen mieten.

76 Dazu B. Maiuri, Rilievo Gladiatorio di Pompei, Accademia dei Lincei, *Rendiconti* 1947, Ser. VIII, vol. II, S. 491 ff. und A. La Regina in *Studi Miscellani* 10, S. 39 ff.

77 So B. Maiuri, *a.a.O.* Eher könnte man doch an Götterstatuen denken wie auf dem von La Regina besprochenen Relief (oben Anm. 76).

78 B. Maiuri, *a. a. O.,* nennt die Prozession mit den Waffenträgern *probatio armorum* (= Waffenprüfung), aber die als Beleg für eine *probatio* angeführte Stelle Cicero, *Pro Sulla* 55 sagt über einen solchen Vorgang nichts aus. Auch Sueton, *Tit.* 9 genügt nicht, um eine Waffenprüfung als feste Institution *in* der Arena zu beweisen.

79 Über berittene Gladiatoren zu Beginn eines *munus* F. Coarelli, *Studi Miscellani* 10, S. 85 ff.; ders. in *Arch. Cl.* 15, S. 62 ff.; L. Robert, *Hellenica* III, 1946, S. 132.

80 Ergebnis der Untersuchung von Tumolesi *a. a. O.,* S. 132 f.

81 Quellen sind zahlreiche Ehrenschriften der für das gebotene *munus* dankbaren Mitbürger aus dem ganzen Imperium.

82 Vgl. A. Piganiol, *a. a. O.* (Anm. 47), S. 128 ff.

83 Vgl. Tumolesi, *a. a. O.,* S. 137. Der Unterschied zu dem, was Rom bot, ist unverkennbar.

84 *Sparsiones* werden häufig, *vela* fast immer in Aussicht gestellt.

85 So die Erklärung von Tumolesi, *a. a. O.*, S. 132, für ein *munus* des Jahres 62 n. Chr.
86 Über Aufbau, Inhalt, ästhetische Wirkung, Datierung dieses Reliefs grundlegend F. Coarelli, *Studi Miscellani* 10, S. 85 ff.
87 Zur Ergänzung von nur drei fehlenden Figuren vgl. Coarelli, *a. a. O.* (Anm. 86).
88 Eine literarische Belegstelle, nicht in der Anm. 79 aufgeführten Literatur, ist Cicero, *Pro Sestio* 126.
89 Ein freilich später Zeuge (6./7. Jh. n. Chr.), Isidor von Sevilla, Origines 18, 53, sagt ausdrücklich über die *equites,* daß der Sieger zum Todesstoß auf den Gegner zustürzte.
90 Iuvenal 2, 145 nennt den fliehenden Gladiator ein «monstrum»; *CIL* IV 5214 «Officiosus flüchtete» mit genauer Datenangabe.
91 Über Nemesis als Göttin der Arena vgl. H. Posnansky, *Nemesis und Adrasteia,* Berlin 1890; A. v. Premerstein, *Philologus* 53, 1894; Chapouthier in *BCH* 1924, S. 287 ff. In mehreren Amphitheatern wurden Nemesis-Statuen und Inschriften für Nemesis gefunden.
92 Über dieses Relief zuletzt S. Diebner, *Aesernia-Venafrum,* Rom 1979, S. 246 ff.; ebd. weitere Literatur. Datum: 1. Jh. n. Chr.
93 Über dieses Relief vgl. A. La Regina, *Studi Miscellani* 10, S. 39 ff. mit weiterer Literatur.
94 Der Begriff ist mehrfach überliefert: Sueton, *Caligula* 26; *CIL* VI 631; 10168; 10182. Inschriftlich überliefert ist ein Paegniarier, der mit 98 Jahren starb: Dessau 5126. Das würde bestätigen, daß sein Beruf nicht gefährlich war.
95 Die Stellensammlungen über den Retiarier in *DS* und *RE* ergeben keine Erklärung.
96 Die Normalzahl in Pompeji sind 20 bis 30 Paare.
97 Genannt werden immer wieder die «Kämpfer» des Nenniger Mosaiks, Abb. 40 d. Der Kleidung nach sind das aber Bestiarier, vgl. unten S. 69.
98 Vielleicht aus diesem Grund tötet auf dem Grabrelief aus Pompeji der Schwerbewaffnete, nicht der Retiarier (Abb. 20). Daß Augustus eine regelrechte Reform der *munera* durchführte, vermutet Coarelli, *a. a. O.* (oben Anm. 86). Vgl. auch Sueton, *Nero* 4.
99 Die Kampfweise der Retiarier aus den Abbildungen entwickelt H. Wollmann, Retiarier-Darstellungen auf römischen Tonlampen, *Röm. Mitt.*32, 1917, S. 147 ff.
100 Auf unseren Abbildungen nicht zu sehen, Belege bei Wollmann, *a. a. O.*
101 Vgl. vor allem die Mosaikdarstellungen.
102 Martial, Praefatio zu *Epigr.* II.
103 Artemidor von Daldis, *Das Traumbuch,* übersetzt und mit Anmerkungen versehen von K. Brackertz, dtv München 1979, S. 159 f.
104 So H. Cancik in *Römische Literatur,* hrsg. v. M. Fuhrmann, Frankfurt 1974, S. 269.
105 Erst von dem Mönch Beda Venerabilis ist der Spruch geprägt worden: «Solange das Colosseum steht, steht Rom; wenn das Colosseum fällt, fällt Rom; wenn Rom fällt, fällt die Welt.»
106 Vgl. J. Deininger, Brot und Spiele, *Gymnasium* 86, 1979, S. 278 ff.
107 Die Platzfrage war genau geregelt, vgl. darüber jetzt Coarelli, *Rom,* S. 171 ff.; der Senat blieb für jeden Herrscher ein Problem; vgl. darüber für die flavische Epoche H. Bengtson, *Die Flavier,* München 1979, S. 173 ff.; 226 ff.
108 Über dieses Datum der 100-tägigen Einweihung besteht Übereinstimmung; vgl. Schneider, *RE* 767.
109 Belege bei Gall, *RE* VI s.v. *Flavium Amphitheatrum,* 2516.
110 Daß Martials *Liber Spectaculorum* zur Einweihung des Jahres 80 geschrieben wurde, zeigt O. Weinreich, *Studien zu Martial,* Stuttgart 1928; so auch Cancik, *Römische Literatur,* S. 284.
111 Martial *Spect.* 24 gebraucht den Ausdruck *sacri muneris,* dazu Cancik, *a. a. O.*, S. 284 f.; Bengtson, *a. a. O.*, S. 218.
112 Als Editoren zählten wohl Titus und Domitian, vgl. Sueton, *Tit.* 7 und 9; der von Martial angesprochene Caesar war wohl Domitian, vgl. Cancik, *a. a. O.*, S. 284.
113 Über Carpophorus' Erfolge als Bestiarier: Martial, *Spect.* 15; 23; 27.
114 So die Darstellung von Coarelli, *Rom,* S. 166 f.
115 Vgl. die Kapitel über Selbstdarstellung und Propaganda Domitians bei Bengtson, *a. a. O.* (oben Anm. 107).
116 H. Cancik, *Römische Literatur,* S. 269.

117 Abgedruckt in M. Foucault, *Überwachen und Strafen,* stw Nr. 187, Frankfurt 1977, S. 9 ff.

118 Die Rede wurde 144 n. Chr. gehalten. Zum Thema vgl. H. Bengtson, *Griechische Geschichte*[2], München 1960, S. 528.

119 Das Ergebnis verschiedener Untersuchungen von Th. Mommsen, daß es von Domitian an keine privaten *munera* mehr in Rom gab ist allgemein übernommen; vgl. Schneider, *RE* 767. Die Aufsicht über Gladiatoren, Colosseum, Kaserne, Ausstattung der *munera* bildet einen umfangreichen Teil der kaiserlichen Verwaltung, vgl. darüber H.-G. Pflaum, *Les carrières procuratoriennes équestres sous le Haut-Empire Romain,* Paris 1960, S. 211 ff.

120 Robert, *Gladiateurs,* S. 267 ff: *Munera* in den Provinzstädten wurden vorwiegend von den Würdenträgern des Kaiserkultes veranstaltet, häufig vom ἀρχιερεύς oder seiner Frau. Sie unterstanden teils kaiserlicher, teils munizipaler Gesetzgebung. Die Kaiser griffen immer wieder ein, meist um die Kosten zu senken, vgl. z.B. Tacitus, *Annalen* 13, 31. Das bekannteste Beispiel für kaiserliches Eingreifen in diesem Sinne ist die Inschrift aus der spanischen Stadt Italica, *CIL* II, Suppl. 6278; dazu J.H. Oliver, R.E.A. Palmer, *Hesperia* 24, 1955, S. 320 ff. Das Gesetz stammt aus dem Jahr 176/177 n. Chr. Der Kaiser senkte die Abgaben des *Lanista* an den Fiskus und legte zugleich Höchstpreise für die Gladiatoren fest. Die Editoren danken ihm dafür überschwenglich, weil die Gladiatoren durch die Senkung der «Vergnügungssteuer» sehr viel billiger geworden waren.

121 Datierung nach G. Ville, *a. a. O.* (Anm. 28), S. 152, «fin de l'époque flavienne».

122 Vgl. darüber B. Kytzler in *Röm. Literatur,* S. 310 ff. Das Mosaik von Zliten ist ausführlich besprochen v. S. Aurigemma, *I Mosaici di Zliten,* Rom 1926.

123 Diesen Hilfsbegriff gebraucht Robert, *Hellenica* III, 1946, S. 129 ff. Es könnten natürlich Reiter in der Endphase des Kampfes sein; vgl. Anm. 79 und Anm. 88.

124 Robert, *Hellenica* VII, S. 147.

125 Die römische Assoziation zu *tuba* und *cornu* ist eindeutig Krieg und Militär; vgl. Ovid, *Met.* 1, 98 f.; ergänzend die Grabinschrift eines Tubabläsers, der von sich sagt, er habe bald Soldaten, bald Gladiatoren angefeuert: *CIL* X 4915.

126 Vitruv, *De architectura* 9, 8 beschreibt die Wasserorgel sehr genau. Daß die Wasserorgel selten zu sehen war, ergibt sich eindeutig aus Vitruvs Beschreibung.

127 Solche Städte waren Sabratha, Oea, Leptis Magna oder Trier, vgl. Abb. 34.

128 Vermutung von Aurigemma, *a. a. O.,* S. 148 f.

129 Ein Beleg dafür wäre Pompei, *CIL* X 833; 834 = Onorato, Iscrizioni Pompeiane, Florenz, mit Kommentar. Ähnliche Dekoration im Amphitheater in Pompeji, vgl. *Pompei 1748–1980.* Rom 1981.

130 Die christlichen Märtyrer verschmähten es, noch einige Kunstgriffe zu lernen, um die wilden Tiere abzuwehren. Belege bei Robert, *Hellenica* III, 1946, S. 119 ff.

131 Das Bestreben, in der Arena Ungewöhnliches zu zeigen, war immer vorhanden. Vgl. z.B. die Krokodile des Symmachus, unten S. 73.

132 Vgl. L. Rochetti, Il Mosaico con scene d'Arena al Museo Borghese, *Rivista dell' Istituto Nazionale d'Archeologia e Storia dell'Arte,* N.S. 10, Rom 1961, S. 79 ff.

133 Vgl. Robert, *Gladiateurs,* mit zahlreichen Belegen.

134 Abb. 36 und 37, heute in den Vatikanischen Museen, entstanden im 3. Jh. n. Chr. in Rom, sind also ca. 300 Jahre jünger als der naturkundliche Text Diodors. Vgl. K. Parlasca in Helbig, *Führer durch die öffentlichen Sammlungen klassischer Altertümer in Rom,* 1. Band, Die Päpstlichen Sammlungen, Tübingen 1963, Nr. 235, 264.

135 Datierung nach J. W. Salomonsen, *Propyläen Kunstgeschichte,* Bd. 3, Das römische Weltreich, Berlin 1967, Nr. 349, S. 270. K. Parlasca, *Die römischen Mosaiken in Deutschland,* Berlin 1959, gibt als Datum 230/240 n. Chr.

136 Vgl. J. Dechelette, *Rev. Arch.* 1904, S. 308 ff.

137 Vgl. Laur-Belart, *Führer durch Augusta Raurica*[4], Basel 1966, S. 131; L. Berger, M. Joos, *Das Augster Gladiatorenmosaik,* Basel, 1976.

138 Augustus, *Monumentum Ancyranum* 23: «jenseits des Tibers an der Stelle, wo jetzt der Hain des C. und L. Caesar liegt».

139 Von dieser Zuleitung wurde ein Teil gefunden, die Stelle der Naumachie dagegen ist archä-

ologisch nicht gesichert worden, vgl. Coarelli, *Rom,* S. 315 f.; weitere Angaben bei E. Nash, *Pictorial Dictionary of Ancient Rome* I², New York 1968, S. 35.

140 Sueton, *Tiberius* 72: «Tiberius fuhr mit einer Triere bis zu dem ganz in der Nähe der Naumachie gelegenen Park.»

141 Vgl. Sueton, *Nero* 27; Tacitus, *Annalen* 15, 37.

142 Vgl. Tacitus, *Annalen* 12, 56 und oben S. 29.

143 Martial, *Spect.* 28, 1 ff.: «Des Augustus Mühe war es gewesen, hier Flotten gegeneinander zu schicken?... Welches Ausmaß hat das, was unser Caesar hier bietet?» Darauf gibt Martial als Antwort natürlich keine Maßangaben, denn die Dimensionen der unter Wasser gesetzten Arena erreichten ja bei weitem nicht Augustus' See. Er bringt die Wasserjagd und die im Wasser fahrenden Wagen.

144 Zum ganzen Kapitel grundlegend: Traversari, *Gli Spettacoli in Aqua nel Teatro Tardo-Antico,* Rom 1960. Zu den Umbauten des Dionysos-Theaters von Athen: E. Fiechter, H. Bulle, K. Kübler in *Antike griechische Theaterbauten,* Heft 7, 1936.

145 Belege bei Traversari, *a. a. O.,* S. 82 ff. Vgl. auch M. Bieber, *The History of the Greek and Roman Theater,* Princeton 1961, S. 237.

146 Sueton, *Nero* 12: «Naumachia» mit Seetieren.

147 Eine gewisse Vorstellung von Wagenrennen und Jagden in einer Naumachia vermitteln die Photos aus dem 19. Jh. vom «lago estivo» auf der Piazza Navona in Rom. Die Piazza wurde zum Vergnügen der Bevölkerung jeden Sommer unter Wasser gesetzt. Vgl. G. Asmus, *Rom in frühen Photographien 1846–1878,* München 1978, S. 131.

148 Die abgebildeten Lampen stammen aus Athen, aber ähnliche fand man in allen römischen Städten und Lagern; vgl. z.B. Loeschcke, *Lampen aus Vindonissa,* Zürich 1919; A. Leibundgut, *Die römischen Lampen in der Schweiz,* Bern 1977. In dieselbe Kategorie gehören Gegenstände mit Darstellungen von Zirkus und Wagenrennen, so die Lampe aus Augst (Abb. 32a) und der Brotmodel aus Teurnia, einer Stadt im römischen Kärnten (Abb. 44).

149 Abb. 45: Ein Schwerbewaffneter; der Schild an der linken Hand ist abgebrochen; Abb. 46: Ein Thraker (mit hohen Beinschienen) bittet mit erhobener linker Hand um Gnade; Abb. 87: Retiarier (?) mit Dreizack; Abb. 46: Retiarier mit riesigem *galerus,* die Waffen sind nicht erhalten, gegen einen Schwerbewaffneten mit glattem Helm; Abb. 47: Retiarier und Gegner mit auffälligem Helmkamm; die enge Umklammerung ist wohl aus der Funktion der Skulptur, Dekoration eines Messergriffs, zu erklären.

150 Beispiel bei Iuvenal 3, 152; vgl. dazu Rostovtzeff, *a. a. O.* (Anm. 29).

151 Vgl. Cicero, *Ep. ad Atticum* 2, 8; 2, 11; 1, 19; 1, 10. Über Ciceros elitäre Moralvorstellungen vgl. *De off.* 1, 150 f.

152 Seneca, *Ep.* 7. Dieser Brief wird zu Unrecht stets als Beweis für Senecas Ablehnung der Gladiatorenkämpfe angeführt.

153 J. Deininger, *a. a. O.* (Anm. 106).

154 Vgl. zu Epiktet A. Lesky, *Geschichte der Griech. Literatur,* Bern 1958, S. 793.

155 Encheiridion, hrsg. v. H. Schenkl, Leipzig 1916.

156 Ähnliche Vorwürfe an die Athener auch bei Philostrat, Vita *Ap. v. Tyana;* Lukian, *Demonax* 57; Plutarch V, 802 D.

157 Vgl. Apuleius, *Apologia* 98; dazu Kytzler in *Römische Literatur,* S. 314.

158 Der Wortlaut ist mehrfach überliefert: Petron, *Sat.* 117; Seneca, *Ep.* 37, 1; Horaz, *Sat.* 2, 7, 58.

159 Lt. Seneca, *Apokolokynthosis* 9; die Dauer des Vertrages ist unbekannt, vgl. Schneider, *RE* 774.

160 Nach den Untersuchungen von L. Robert; vgl. Robert, *Gladiateurs,* S. 287.

161 Vgl. Quintilian, *Oratio* 9.

162 Seneca, *Ep.* 99, 13 spricht von der *luxuria,* also dem Hang zur Ausschweifung; Tacitus, *Historiae* 2, 62 vom gebotenen *Pretium* = Preis, Belohnung; erst Marc Aurel setzte diese Summe auf nur 2000 Sesterzen fest, umgerechnet etwa 500 Mark (= vor 1914, Umrechnung auf heutige Währung müßte die veränderte Lebensweise miteinbeziehen), wohl um die Unsitte einzudämmen; vgl. Literatur bei Schneider, *RE* 774. Nach Petronius, *Satyricon* 45, kämpften Freie, bzw. Freigelassene besser, vielmehr schärfer als die übliche Truppe des *lanista;* «üblich» heißt in dieser Zeit wohl noch «aus Sklaven oder Gefangenen». Jedenfalls spricht die Stelle sehr dafür, daß Aben-

teuerlust Freie in die Arena lockte.
163 Iuvenal, *Sat.* 8 und 2.
164 Über diese Auffassung Iuvenals vgl. Cancik, *Römische Literatur,* S. 276 ff.
165 Einschränkend über Iuvenals Darstellung: J. Gérard, *Juvénal et la réalité contemporaine,* Paris 1976.
166 Vgl. Anm. 29.
167 Vgl. über Plinius d.J. Kytzler, *a. a. O.* (Anm. 157).
168 Plinius, *Panegyricus* 33. Plinius verrät auch in seinen *Briefen,* daß er Gladiatorenkämpfe für eine vernünftige Einrichtung hält: *Ep.* 6, 34, 1; auch *Ep.* 1, 8, 10 ist kein Gegenbeweis.
169 Kurze Information über Cyprian in *Tusculum-Lexikon griechischer und lat. Autoren,* München 1963 s.v.
170 Tertullian, *Apologeticum* 20. Vgl. zu Tertullian Anm. 169.
171 Tertullian, *a. a. O.* 21.
172 Einschlägig hierfür Tertullian, *De spectaculis* und *Apologeticum* 15, 5; *ad nat.* 1, 10, 47.
173 Vgl. z.B. Seneca, *Ep.* 7, 3 ff. mit Märtyrerakten *SS. Perpetuae et Felicitatis* 21.
174 Vgl. A. Birley, *Marc Aurel*², München 1977, S. 363 ff. und den Anhang S. 433.
175 Ausführliche Quellenzitate bei Birley, *a. a. O.* (Anm. 174).
176 Plinius, *Panegyricus* 33 spricht ausdrücklich vom Nutzen der *munera.*
177 Vgl. z.B. Sueton, *Augustus* 42, über die Personen *inhonesti* waren.
178 Robert, *Gladiateurs,* S. 287 f.
179 Die Nummern der Inschriften nach dem Verzeichnis von Robert. Die meisten Inschriften sind nicht vollständig erhalten, nur die gesicherten Stellen sind hier aufgeführt. Die Inschriften sind nach dem üblichen Schema antiker Grabinschriften abgefaßt.
180 Mehrere Inschriften enthalten eine Drohung gegenüber einem Grabschänder, z.B. auch 308.
181 Vgl. Nr. 20, ähnliche Inschriften sind mehrfach erhalten.
182 Vgl. Beispiele in der in Anm. 91 genannten Literatur.
183 Vgl. über Galen A. Lesky, *Geschichte der Griech. Literatur,* S. 805 f. Der Bericht über seine eigene Tätigkeit in *Scripta minora* XIII, 599–600.
184 Vgl. das Buch von P. Veyne, *Le Pain et le Cirque,* Paris 1976.
185 Vgl. Wissowa, *Religion und Kultus der Römer,* München 1920; ders. in *RE* 6 (1909), s.v. *Feriae,* Sp. 2211 ff.; K. Latte, *Römische Religionsgeschichte,* München 1960.
186 Vgl. Habel, *RE,* Suppl. 5 (1931), s.v. *Ludi publici,* Sp. 608 ff.; Pollack, *RE* 3 (1899), s.v. *Circus,* Sp. 2582 ff.
187 Vgl. Regner, *RE,* Suppl. 7 (1940), s.v. *Ludi circenses,* 1626 ff.
188 Vgl. A. Piganiol, *Recherches,* S. 78 ff.
189 Vgl. Habel, *a. a. O.* (Anm. 186).
190 Vgl. Anhang bei Wissowa und Latte, *a. a. O.* (Anm. 185); Marquardt, *Römische Staatsverwaltung* III.
191 Über *Ludi saeculares* unter Augustus vgl. H.-G. Kolbe, *Helbig* III, zu Nr. 2400 (= Akten der Saekularfeier), S. 321 ff.
192 Mommsen, Zitat bei Kolbe, *a. a. O.* (Anm. 191).
193 Nur bei den Spielen zu Ehren Apollons formierte sich die *pompa* beim Apollontempel neben dem Marcellus-Theater.
194 Beschreibung der *pompa* bei Dionys v. Halikarnass 7, 71 f.; Tertullian, *De spectaculis* 7.
195 Darstellung aus buntem Marmor (= *opus sectile*) in der von Iunius Bassus erbauten Basilica, vgl. Nash I, S. 190.
196 Darstellung einer *tensa* auf dem Medaillon Abb. 56. Diese *tensa* hat die Form eines mit Girlanden geschmückten Tempels, über dem Giebel thront die Göttin Roma. Im Innern der *tensa* erkennt man die römische Wölfin.
197 Vgl. Coarelli, *Rom,* S. 292: Regner, *RE,* Suppl. 7, 1627.
198 *mappa* heißt eigentlich Serviette, groß genug, um den Eßplatz einer Person auf dem römischen Speisesofa zu verdecken; vgl. *CIL* IV 7698.
199 Zu den Elfenbeindiptychen vgl. unten S. 112.
200 Seneca, *Controversiae,* I, Prooem. E: *Scio quam sit odiosa circensibus pompa.*

201 Vgl. Coarelli, *Rom*, S. 292; weitere Literatur bei Nash I, S. 236.
202 Zu den verschiedenen Umbauten in der Kaiserzeit vgl. Pollack, *RE* 3 (1899), 2575 ff.
203 Vgl. Pausanias, *Graeciae descriptio* 6, 20, 10 f.
204 Das auf dem Relief dargestellte Monument mit den Eiern und Götterstatue zeigt eindeutig die *spina* des Circus Maximus. Gladiatorenkämpfe und Kämpfe gegen Tiere gehen ineinander über oder nebeneinander her; der linke «Bestiarier» ist ein schwerbewaffneter Gladiator mit langem Schild. Nach der Helmform entstand das Relief etwa um Christi Geburt oder einige Jahre früher.
205 Rutilius Namatianus, ein gebürtiger Gallier, lebte im 5. Jh. n. Chr. Seine Rückreise von Rom nach Gallien beschreibt er in einem Gedicht «*De reditu suo*».
206 Vgl. Regner, *RE*, Suppl. 7, 1631 ff.
207 Vgl. Parlasca in *Helbig* III, zu Nr. 2470, S. 1669.
208 Zur sozialen Stellung der Rennfahrer vgl. Regner, *a.a.O.* (Anm. 206), 1638.
209 Vgl. über das «Personal» beim Wagenrennen, Regner, *a.a.O.*, 1631 f. Sichtermann in *Helbig* I, zu 1010, S. 724 f;
210 Aus dem Gentilnamen Aelius ist zu erschließen, daß Guttas Laufbahn ins frühe oder mittlere 2. Jh. n. Chr. fällt.
211 Vgl. *CIL* VI 10047; 10048 = Dessau 5287; 5288.
212 Die Summe der Siege für die einzelnen Parteien ergibt die von Gutta genannte Anzahl 1127. Die Anzahl der mit den einzelnen Pferden errungenen Siege stimmt damit nicht überein; z. B. beträgt die Anzahl der Palmen bei den Blauen 583, die Anzahl der Siege nach Pferden bei den Blauen nur 309; bei den Grünen ist es umgekehrt: 364 *palmae* gegenüber 814 Siegen mit Pferden. Eine befriedigende Lösung für diese Unstimmigkeit ist bisher nicht gefunden.
213 Inschrift in *CIL* XIV 1884.
214 So nach Sueton, *Domitian* 4.
215 Vgl. Müller-Wiener, *Bildlexikon zur Topographie von Istanbul,* Tübingen 1977, S. 65 f.; A. Cameron, *Porphyrius the Charioteer,* Oxford 1973.
216 Beschreibung des Theodosiusobelisken bei Müller-Wiener, *a.a.O.* (Anm. 215), S. 64 f.
217 Abb. 72 und Abb. 73 gehören zu demselben Mosaikboden wie Abb. 67. Der Übergang von Rennen und Jagd in der Darstellung wird auch auf Abb. 67 deutlich: die Inschrift «SAGITTA PERNICIES LEPORUM = der Pfeil, der Untergang der Hasen» bezieht sich auf eine nicht erhaltene Jagdszene unter der Inschrift.
218 Vgl. S. Laufer, *Diokletians Preisedikt,* München 1971.
219 Vgl. zur Villa von Piazza Armerina J. Salomonsen in *Propyläen Kunstgeschichte,* Bd. 2, Berlin 1967, S. 271., ebd. weitere Literatur.
220 Zur Symbolik des Mosaiks von Piazza Armerina G. Manganaro, *Archeologia Classica* 11, 1959, 241 ff.
221 Vgl. Parmenides, *Vom Wesen des Seienden,* Frgm. 1. Parmenides lebte vom 6./5. Jh. v. Chr.
222 Vgl. F. Cumont, *Recherches sur le Symbolisme Funéraire des Romains,* Paris 1942, S. 348 ff.; Andreae in *Helbig* I, S. 393 ff.
223 Einige Beispiele bei Pfohl, *Römische Grabinschriften,* München 1969, Nr. 422; 427.
224 Montesqieu, *Größe und Niedergang Roms,* Frankfurt 1980, S. 115 f.
225 Vgl. Cumont, *a.a.O.* (Anm. 222).
226 Vgl. R. Delbrück, *Die Konsulardiptychen und verwandte Denkmäler,* Berlin, Leipzig 1929.
227 F.B. Ward-Perkins, *Architektur der Römer*, 1975.
228 Johann Wolfgang von Goethe, *Italienische Reise,* 16. 9. 1786.
229 Th. Däubler, *Can Grande della Scala,* 1932.
230 K. Scheffler, *Italien, Tagebuch einer Reise,* 1911.
231 A. Neppi Modona, *Gli edifici teatrali Greci e Romani,* 1958.
232 E. Mamboury/Th. Wiegand, *Die Kaiserpaläste von Konstantinopel zwischen Hippodrom und Marmarameer,* 1934.
233 R. Graefe, *Vela Erunt,* 1979.

LANISTA ist der Gladiatorenhändler. Er ist auch verantwortlich für die Gladiatorenausbildung in der Kaserne. Als Eigentümer von Gladiatoren war ein *lanista* wohlhabend, wurde allerdings auch zu hoher Steuerleistung herangezogen. Obwohl der Gladiatorenhändler unentbehrlich war, galt er stets als ehrlos, konnte also keine städtischen oder staatlichen Ämter bekleiden.

LUDUS ist im Zusammenhang mit Gladiatoren stets die Gladiatorenkaserne, nie die Veranstaltung. In Capua gab es mehrere *ludi*. Die bekannteste Gladiatorenkaserne ist der *Ludus Magnus* in Rom, der im Zusammenhang mit dem Kolosseum erbaut wurde und heute z. T. freigelegt ist.

LUDI mit beigefügtem Adjektiv: *Romani, plebeii, megalenses* etc. sind Bestandteile der Staatsreligion und werden an den verschiedenen Festen zu Ehren der Götter veranstaltet, teils als *ludi circenses* im Circus, teils als *ludi scaenici* im Theater Gelegentlich wurden auch in Rom nach dem Vorbild der panhellenischen Spiele *ludi* mit athletischen und musischen Wettkämpfen veranstaltet, so z. B. unter Domitian die *ludi Capitolini*. Die Römer zogen die *circenses* allen anderen *ludi* vor.

MUNUS ist stets die Bezeichnung für Gladiatorenkämpfe. Das Wort bedeutet eigentlich Geschenk, Pflicht, Aufgabe und weist damit auf die ursprünglich rein private und freiwillige Veranstaltung von Gladiatorenkämpfen hin.

Gladiatorenausrüstung und Bewaffnung

a. Kleidungsstücke, die von den meisten Gladiatoren getragen werden:
balteus = Gürtel aus Metall oder Leder, sehr aufwendig und kunstvoll gearbeitet.
fasciae = Binden aus Stoff oder Leder zum Schutz der Beine, an Waden und Oberschenkeln getragen.
ocreae = Beinschienen aus Metall.
subligaculum = Lendenschurz, stets sehr kunstvoll gefaltet.

b. Ausrüstung als Kennzeichen der Gladiatorentypen:
1. Der Retiarier ist am sichersten zu erkennen. Zum Schutz für Hals und Gesicht trägt er den an der linken Schulter hochaufragenden *galerus*. Die Waffen des Retiariers sind Netz, Dolch, Dreizack. Der Retiarier ist vor der Kaiserzeit weder literarisch noch auf Abbildungen nachzuweisen.

2. Als Gegner des Retiariers werden genannt:

secutor
contraretiarius
iaculator
pulsator
provocator
murmillo
oplomachus

Keiner dieser Begriffe ist mit Sicherheit einem bestimmten Typ von Gladiatoren der bildlichen Überlieferung zuzuordenen. Sicher ist nur, daß durchwegs Gladiatoren mit schwerer Rüstung gegen den Retiarier kämpfen. Diese Schwerbewaffneten haben ein langes Schwert, einen langen Schild, einen Helm mit Visier, Armschutz, Beinschutz aus Binden, eine Beinschiene aus Metall meist am rechten Bein, das vom Schild ja weniger geschützt wird. Die unterschiedliche Bezeichnung der Schwerbewaffneten weist also eher auf eine unterschiedliche Kampfweise als auf eine bestimmte Bewaffnung hin.
Auf eine bestimmte Kampfweise, nämlich mit 2 Schwertern, verweist auch die Bezeichnung *dimachaerus,* auf einen Linkshänder die Bezeichnung *laevus.*
3. Der Thraker *(Thraex* oder *Thrax)* ist ebenso wie der Retiarier mit Sicherheit zu identifizieren. Er trägt einen Helm mit breiter Krempe und hohem Aufsatz. Der Helmaufsatz endet häufig über dem Gesicht in einem Greifenkopf. Der Thraker hat nur einen kleinen Schild, der rund, quadratisch oder rechteckig sein kann. Da der kleine Schild wenig Schutz bietet, schützt der Thraker beide Beine mit hohen Beinschienen aus Metall. Mit der rechten Hand führt er den gekrümmten Dolch oder ein krummes Schwert. Die stets schwerbewaffneten Gegner des Thrakers tragen genau dieselben Benennungen wie die Gegner des Retiariers, ausgenommen natürlich die Bezeichnung *contraretiarius.* Wie es scheint (aufgrund des überlieferten Materials) sah man bei den *munera* der Kaiserzeit besonders häufig Thraker und Retiarier im Kampf gegen Schwerbewaffnete.
4. Die *equites* sind berittene Gladiatoren. Sie kämpfen paarweise gegeneinander zu Beginn eines *munus.* Sie tragen eine Tunika, einen breitkrempigen Helm mit geschlossenem Visier. Die Waffen sind ein kleiner Schild und eine Lanze.
5. Die *paegniarii* sind Gladiatoren mit leichten Waffen, deren Kampf wohl nicht tödlich enden sollte. Auch sie kämpfen gegeneinander.
6. Die *essedarii* sind Gladiatoren auf Streitwagen. Sie sind in der Literatur erwähnt, über ihre Rüstung und Kampfweise ist nichts bekannt.
7. Der *samnes* oder *samnis* ist wohl der früheste Gladiatorentyp, der bei den *munera* in Rom zu sehen war. Seine Bewaffnung war der samnitischen Bewaffnung nachgebildet, aber vermutlich nicht in jedem Detail festgelegt. Samniten

als Gladiatoren werden in der Kaiserzeit nicht mehr erwähnt.
Literarisch erwähnt werden noch als Gladiatorenbezeichnungen *veles, laquearius, scissor, andabates.* Aber es ist völlig ungeklärt, welche Ausrüstung oder welche Kampfweise mit diesen Begriffen erfaßt werden.

Abriß der römischen Geschichte und Literaturgeschichte ab 350 v. Chr.

343	Anschluß von Capua an Rom
343–341	1. Samnitenkrieg
326–304	2. Samnitenkrieg
298–290	3. Samnitenkrieg, endet mit Anschluß der Samniten an Rom
264–241	1. Punischer Krieg; Sizilien wird römische Provinz
218–201	2. Punischer Krieg; Spanien wird römisch
149–146	3. Punischer Krieg; Zerstörung von Karthago
215–203	1. Makedonischer Krieg
200–197	2. Makedonischer Krieg
171–168	3. Makedonischer Krieg
146	Zerstörung von Korinth
133–121	Reformversuche der Gracchen
113–101	Kämpfe der Römer gegen Kimbern und Teutonen
111–105	Kämpfe gegen Jugurtha in Numidien
107–106	Heeresreform des Marius
105	Konsul P. Rutilius Rufus veranstaltet auf Staatskosten ein *Munus* in Rom
88–79	Bürgerkrieg in Rom zwischen Anhängern von Marius und Sulla
73–71	Sklavenaufstand unter Spartacus
88–64	Krieg der Römer gegen Mithridates
69	Lucullus siegt bei Tigranokerta über Tigranes von Armenien, einen Verwandten des Mithridates
65	Caesar läßt als Aedil 320 Gladiatorenpaare auftreten
63	Ciceros Konsulat. Verschwörung des Catilina zum Sturz der Regierung
59	Caesars Konsulat
58–50	Caesar erobert Gallien
49–46	Krieg Caesars gegen Pompeius und seine Anhänger
46–44	Diktatur Caesars
44	Ermordung Caesars
43–31	Antonius und Octavianus Augustus
31	Augustus siegt bei Actium über Antonius und Kleopatra
31–14	n. Chr. Prinzipat des Augustes
14–37	n. Chr. Tiberius
37–41	n. Chr. Caligula
41–54	n. Chr. Claudius
54–68	n. Chr. Nero
69–79	n. Chr. Vespasian
79–81	n. Chr. Titus
81–96	n. Chr. Domitian
96–98	n. Chr. Nerva
98–117	n. Chr. Trajan

234–149: Cato: *De agricultura; De re militaria; Origines*

102: C. Licilius, Verfasser von *Saturae,* gestorben

106–43: Cicero, Verfasser von Reden, Briefen, philosophischen Schriften

65–8: Horaz, Verfasser von Satiren, Oden, Epoden

95–8 n. Chr.: Livius, Verfasser des Geschichtswerks «*Ab urbe condita*»

43–17 n. Chr.: P. Ovidius Naso: *Ars amatoria; Fasti;* Metamorphosen

Diodoros aus Sizilien verfaßt eine Weltgeschichte bis ins Jahr 54 v. Chr.

63–19 n. Chr.: Strabon verfaßt seine *Geographia* mit hist. Einlagen.

M. Vitruvius Pollio: *De Architectura,* Augustus gewidmet

4–65 n. Chr.: Seneca: Philosophische Briefe u. Dialoge, Tragödien

23–79: Plinius d. Ä.: Naturgeschichte

35–100 n. Chr.: Quintilian: Reden; Lehrbuch über Rhetorik

41–120 n. Chr.: Plutarch; Biographien v. Griechen u. Römern

40–102 n. Chr.: Martialis: Epigramme

50–135 n. Chr.: Epiktet: Handbuch der Philosophie

55–ca. 120 n. Chr.: Tacitus: Historien; Annalen

62–114 n. Chr.: Plinius d. J.: Panegyricus auf Trajan; Briefe

60–140 n. Chr.: Iuvenalis: Satiren

117–138 n. Chr. Hadrian
138–161 n. Chr. Antoninus Pius
161–180 n. Chr. Marc Aurel
180–192 n. Chr. Commodus
193–235 n. Chr. Dynastie der severischen Kaiser
235–284 n. Chr. sogenannte Soldatenkaiser, können sich jeweils nur wenige Jahre auf dem Thron behaupten; fast alle werden ermordet.
248 n. Chr. Tausendjahrfeier der Stadt Rom
284–305 n. Chr. Diokletian
301–305 n. Chr. Diokletians Höchstpreistarif
303 n. Chr. Christenverfolgung
305–311 n. Chr. Kampf um die Nachfolge
311–337 n. Chr. Konstantin der Große
313 n. Chr. Toleranzedikt zugunsten des Christentums
361–363 n. Chr. Iulianus
383–395 n. Chr. Theodosius
395 n. Chr. Reichsteilung

75–150 n. Chr.: Suetonius: Leben der Kaiser
um 125 n. Chr.: Apuleius geboren: Der goldene Esel; Apologie. Verfasser von philosophischen «Selbstbetrachtungen»
150–235 n. Chr.: Cassius Dio (oder Dio Cassius): Röm. Geschichte.
150–230 n. Chr.: Tertullian: zahlreiche apologetische Schriften für das Christentum
130–200 n. Chr.: Galen, Arzt: zahlreiche Schriften medizinisch-philosophischen Inhalts.

Im 3. Jahrhundert verfaßt Cyprian zahlreiche Schriften gegen die heidnische Zivilisation.

Im 4. Jahrhundert entsteht das Sammelwerk «*Historia Augusta*» = Kaiserbiographien von 117–284.

Libanios: Verfasser von Reden.

310–395 n. Chr.: Ausonius: Epigramme, Briefe, Eklogen; das Gedicht «Mosella».

5. Jahrhundert: Rutilius Namatianus: *De reditu suo.*

Abbildungsnachweis

Alinari-Anderson, Rom: 9, 33 a–c, 62, 64, 82, 95, 108, 116, 117, 119, 171, 173
Archivio Fotografico, Musei Vaticani, Rom: 36, 37, 78, 79, 80
Bruno Balestrini, Mailand: 118, 133, 147, 160, 183
A. Bersier, Fribourg: 45, 47
Boudot-Lamotte, Paris: 30 a–b, 65–67, 70, 72, 75–77, 85, 88, 135, 187
Deutsches Archäologisches Institut, Athen: 31, 41, 42 a–c, 49
Deutsches Archäologisches Institut, Madrid: 58, 59, 136
Deutsches Archäologisches Institut, Istanbul: 71
Deutsches Archäologisches Institut, Rom: 2, 4–7, 18 a–b, 20–28, 34, 35, 50, 51, 53, 54, 60, 61, 63, 68, 69 a–b, 74, 81, 83, 84, 97, 98, 115
Jean Dieuzaide, Toulouse: 131, 132
Hans Eschebach, Emden: 124
Fotocielo, Rom: 92, 113, 121, 125, 126, 127, 165, 167, 168
Fototeca Unione, Rom: 102, 110, 158, 172, 174, 180
Wilhelm Gessel, Augsburg: 89, 163, 166
M. und A. Golfetto, Feldmeilen: 3, 10 a–d, 38, 123, 151, 159, 177
Anton Henze, Rom: 103, 146, 148, 149, 169, 176, 186
Hirmer Photoarchiv, München: 52, 56, 57, 104, 105, 106, 170
K. Inzinger, Wien: 141
Heinrich Jud, Egg: 91, 182, 184
H. Kral, Hainburg: 142
Rhein. Landesmuseum, Trier: 129, 130, 139
Fulvio Roiter, Venedig: 128
Römermuseum, Augst: 43
Foto Scala, Florenz: 90
Staatl. Landesbildstelle, Saarbrücken: 11, 15, 40 a–f
Gerhard Zimmer; Berlin: 164